堀内和明：著
尾谷雅彦：編集

悪党の系譜

地域史研究からの楠木正成

堀内和明遺稿集

批評社

はじめに

本書は、大阪府河内長野市在住の地域史研究家であった故堀内和明氏が書き残された諸論文を収録出版したものである。

堀内氏の詳しい経歴については後述の年譜などを参照されたいが、中学時代から歴史に興味をもたれ、立命館大学で日本史特に中世史を専攻され、卒業後は大阪府内の高等学校で教鞭を執りながら研究を進められてこられた。特に、「悪党・楠木氏・金剛寺・高野街道」などをテーマに、河内・和泉の中世前期の地域史を積極的に研究され発表された。その一つは、「悪党の系譜」として『季刊大阪春秋』に連載され、地域史からの視点で楠木正成を描かれている。また『河内金剛寺の中世的世界』と題して和泉書院から出版された書籍では、中世前期の地方中核寺院である天野山金剛寺と楠木正成をはじめ在地勢力との関係を明らかにされ、その成果は地域史研究に一石を投じるものであった。更に、その知見の豊富さから、高石市や和泉市、和泉大津市の自治体史の執筆や文化財関係の各種委員などを歴任され地域の文化財保護にも貢献された。

ただ、残念なことに堀内氏は教員を退職される頃から難病に侵され、体が思うように動かなくなり、闘病十五年の後二〇二〇年に鬼籍に入られた。しかしその闘病中にも研究意欲は衰えずその成果を発表され続けた。

本書は、堀内氏からご厚誼をいただいたものとして、長年続けられてきた貴重な研究成果を多くの方々にしていただきたく発表・未発表の論文も含めて収録している。とくに「悪党の系譜」は氏が楠木氏研究を広く一般の方々にも分かりやすく執筆されたものである。

この研究成果がこれからの地域史研究の一助になることを願って、長年、堀内氏の研究を支えてこられた奥様の堀内きさ枝様のお力添えを得て企画出版した。

二〇二四年九月

尾谷雅彦

著者　堀内和明先生（2017 年）

悪党の系譜——地域史研究からの楠木正成——

堀内和明遺稿集

＊目次

はじめに　3

第一部　悪党の系譜

第一章　楠木合戦と悪党の系譜　17

はじめに　17

第一節　楠木正成の出自をめぐって――関東御家人・得宗被官から悪党へ――　17

第二節　楠木合戦と元弘の動乱――第一次楠木合戦の展開――　25

第三節　河内合戦から天王寺合戦へ――第二次楠木合戦序盤の展開――　33

第四節　赤坂合戦と平野将監入道・キレ一族――悪党から楠木一党へ――　40

第五節　金剛山千早合戦の実相をめぐって――寄手の攻城と籠城・後詰・兵糧――　47

第六節　楠木一族和田氏と和泉の和田氏――楠木一族の指標と展開をめぐって――　55

第七節　元弘三年の京都合戦と悪党勢力――六波羅討滅の原動力をめぐって――　62

第八節　悪党戦術の諸相をめぐって――主従関係と築城・戦法――　71

第九節　大塔宮護良親王の躍動から失脚へ――建武政権の混迷と短命の要因――　80

第一〇節　摂津湊川合戦と正成の首のゆくえ――史実と物語のはざまで――　91

第一一節　楠木一党のもうひとつの本拠地――二上山城と楠木石切場をめぐって――　100

第一二節　大和三輪合戦と西阿の動向――楠木一党との関連で――　108

第一三節　楠木正成の人となりについて――時代の制約と合理精神――　116

第二章　楠木一族の名字をめぐって　125
はじめに　125
第一節　「楠木」石切場の発見　126
第二節　観心寺庄七郷と寺元　129
第三節　橘姓和田氏と甲斐庄氏　131
むすびにかえて　134

第三章　楠木合戦と石川源氏・坂戸源氏——壺井・山城氏は石川源氏にあらず——　136
はじめに　136
第一節　元弘三年正月・天王寺合戦と宮方の面々　136
第二節　石川源氏と坂戸源氏　138
第三節　延元二年・建武四年の東条口山城合戦　143
むすびにかえて　148

第二部　中世寺院考　続　河内金剛寺の中世世界

第一章　八条院祈願所金剛寺の性格と位置　155
はじめに　155
第一節　金剛寺の八条院寄進　155
第二節　祈願所指定と双務契約　158
第三節　女院祈願所から女人高野へ　160

第二章　金剛寺坊舎の性格と展開　162
はじめに　162
第一節　僧房から坊舎へ　162
第二節　坊舎の構造と坊領　166
第三節　坊舎の住持規制をめぐって　168
第四節　坊舎間の格差と系列化　173

第三章　金剛寺の湯屋坊をめぐって　179
はじめに　179
第一節　「湯屋坊」の再発見　179
第二節　金太郷住人隆意と金剛寺住侶隆意　181
第三節　温室・風呂の寺内規制　183
第四節　湯屋坊の展開　186
第五節　湯屋坊の機能と役割　188
むすびに　190

第四章　金剛寺の常住規制と女人住山　192
はじめに　192
第一節　常住規制をめぐって――出家と世間――　192
第二節　女人住山とその用件　194

第三節　女人の住山禁制へ　196

第五章　金剛寺の白炭免と院主・寺僧・寺辺領主――金剛寺をめぐる悪党状況――　198
はじめに　198
第一節　白炭免の由来と相伝　199
第二節　守護所使の金剛寺乱入　203
第三節　女院女房から大乗院門跡へ　208
第四節　尾張房貞円と天野谷下司職　211
第五節　金剛寺の御影供と悪党乱入　216
第六節　仏智房清弘等殺害事件　220
第七節　院主職の停廃と評定衆　226
むすびに　229

第六章　上乗房禅恵の血脈と人脈　231
はじめに　231
第一節　伝法師匠盛誉と野沢両流　232
第二節　禅恵に伝授された「印信」　234
第三節　先師忍実は興聖菩薩の甥　237
第四節　文観房殊音の「門弟随一」　239
第五節　光厳法皇に「印信」授与　241

第六節　津守国冬と金剛寺大門供養　244
第七節　禅恵の有徳をめぐって　247
むすびに――禅恵の老屈・病苦――　250

第三部　地域史を考える

第一章　中世前期の高野参詣とその巡路　255
はじめに　255
第一節　参詣巡路の推移　256
第二節　鳥羽院政と巡路「河内路」　262
第三節　巡路「河内路」の展開　268
むすびにかえて　273
第二章　河内国木屋堂考　276
はじめに　276
第一節　高野仙幸と木屋堂御所　276
第二節　中世前期の木屋堂　278
第三節　木屋堂と在地勢力　280
むすびに　282
第三章　中世長野谷の町場の形成について――「大日寺遺跡」と「三日市遺跡」をめぐって――　284

はじめに　284
第一節　木屋堂と大日寺遺跡の「屋敷墓」　285
第二節　「善福寺」と「善福寺三ヵ村」をめぐって　287
第三節　三日市遺跡と河内源氏・石川氏　289
第四節　中世の三日市と「祇園堂」　291
論評
悪党と地域を読み解く史眼――堀内和明の歴史学――　廣田浩治　295
専門委員就任履歴　304
著作目録　304
略年譜　311
家族との想い出　312
編集後記　315

第一部
悪党の系譜

木造楠木正成立像
江戸時代前期
天野山金剛寺蔵

第一章　楠木合戦と悪党の系譜

はじめに

楠木合戦とは、元弘元年（一三三一）秋から二年足らずにわたって展開された元弘動乱の中核をなした舞台であり、六波羅討滅という中世最大の変革に連動したことで知られる。その主役が楠木正成であることは言うまでもないが、本論は楠木合戦を摂河泉の悪党蜂起の集大成に位置づけ、元弘動乱の推移と問題点を検討するものである。

第一節　楠木正成の出自をめぐって――関東御家人・得宗被官から悪党へ――

一．楠木の根は鎌倉に成るものを

右の表題は元弘動乱のさなか、当代きっての貴族の日記に収録された和歌の上の句であり、全文は「くすの木のねハかまくらに成るものを枝をきりにと何の出るらん」である。日記は鎌倉末期、激変する世紀末の情勢をつぶさに記録した前関白、二条道平の『道平公記』（『後光明照院関白記』とも）である。この和歌は当代の武家政権を風刺した落書であり、政権側に身をおく道平の立場を勘案すれば、落書の史料的価値はきわめて高い。この落書は正成の出自に一定の方向づけがなされたものであり、楠木氏が正成の先代か先々代の頃に関東から河内に拠点を移した勢力ということになる。ということは、楠木氏が古来河内に根づく豪族という旧説は否定され、この落書は今後とも楠木氏の出身地を示唆する史料として定着することになろう。

二条道平は日記の正慶二年（一三三三・宮方の元弘三年）閏二月一日条に、「或人語りて云ふ、近日和歌有り」として右の落書を紹介している。道平に落書を伝えた「或人」はやはり、武家政権への風刺を憚っての匿名であり、落書は後の「二条河原落書」の水脈につながる京童《きょうわらべ》によって流布されていたのであろう。去る同年二月当初、武家側は大塔宮護良王《おおとうのみやもりよし》が陣取る大和吉野、河内の赤坂城（大将は平野将監入道）と千早城（大将は楠木正成）に対し「三方一揆発向」の討伐作戦に乗り出している〈楠木合戦注文〉。すでに赤坂は二月二十二日、吉野は閏二月一日に陥落しており、それ以降も金剛山千早城で熾烈な合戦が五月上旬まで展開されることになる。ということは、道平は吉野陥落の当日、千早合戦のさなかに落書を記録したのである。赤阪・千早の楠木合戦が始まって一か月足らずで、関東を揶揄《やゆ》する風潮が京でひろがっていたのである。

その意味は「楠木問題の原因が鎌倉にあるにもかかわらず」と読み取れないこともないが、やはり「楠木の根源が鎌倉にあるにもかかわらず、幕府はなぜ楠木の枝葉を切るために大軍を上洛させるのか」と、武家方の対応を風刺するものであり、楠木氏が元々関東に拠点を持つ御家人であることを示唆している。去る正月二二日、六波羅支援のために上洛してきた東使《とうし》の宇都宮公綱が楠木一党に敗退し、同二九日にはやはり東使の二階堂道蘊《どううん》（貞藤）が完全武装で入京、それ以降も関東の御家人勢が陸続と楠木の「枝をきりに」上洛してくるなかで、この落書は洛中で流布していたのである。

二　御家人「楠木四郎」から得宗被官「楠木正成」へ

楠木氏の根源が鎌倉にあるとすると、それを裏づける記録は関東に存在するのだろうか。

建久元年（一一九〇）一〇月、奥州を鎮定した頼朝が上洛のため鎌倉を発信する際、その隊列の後陣、四二番目の随兵に「楠木四郎」がみえる〈吾妻鏡〉。もちろん、先の落書で鎌倉に根があるとされた正成がその子孫であることを裏づける史料は見出せない。たとえ同族関係にあるとしても、その間約一四〇年、数代にわたる系譜を埋める史料も期待できない。そこで思い当たるのが、江戸前期から中期にかけて編纂された二次史料であり、そこに興味溢れる記事がみられる。

頃年、摂津国の住人渡邊右衛門尉野心を挟み、高時河内国楠正成を使ってこれを撃平す。又紀伊国安田庄司逆心あり、正成これを撃殺し、安田旧領を正成に賜ふ。又大和国越智四郎六波羅を相拒み、これを攻めるに利あらず、正成襲ってこれを撃滅す。

右は林道春（羅山）が幕命によって編纂し、明暦四年（一六五八）に刊行された『鎌倉将軍家譜』の元亨二年（一三二二）の記事である。これによると、元亨二年に摂津の渡邊右衛門尉、紀伊の湯浅党保《やす》（安）田庄司《だのしょうじ》、大和の越智《おち》四郎が六波羅に背いて謀反を起こし、いずれも関東の執権北条高時の命を受けた楠木正成によって討伐されたとある。史料は事件から三三〇数年を隔てて編纂されたものであり、厳密な史料批判、殊にその典拠となった原史料が問われることになるが、今のところ不明といわざるをえない。

また、討伐の対象に挙げられた渡辺・安田・越智の三氏はいずれも在国の国御家人であり、その謀反は悪党の時代を象徴する事件といえるが、それ以上に注目されるのは、正成が六波羅ではなく執権高時から直接命令を受けていることから、正成を得宗《とくそう》（北条氏の家督・惣領）とみなす説が定着しつつあることである。河内生え抜きの武士であるとともに、戦後は悪党のイメージで語られることの多かった正成にしてみれば、この記事はかつて歴史学の検証に耐えうる史料ではなかった。悪党どころか元弘以降の忠臣のイメージからは程遠く、むしろ逆に北条高時の忠臣のイメージで綴られたこの記事がその後も流布していること、さらに前後の記事が『花園院宸記』を基本とする一次史料や『太平記』『増鏡』の二次史料を典拠としていることから、この記事も何らかの原本に依拠したとみなされる。

先の『鎌倉将軍家譜』を底本に、延宝三年（一六七五）刊行されたのが『鎌倉北条九代記』であり、右に相当する記事は次の通りである。

——元亨年間——摂津国ノ住人渡辺右衛門尉、幕府に背ひて六波羅の命に従はず。仍って北条高時、河内国住人楠木多聞正成に命じて、これを討滅せしむ。

紀伊の安田庄司や大和の越智四郎のことは省略されているが、先の『鎌倉将軍家譜』を底本に編纂されたことは明らかである。以上は徳川幕府によって編纂されたものであるが、近畿の有力寺院でも元禄以降、ほぼ同じような記事が編纂史料にみられる〈原文漢文〉。

——元亨二年八月——今月、州の保田庄司、北条高時の命に叛く。仍て楠正成を使としてこれを討ち亡ぼす。この（保田庄司）舊領は正成に賜ふなり。〈中略〉正成、河州より保田に赴くの軍勢、道を高野領に仮りる。故にここに記す。

右は、高野山の春潮房懐英《かいえい》が元禄七年（一六九四）に編纂した『高野春秋編年輯録』の元亨二年八月条の一節である。紀伊に引き寄せて、高野領を通って安田庄司を討伐したであろう正成の記事を『鎌倉将軍家譜』から引用したものと推測される。

さらに河内の観心寺でも享保一四年（一七二九）、地蔵院の尭恵《ぎょうけい》法印によって次のような記事が『観心寺要録』に収録されている。

　　――判官正成――〈中略〉其ノ後チ元亨二年五月日、和州越智八郎、摂州渡辺右金吾、紀州安田ノ庄司等、武命ニ背クニ依リ、関東ノ執権北条相模守平高時、正成ニ命ジテ之ヲ退治セシム。蓋シ平太守其ノ速攻ヲ賀シテ、正成ニ安田氏之一跡三千貫ヲ賜フ也。

紀伝体で編まれた列伝「判官正成」のなかに、正成の武勇を伝える右のような記事がみえる。全体として『鎌倉将軍家譜』の記事を踏襲しているようだが、家譜の「越智四郎」が要録では「越智八郎」、高野春秋の「元亨二年八月」が要録では「元亨二年五月」になっていることから、尭恵が他の史料で独自に校訂を加えたとも考えられる。

以上、徳川幕府編纂の『鎌倉将軍家譜』や『鎌倉北条九代記』を底本に、正成の得宗被官を示唆する武勇伝が高野山や観心寺の編纂物に引き継がれ、元弘以前の正成の立ち位置を象徴する伝承として流布していたのであろう。

三　楠木氏の河内移貫について

つぎに問題となるのは、第一に東国における楠木氏の本貫《ほんがん》（本籍・本拠地）はどこかということ、第二に楠木氏は何を要因にいつの時代に河内に移貫してきたのか、ということである。この二点を裏づける史料は現存せず、不明といわざるをえない。ところが、その疑問に応えるべく、大胆な仮説が提起されている。

先ず第一に関東における本拠地だが、駿河国入江庄の江尻津（現清水市）の近くに「楠木」の地字があって、これを名乗る楠木氏が得宗被官に組み込まれ、河内の得宗領に送り込まれたとする説が石井進によって提起され、その後、村井章介や筧雅博、新井孝重といった錚々たる中世史家によって継承されている〈村井章介『南北朝の動乱』、筧雅博『蒙古襲来と徳政令』、新井孝重『楠木正成』〉。

第二に河内移貫の時期と要因について、筧説を継承する新井孝重は⑴安達（秋田城介）義景が鎌倉中期に河内観心寺の地頭となり、⑵それを相伝した嫡男泰盛が弘安八年（一二八五）の霜月騒動で内管領らによって滅ぼされ、⑶没官された泰盛跡の観心寺は得宗領となり、そこに楠木氏が代官として送り込まれたのではないか、と推測している。ここに得宗被官の楠木氏は駿河から河内に拠点を移したことになる。

つぎは、以上の仮説の根拠とされた史料である〈『鎌倉遺文』七一二八〉。

（花押）

下す　左衛門尉三善康尚

早く上野国春近領内小深郷預所職并びに勾田村石原郷内在家壹宇　在屋敷付田捌段者を領知せしむべき事

右、河内国観心寺地頭職を以て秋田城介義景と相逢い、この所々と相博せしむる所なり者へり。先例を守り、その沙汰を致すべくの状くだんの如し。

建長元年十月廿日

右は建長元年（一二四九）一〇月末日、安達義景と三善康尚が所領を交換することを将軍家が認可し、義景が観心寺の地頭職を得たことを示す将軍頼嗣の袖判下文《そではんくだしぶみ》である。義景が鎌倉中期の観心寺の地頭であることと、その嫡男泰盛が霜月騒動で滅ぶことまでが事実であり、泰盛が観心寺地頭職を相伝したことや泰盛跡地頭職を得宗貞時が獲得したこと、その被官楠木氏が地頭代として観心寺に入部したことなど、いずれも推測の域を出ないものである。仮説というにはあまりにも検証材料が乏しいと言わざるを得ない。

なお、観心寺に地頭職が配置されるとは何を意味するのか。おそらく寺と一体の経営基盤、寺辺領の観心寺庄七郷のことであろう。右の史料は観心寺庄における地頭職の初見であるが、元弘三年（一三三三）六月二九日、伯耆船上山より帰京して間なしの後醍醐天皇は観心寺地頭職を同寺家に給付している〈観心寺文書〉。先の仮説を前提におけば、倒幕によって得宗領が没官されたことが背景にあっての措置であろう。

ちなみに、観心寺の門前寺元《てらもと》および寺辺領鳩原《はとはら》には橘姓和田氏にかかわる「和田」「向和田」「和田山」等の地字が点在し、北西には楠木一族の甲斐庄《かいのしょう》氏が蟠踞する石清水八幡宮領甲斐庄本郷が展開しており、楠木氏と観心寺の結縁の深さを象徴している。ただ、楠木嫡流の本拠地は北に隣接する石川郡東条の赤坂である。元弘以降の内乱において、観心寺とその寺辺領は石川東条合戦のあおりを受けてしばしば戦火に見舞われ、これを攻める武家方によって石川東条と錦部郡北部は一体的に把握され、観心寺は楠木一党の拠点の一つとみなされていたのであろう。

四　河内楠入道と悪党楠兵衛尉

楠木氏が得宗代官として観心寺庄に入部したとされる弘安八年から一〇年足らずの永仁三年（一二九五）正月の直前、播唐の東大寺領大部庄《おおべ》（現小野市）で悪党蜂起が勃発していた。大部庄の百姓らが東大寺に提出した訴状によると垂水繁昌《たるみしげまさ》を張本とする悪党勢力に、その一味と推定される「河内楠入道」がみえる〈東大寺文書〉。河内楠入道の「河内」はその本拠地を意味し、楠入道は正成の父か叔父にあたる直系尊属の蓋然性がきわめて高い。

筧・新井両氏の説によると、楠木氏は河内入部から僅か一〇年足らずで悪党化したことになる。さらに、先の

『鎌倉将軍家譜』によると、正成は元亨二年（一三二二）の段階で悪党を鎮圧する側にあり、二七年前の河内楠入道の立ち位置との矛盾は否めない。もちろん得宗被官のままで一族が悪党化することもありうるが、後世編纂の二次史料に大幅な脚色が盛り込まれているとみなすべきであろう。

さらに元徳三年（一三三一）春、和泉の臨川《りんせん》寺領若松庄で悪党楠兵衛尉による押妨事件が勃発していた。つぎは正慶元年（一三三二）六月、臨川寺が当時の若松庄の窮状を記録した寺領目録の一節である〈天竜寺文書〉。

内大臣僧正道祐競望申すに依り、去る元徳三年二月十四日、不慮綸旨《りんじ》を下さるるの由承り及ぶの間、既に仏陀施入の地、非分《ひぶん》御綺《ごいろう》の段歎き申す処、同廿五日、綸旨を寺家に成されおわんぬ。而して悪党楠兵衛尉、当所（若松庄）を押妨の年九月の此より年貢以下を収納せしむるの条、不便の次第なり。守護御代官今に当知《とうち》行《ぎょう》。当所領家故（後醍醐皇子世良《よよし》）親王家、年貢三百石、領家一円地なり。本家は仁和寺勝功徳院。

内大臣僧正道祐《どうゆう》とは醍醐寺の報恩院主で、文観房弘真《こうしん》（殊音《しゅおん》）とならぶ後醍醐天皇側近の政僧である。若松庄の領家職を競望する道祐に対し、後醍醐が元徳三年二月一四日に賜与したのも束の間、これに抗議した臨川寺に僅か一一日後に返付したとある。さらに臨川寺返付に抗して、若松庄を押領した悪党楠兵衛尉こそ正成その人であり、『太平記』以前の一次史料における正成の初舞台である。臨川寺の訴えによると、正成は道祐与党として振る舞っており、ここでは一見天皇の措置に逆らったようにみえる。ただその後、和泉守護代は同年九月、風聞の説により悪党正成跡と称して若松庄の年貢以下を収納、正慶二年六月の今に至るも当知行（実効支配）していることから、臨川寺はその後の守護代の対応に抗議しているのである。すなわち、領家職の臨川寺そっちのけで、道祐・正成と和泉守護代（守護は連署・北条茂時）とが若松庄の争奪戦を展開していたことになろう。風聞によるとはいえ、悪党正成が若松庄になんらかの所職を保有していたことと、その押妨が反幕蜂起にむけた兵糧確保であったことは想像に難くない。

かくして鎌倉末期、播磨大部庄と和泉若松庄において、河内楠木氏はいずれも一次史料に悪党として登場する。一三世紀末、楠木氏は公武権門に抗う武装集団に発展し、各地の悪党勢力と互恵的同盟を取り結ぶ名誉の悪党として、やがて宮方武力の柱石に成長する。

以上、正成の出身母体を関東に求め、鎌倉に結集する御家人として河内に移貫したことまでは、今や揺るぎない事実といえよう。一方、得宗被官への編入や河内移貫の時期・要因等はいまだ仮説の域をでないが、得宗被官から悪党への転身、ついで元弘動乱の主役に踊り出たことで、正成は大塔宮護良親王とならぶ時代の寵児たりえたのである。

第二節　楠木合戦と元弘の動乱——第一次楠木合戦の展開——

一．「楠木合戦」の用例をめぐって

一次史料における「楠木合戦」の表記について、つぎの五例が確認される。

①『正慶乱離志《しょうぎょうらんりし》』の前編は「楠木合戦注文」と通称されるが、巻首の端裏書に「楠木合戦注文正慶二年分」とあるのがその根拠とされる。記主の東福寺《とうふくじ》僧良覚《そうりょうがく》は武家方の陣僧《じんそう》と推定されることから、敵方大将たる楠木正成の強烈な印象にもとづいて、その名字を表題に用いたのであろう。

②前関白《さきのかんぱく》二条道平《にじょうみちひら》の日記『道平公記《みちひらこうき》抄』正慶二年三月九日条に「先帝（後醍醐）、伯耆国大山麓船野上城《ほうきのくにだいせんろくふなのかみじょう》に御座云々。去る五日の楠木合戦、武家方多く以て失命し、引き退く云々」とある。去る五日の千早合戦で寄手に多くの戦死者を出し、八日条には「三条以北、川原以西、東洞院以西、中御門以南、釘貫《くぎぬき》を構へて大堀を掘る

云々」と、洛中城郭化の記事がみえる。さらに三月一二日条には「世上以（意）外と物騒。又云ふ、行幸已《ぎょうこうすで》に六波羅《ろくはら》に成しおわんぬ。〈中略〉六波羅前において合戦云々」とあって、楠木上洛の風聞《ふうぶん》が飛びかうなかで六波羅行幸は敢行され、これに対応する六波羅前合戦が赤松一党によって展開されるなど、緊迫した情勢下、道平の周章《しゅうしょう》のほどが察せられる。

③唐招提寺の僧照遠《しょうえん》が正慶二年（一三三三）三月二一日に筆録した聖教奥書《しょうぎょうおくがき》に、「正慶二年閏二月一日、大塔宮群勢を率いて吉野に籠り給ふ処、出羽入道（二階堂道蘊）数千騎の勢を相具して発向、彼の山内坊舎焼失し尽くす。〈中略〉その後、楠合戦すでに六十日に及び、いまだ勝負を見ず」とある。去る閏二月一日に吉野が陥落する一方で、三月下旬の時点で楠木合戦は六〇日を経過、なお終息していないとある。正成の千早籠城に対して、照遠は異敬の念すら抱いているように感じられる。

④『五大成』に「正慶二年、六条殿に於いて始めて楠木合戦の御祈《おんき》を行ふ」とある。後伏見院の六条殿《ろくじょうどの》御所において、天台座主《てんだいざす》以下山門・寺門の高僧や醍醐三宝院の賢俊僧正《けんしゅんそうじょう》らによる楠木鎮定のための初の祈祷が催行された。京都の権門にとって、楠木合戦の情報がいかに大きな脅威であったかがうかがえる。

⑤正慶二年の和田助康《みきたすけやす》（和泉国御家人・和田助家の嫡男）の目安案《めやすあん》に、「なかんずく楠合戦の事、抜群の忠節を致すの条」がみえる〈和田文書〉。助康は六波羅の屋形造営や山門蜂起、土岐騒動における父祖代々の武家奉公にくわえて、とくに元弘元年以来の楠木合戦の戦功を披露して幕府に恩賞を求めている。武家方にとって、とくに楠木合戦の戦功が恩賞の大きな根拠となっていたことが理解されよう。

以上、いずれも武家方の年号「正慶二年（一三三三）」に記録された史料である。金剛山千早城で幕府の大軍相手に奮戦する楠木一党の勇猛に驚嘆し、ときに長敬の念すら感じさせる記録類である。「楠木合戦」が後世の呼称ではなく、当代の一次史料に相互に関係をもつことなく、京都の権門や大和・和泉の在地勢力によって記録されていることから、時代を画する合戦表記として畿内一帯で流布していたのである。

楠木合戦が展開されたのは『太平記』全四〇巻のうち、巻三から巻九までである。『太平記』の対象年代が後醍醐践祚の文保《ぶんぽう》二年（一三一八）二月から、細川頼之《ほそかわよりゆき》が管領《かんれい》に就任する貞治《じょうじ》六年（一三六七）一一月までの約半世紀であることをみれば、楠木合戦の二年余りがいかに凝縮された激動期であったかがうかがえよう。

二　元弘動乱と第一次楠木合戦

楠木合戦について、本稿では第一次と第二次に区分して検討する。第一次は笠置合戦が勃発した元弘元年秋から翌年々末までとするが、実は笠置合戦のほぼ半年前、河内の石川錦部両郡ですでに、元弘動乱の緒戦として楠木合戦は始まっていたのである。

譲り渡す田畠山地の事〈中略〉観心寺庄鳩原郷内に在るハチ谷山一所・東和田山一所、小西見《おにしみ》郷内清田山地并びに田小（山地・田畠四至略）

右くだんの田地は、字石女《あざいしめ》相伝の地なり。而して今一子無きの間、僧正円寺主に食子を合せて譲渡する者なり。但し本券に於いては、去る元弘元年春のとうらん（動乱）に、太井得文もとにて引き失ひおわんぬ。若し彼の文書を対（帯）する輩出来せば、即ち犯科に處す者なり。仍て後日の證文として、譲状くだんの如し。

延元二年十二月二日　　　　字石女（略押）

右は『観心寺文書』のうち、元弘動乱による本券（土地所有の証文）紛失を明記した売券・譲状三点の一つであり、傍線部分は紛失事由である。他の二点は「元弘動乱」とあるだけで、具体的な年代を表記していないが、右は「元弘元年春の動乱」によって預託先の在地有力者、太井得文《おおいとくぶん》宅で紛失したことを明記している。おそらく、六波羅勢によって観心寺と寺辺領の村々は焼き打ちされ、本券は紛失していたのであろう。ただ、元弘元年の春はいまだ元徳《げんとく》三年（改元は八月九日）であり、「元弘動乱」は後世の呼び名である。ということは、石女が観心寺三綱《さんごう》の正円寺主《じしゅ》に田畠山地を譲渡した延元《えんげん》二年（一三三七）には「元弘動乱」の呼称がすでに慣用され、動乱が元徳三年春に河内南部で始まっていたことになる。元徳三年春といえば、笠置合戦のほぼ半年前、倒幕計画の張本として日野俊基や文観房弘真らが捕捉される二か月余り前であり、悪党楠兵衛尉が和泉若松庄を押妨した時期に符合する。すなわち、悪党正成を追捕《ついぶ》するため石川東条に攻め込んだ武家方軍勢が、隣接する錦部郡観心寺庄へ戦線を拡大させていたのである。おそらく、若松庄における正成の悪党行為は、倒幕挙兵にむけた兵粮確保の準備作戦であり、笠置合戦のさなか、天皇の夢告によって正成を催促したというのは、二人の接点を神秘的に描こうとする『太平記』の作為であろう。たかが一通の譲状とはいえ、そこに正成の悪党行為と元弘動乱を媒介する記事が潜んでいたのである。

かくして、元弘動乱は笠置合戦ではなく、半年前の元徳三年春、河内石川・錦部両郡の楠木合戦を起点として勃発していたのである。さらに正成は笠置に呼応して赤坂で蜂起するが、一か月余りの籠城戦で開城、やがて赤坂城を奪還する元弘二年々末までを第一次楠木合戦とする。それ以降、赤坂を拠点に正成は和泉・河内を制圧するが、これに対抗する六波羅軍との天王寺合戦、ついで赤坂・千早合戦を経て、六波羅討滅の元弘三年五月七日までを第二次楠木合戦とする。

文保二年二月の践祚《せんそ》を機に、倒幕の野望を抱き始めた後醍醐天皇は元亨《げんこう》元年（一三二一）年末、院政を停止して親政を断行し、野望を一層募らせることになる。天皇は同四年冬の倒幕計画（正中の変）の発覚にもめげず計画を推し進め、ついに元徳三年（一三三一）五月、近臣吉田定房の関東密告によって日野俊基・文観・円観らが首謀者として逮捕され、捕捉の危機を察した天皇は八月末に京都を出奔、奈良を経て山城笠置寺に籠城、六波羅軍との一か月にわたる笠置合戦が展開される。笠置は九月二八日にあえなく落城、捕捉された天皇は承久の先《せん》蹤《しょう》にならって翌年三月に隠岐《おき》へ流される。

これに対応する正成の動向について、『太平記』は合戦半ばの九月一一日に河内赤坂で挙兵し、急きょ笠置に馳せ参じたものの敗色強まるなかで、河内に舞い戻って再起を期したとある。ところが、正慶二年（一三三三）の和田《みきた》助康《すけやす》目安案によると、「元徳三年（元弘元年）九月十四日、十月十七日、同十九日、廿日、楠木（赤坂）城に於いて、助家不惜《ふしゃく》身命《しんみょう》、度々合戦を致しおわんぬ」とある〈和田《みきた》文書〉。一〇月一七日以降の合戦は笠置陥落後、河内に転進してきた武家方の赤坂攻城であるが、九月一四日の合戦は明らかに笠置合戦の最中である。河内の石川東条合戦は九月一四日、正成の一一日の赤坂蜂起に対抗して、和泉守護代率いる地頭・国御家人勢が攻城を担っていたのである。正成は笠置に参陣することなく、赤坂で籠城戦を展開していたのであろう。

『太平記』によると、このときの石川東条の赤坂合戦は一〇月当初、笠置合戦に間に合わなかった幕府軍が河内石川郡に転進してきて戦端が開かれ、同二一日に正成は自害を偽装して逃亡したとされるが、赤坂合戦は笠置陥落後に継起したのではなく、前半は笠置合戦に並行して半月あまり、延べ四〇日近くにわたって断続的に展開していたのである。

三　楠木一党の和泉制圧

『太平記』によると、吉野あたりに潜伏していたと思われる正成は元弘二年・正慶元年（一三三二）一二月、河内に舞い戻って千早城で蜂起するが、奇策を弄して赤坂城を奪還したのが四月三日とある。千早城を拠点に赤坂城を奪還したとすると、日付に前後の矛盾が生じる。

『太平記』の記事のうち、とくに日付と軍勢の員数には信用がおけない。大塔宮の吉野蜂起に呼応する正成の千早蜂起を一一月とすると、『楠木合戦注文』にみえる一二月の赤坂城奪還は妥当な日付である。奪還に際し捕捉されたのは阿弖河《あてがわ》定仏《じょうぶつ》をはじめ湯浅党の面々で、いずれも正成配下に組み込まれる。『太平記』の四月三日の日付はおそらく、正成の機敏な対応を大幅に誇張したものであろう。その後、赤坂を拠点に楠木一党の和泉河内制圧は電撃的に展開されるが、後顧の憂いを払拭するため一二月一九日、紀伊国伊都郡隅田庄《すだのしょう》を襲撃している。隅田庄は金剛山の東麓にあって、六波羅探題の有力被官隅田氏の本領である。六波羅を牽制する奇襲であったが、反撃に遭《あ》って数十人が討ち取られている〈隅田文書〉。

つぎは和泉制圧を前提に、元弘二年（一三三二）末から翌年正月にかけて、南郡の久米田寺《くめだでら》に発せられた大塔宮の令旨《りょうじ》と楠木正成の書状である〈久米田寺文書〉。

①　和泉国久米寺住僧等、御祈祷の忠勤を抽すの上は、当寺并びに寺領に於いては、官兵の狼籍を停止せらるべし者（て）へり。大塔宮二品親王令旨に依り、執達くだんの如し。

元弘二年十二月廿六日　　　左少浮隆貞奉

明智上人御房

②　当寺并びに寺領等、官兵の狼藉有るべからざる由の事、令旨申し進め候。この上は、いよいよ御祈祷の忠勤を抽せしめ賜ひ候哉。恐惶謹言。

「付元弘三」正月五日　　　左衛門尉正成（花押）

進上久米田寺御侍者

①の令旨を奉じた「左少将隆貞」とは、大塔宮護良親王《おおとうのみやもりよししんのう》の近臣中の近臣、四条隆貞《しじょうたかさだ》である。大塔宮の意向を受けた隆貞が久米田寺の長老、明智房盛誉に祈祷を要請し、その代償に宮方官兵の狼藉を禁じた制札《せいさつ》（禁制とも）であり、久米田寺の庇護者たる立場を表明したものといえる。大塔宮の管領下、隆貞は和泉の国主であったと推測される。②の正成書状は令旨に対する副状《そえじょう》の書式をとっており、大塔宮家人の立場によるものであろう。

さらに和泉北郡の松尾寺に対し、隆貞は元弘二年一二月五日付で大塔宮の意向による奉書を、正成も二五日付で宮の意向による書状を発している〈徴古雑抄松尾寺文書〉。

③　松尾寺御巻数、見参に入れ候ひおわんぬ。神妙候由仰せ下さるべく候の状くだんの如し。
　十二月五日　　隆貞

④　御祈祷の御巻数執達しおわんぬ。仍て御請取かくの如く候。恐々謹言。
　十二月廿五日　　左衛門尉正成　在判
松尾寺御返事

③は松尾寺に対する祈祷要請について、巻数《かんじゅ》到来を隆貞が大塔宮に執達したことを報告する書状であり、④はやはり松尾寺からの巻数到来を正成が大塔宮に執達したことを示す返状である。ここでも、正成は近臣隆貞とならぶ大塔宮の家人に位置づけられる。これに制札の内容は読み取れないが、千早合戦の終盤にかかる元弘三年四月三日、松尾寺宛の令旨（奉者は左少将隆貞）に官方官兵の「乱入狼藉」を禁じる文言がみえる。

つぎは元弘二年一二月、河内金剛寺への祈祷要請に対し、巻数到来を大塔宮に進覧《しんらん》することを約した正成の返状である〈金剛寺文書〉。

⑤　御巻数給ひ候ひおわんぬ。早く進覧せしむべく候。恐々謹言。
　十二月九日　　左衛門尉正成（花押）
謹上　金剛寺衆徒御返事

ちなみに、②④⑤にみえる正成の官途《かんと》「左衛門尉《さえもんのじょう》」について、前年春の兵衛尉《ひょうえのじょう》から昇格したことになる。この間の戦功を賞して、大塔宮が補任《ぶにん》していたものと推測される。近臣の多くを近衛少将に叙任したり、千早合戦の最中に令旨《りょうじ》ならぬ綸旨《りんじ》を新田義貞《にったよしさだ》に賜下して宮方転身を促すなど〈太平記』巻七〉、天皇にかわる大塔宮の振る舞いが垣間見られる。

『太平記』巻六によると、元弘三年二月の時点で「楠この一両年が間、和泉・河内を管領」とある。おそらく前年夏以降、大塔宮と正成は両国の有力寺院のほか国御家人や地侍、野伏《のぶせり》の組織化に奔走していたのであろう。これに対抗する幕府は正慶元年（一三三二）一二月、つぎのような関東御教書《みきょうしょ》を和泉の国御家人に発した〈和田文書〉。

大塔宮并びに楠木正成の事、誅伐《ちゅうばつ》のため、軍勢を差し遣《つか》わす所なり。去年発向すと雖も、重ねて発すべし云々。殊に以て神妙。庶子・親類を引率し、軍忠を抽すべくの状、仍て執達くだんの如し

正慶元年十二月九日　　　　右馬権頭（花押）

相模守（花押）

右は、執権《しっけん》の北条守時と連署《れんしょ》の北条茂時（和泉守護兼帯）が大鳥郡の和田助家《みきたすけいえ》に発した関東御教書で、去年につづく軍勢を催促している。その後、二五日には日根郡の日根野盛治《ひねのもりはる》にも同趣旨の御教書が発せられており〈日根文書〉、幕府が六波羅や守護を介さずに国御家人に軍勢を催促するのは異例である。しかも、大塔宮に近江麻生庄、正成には丹後船井庄が懸賞にかけられており〈楠木合戦注文〉、正成の存在感をいやがうえにも高めることになろう。

かくして、和泉・河内の在地勢力をめぐって、宮方と武家方は織烈な組織戦を展開してきたが、正慶元年・元弘二年（一三三二）冬の時点で先ず和泉が楠木一党によって制圧され、翌年正月には、両国の守護代・地頭らの武家方は河内からも一掃されることになる。

建武政権下、元弘動乱の恩賞として正成は和泉・河内の守護職に補任《ぶにん》されるが〈梅松論〉、その背景に両国の軍事的制圧があり、得宗領や在京人の地頭職をふくむ謀叛人跡没官《むほんにんせきもっかん》の措置をともなうものであることは言うまでもない。

第三節　河内合戦から天王寺合戦へ——第二次楠木合戦序盤の展開——

一．河内安満見《あまみ》合戦をめぐって

『楠木合戦注文』によると正慶二年・元弘三年（一三三三）正月五日、河内錦部郡《にしごりぐん》の甲斐庄《かいのしょう》山郷《やまごう》安満見《あまみ》の高野大道筋で合戦があったことが知られ、つぎのような簡潔な記事が見える。

河内国甲斐庄安満見（天見）に於いて、合戦打死致す人々
紀伊国御家人井上入道、上入道、山井五郎以下五十余人、皆楠木の為に打たれおわんぬ。

昨年々末、楠木一党の赤坂城奪還に際し、定仏以下湯浅党の面々は悉く正成配下に取り込まれており、正月早々の間隙をついて、紀伊からの第二軍として五〇余人の国御家人勢が河内に乗り込んできたのである。正成と一戦を交えて湯浅党を取り戻そうと目論んだが、正成はこれを甲斐庄で待ち伏せ、紀州勢はことごとく討ち取ら

れた。紀伊伊都郡の相賀《おうが》庄から標高四二〇メートルの紀伊御坂（紀見峠）を越えて、ようやく天見の出合《であい》の辻に差しかかったところで虚をつかれ、壊滅に追い込まれたのである。楠木一党の情報網と起動力が遺憾なく発揮された合戦であったが、『太平記』に記事は見出せない。

『太平記』は楠木合戦の主要舞台を時系列で追うあまり、千早合戦序盤の搦手（大和・紀伊道）や吉野陥落後の宇陀合戦など、地味な合戦は捨象する傾向が見られる。そこで僭越ながら、つぎに、河内天見合戦を『太平記』風に叙述してみたい。

去んぬる元弘二年四月三日（実は同年十二月）、楠木が為に取り籠められし定仏以下湯浅党の面々、今や正成配下となりしが、これを取り戻すべく紀北の国御家人勢五十余人、翌年正月早々、祝い酒の酔いも醒めやらぬうちにと、紀伊の御坂を越えて河内国甲斐庄山郷に打ち入りぬ。油断戒めたる正成、昨年末より金剛山の切所に城を構へて道を塞ぎ、機をみるに大沢越で隅田庄に出張り、合戦に及んで数十輩を討ち取られしも、隅田の屋敷在家を焼き払って引き上げ畢んぬ。

かねて楠木、御坂には烽火《とぶひ》を設け、笹尾、旗尾、石仏の峰々に要害を構へて待ち受けたる処、案に違はず紀州勢、息も絶え絶えに紀伊の御坂に取っ付き、漸く安満見の出合いの辻に辿り着きたる井上入道、上入道、山井五郎以下の面々、石川東条への打ち入りに馬疋を休ませ、矢数を整え、兜の緒を締めるに余念なき処、矢庭に射掛けられて怺《こら》へきれず、流谷《ながれだに》に追ひ遣られて悉く討ち死にす。打ち揃って分捕られし頸五十余、出合の辻に懸けられたるこそ哀れなれ。

二　河内合戦から和泉堺合戦へ

正慶二年・元弘三年（一三三三）正月から半年足らずの短期間とはいえ、第二次楠木合戦は元弘動乱の中心舞台となって六波羅討滅、討幕に連動する。楠木一党の和泉制圧によって、昨年末に河内南部に逃れていた和泉守護代や地頭らは正慶元年正月一四日、さらに河内合戦に敗れて国外に放逐される。つぎは、追放された面々の交名《きょうみょう》を報告した『楠木合戦注文』の一節である。

一　同（正慶二年）正月十四日、楠木河州に於いて合戦を致し、追い落さる人々
河内守護代在所／丹南、同国丹下、池尻、花田地頭俣野
和泉守護（守護代か）并びに田代・品河・成田以下の地頭、御家人
　同十五日、同国御家人陶器左衛門尉自ら放火、中田地頭、同、橋上地頭代同

追放された武家方の面々は河内・和泉の守護代をはじめ、河内は丹下郷・池尻郷の地頭や花田郷地頭の俣野氏、和泉は大鳥庄地頭の田代氏、草部郷地頭の品河氏、信太郷《しのだごう》地頭の成田氏と国御家人の陶器氏《とうきし》などであった。地頭は在京人の系譜を引く一方で、代官を置くなど在地領主化を指向していたものと思われるが、地頭たる東国御家人と国御家人の身分的格差は歴然としており、在地に根づく国御家人の多くは宮方に参陣していたのであろう。はたして、和泉・河内を放逐された武家方はどこへ逃亡していたのか。つぎは、彼らの逃亡先を示唆する『道平公記抄』正慶二年正月の記事である。

十六日　去る夜、楠木丸と（武家方）官軍、泉堺に於いて合戦。十七日　上皇の御幸始めなり。〈下略〉十八日　武家（六波羅）以外（意外）と物騒云々。

河内南部の合戦に敗れた武家方は和泉の堺に逃れ、一五日の夜半には楠木一党との合戦が展開されていたので

ある。おそらく、京都からの応援部隊と合流することで、和泉堺で楠木一党と対峙する戦術をとったのであろう。ところが楠木一党はこれを急襲して夜討ちを仕掛け、ここでも敗れた武家方は熊野大道を北上して天王寺に逃げ込み、京都から馳せ参じた六波羅軍と合流して楠木一党の攻撃に備え、城郭を構えた。

一五日夜半の堺合戦によって、楠木一党による和泉・河内の軍事的制圧はほぼ完了し、楠木上洛の危機がせまるなかで、京都内外に不穏な空気が漂いはじめた。ここでも、楠木合戦の情報が逐一京都にもたらされ、後伏見上皇の六波羅行幸に連動していたのである。

さらに、天王寺合戦が終結した直後の正月二一日、「世上意外と物騒、或いは関東に行幸有るべく面々用意、或いは（比叡）山上に行幸有るべしと云々、〈中略〉関東に行幸大略治定す」といわれる事態にたち至っていることに注目したい〈道平公記抄〉。武家方の狼狽と混乱を象徴する記事であり、ここでも、正成上洛の風聞が飛び交うなかで最悪の事態を想定し、関東行幸が決定されていたのである。

三　天王寺合戦と武家方・宮方の面々

かくして、『太平記』が和泉堺合戦を捨象したことで、楠木一党による和泉・河内制圧の意味を理解し、天王寺合戦への展開を時系列で追うことを困難にしている。正成の電撃作戦を象徴するとともに、天王寺合戦への橋渡しをなす堺合戦の記事は不可欠である。

和泉・河内の守護代や地頭を支援すべく、京都から天王寺に下向してきた六波羅勢は『太平記』巻六によると、「隅田・高橋を両探題の軍奉行《いくさぶぎょう》として、四八か所の篝《かがり》并に在京人、畿内・近国の勢」「都合五千余騎」とある。これに対し、『楠木合戦注文』には次のような記事が見える。

一　京都より天王寺に下向の武士交名人

六波羅殿一方竹井／一方有賀、縫殿将監《ぬいどののしょうげん》、伊賀筑後守、一条東洞院《ひがしのとういん》、五条東洞院、春日朱雀《かすがすざく》、四条大宮、四条堀河トカシ（富樫）、姉小路西洞院《あねこうじにしのとういん》、春日東洞院、同大宮水谷、中条、厳島神主《いつくしまかんぬし》、芥河《あくたがわ》、比外地頭・御家人五十騎、天王寺に城郭を構ふ。

軍奉行《いくさぶぎょう》の任にあった探題被官の名字こそ異なるが、四八か所の篝屋警固役《かがりやけいごやく》の東国御家人や六波羅奉行人・両使層の在京人、大番役《おおばんやく》で在京中の西国御家人等、『太平記』の記事にほぼ合致する。ただし、「都合五千騎」は『太平記』特有の誇張であり、『楠木合戦注文』にみえる「此外地頭・御家人五十騎」から類推して、六波羅勢は『太平記』の一〇分の一、五百騎程度ではなかったか。

　これに対する宮方勢は『太平記』に「二千騎」、『楠木合戦注文』に「五百余騎」とある。『太平記』は天王寺合戦それ自体を誇大に描出するとともに、六波羅勢を楠木勢の二倍以上とすることで、楠木一党の勇猛ぶりを強調する作為を覗かせたものといえよう。

　以上、『楠木合戦注文』の記事により、双方ほぼ同数の騎兵で対戦していたものと思われるが、宮方の「其外雑兵数を知らず」は野伏《のぶせり》・雑兵《ぞうひょう》が多数を占めていたことを示しており、楠木一党の総勢は六波羅軍を圧倒していたのであろう。『楠木合戦注文』によると、正月一九日、六波羅勢の陣取る天王寺に来襲してきた宮方の面々と合戦の顛末はつぎの通りである。

大将軍四条少将隆貞中納言隆亮（資）子、楠木一族、同舎弟七郎、石河判官代跡代百余人、判官代五郎、同松山并子息等、平野但馬前司子息四人四郎天王寺ニテ打死ス、平石、山城五郎、切判官代平家、春日地同、八田、村上、渡辺孫六、河野（河野辺か）、湯浅党一人、其勢五百余騎。そのほか雑兵数を知らず。十九日巳時より一日合戦、戊宛時子時に追い落とし、楠木渡辺ニ責め下り、御米少々を押し取り、同（正月）廿二日申時、葛城（金剛山）に引き帰す。同廿三日、宇津宮（宇都宮）五百余騎、天王寺ニ寄せ来たり、宇津宮家子ニ左近蔵人、舎弟右近蔵人并大井左衛門以下十二人、楠木（赤坂）城に打ち入り、生け取られおわんぬ。

天王寺合戦は正月一九日の午前一〇時、楠木勢の襲撃で戦端がひらかれ、深更におよぶ激戦のすえ、六波羅勢は渡辺（窪津《くぼつ》）に敗退、楠木勢は少々の米を押し取ったとある。ところが、『道平公記抄』の正月二〇日条に「天王寺の（武家方）軍兵、已《すで》に降りおわんぬ。仍って渡辺を引き退く。多く以て誅せらる云々」とあり、六波羅勢の被害は「米少々」どころではなかったのである。さらに二三日、関東の使節として上洛していた宇都宮《うつのみや》公綱《つな》は退勢を挽回すく、五百余騎で天王寺へ出張《でっぱ》ったが、その一族が勇んで河内赤坂に攻め寄せて生け捕られ、公綱は翌月二日に帰洛している。

ところで、天王寺合戦に勝利した楠木勢の面々であるが、実に多彩な顔ぶれである。先ず注目されるのは、大塔宮近臣の四条隆貞が大将の任にあったことである。『太平記』はこの点を記述せず、正成を合戦の主役として描いているが、実は大塔宮の戦略の一環に天王寺合戦は組み込まれており、正成は大塔宮の家人として主力を担っているにすぎないのである。その楠木氏であるが、「楠木一族、同舎弟七郎」とあるのは「楠木正成、同舎弟七郎」の誤記であり、「舎弟七郎」は正氏（正季の初名か）のことであろう。

ついで、「石川判官代跡代百余人」とは先の笠置合戦の終盤、笠置門前で自害した石川義純《いしかわよしずみ》父子の後継一党である〈尊卑分脈〉。平安末期、河内源氏の石川氏は本拠地を錦部郡の長野庄三日市に移して錦部を名乗っており『太平記』巻三に笠置門前で討死にしたとされる「錦部判官代父子二人」は義純父子のことであろう。また、松山・平石《ひらいわ》・山城（以上河南町）・春日地（太子町）はいずれも石川郡の地字《ちあざ》を名乗る在地勢力である。「山城五郎」は石川東条口の壺井・山城に本拠をすえる坂戸《さかと》（文徳《もんとく》）源氏であり、やはり大県郡《おおあがたぐん》（柏原市）の名字の地から本拠地を南下させている。石川坂戸の両源氏はともに、楠木一党の一翼を担っていたのである。「八田」は悪党の系譜をひく和泉八田庄の国御家人、紀伊の「湯浅党」は前年末に楠木一党に組み込まれ、「渡辺孫六」は摂津渡辺党のメンバーである。

以上、天王寺合戦に参加した宮方の面々は、石川・錦部両郡を代表する在地領主や判官代《ほうがんだい》を称する在庁人のほか、和泉の八田氏や摂津の渡辺氏、紀伊の湯浅氏等悪党の系譜に連なる勢力によって構成されていた。その点、楠木合戦を悪党蜂起の集大成に位置づける根拠といえるが、さらにこの仮説を補強する勢力をつぎに紹介したい。

四．平野但馬前司子息四人と切判官代

ここでもやはり見逃せないのは、天王寺合戦の日付の問題である。『楠木合戦注文』が天王寺合戦の発端を正慶二年・元弘三年（一三三三）の正月一九日に設定しているのに対し、『太平記』はなんと前年の五月一七日のこととしている。『太平記』特有の脚色が想定されるが、『道平公記抄』の正慶二年正月二〇日条に「天王寺の（武家方）軍兵、已《すで》に降《くだ》りおわんぬ」とあることから、やはり『楠木合戦注文』の日付に妥当性が認められる。『太平記』は正成の赤坂城奪還を元弘二年四月三日とすることで、ここでも正成の機敏な対応と武勇を強調するため、天王寺合戦の日付を八か月も早めたのであろう。

つぎに天王寺合戦に参加した楠木一党のうち、「平野但馬前司子息四人《ひらのたじませんし》」と「切判官代《きれほうがんだい》」に注目してみたい。近世の「平野」と「切《きれ》」の地字は摂津国住吉郡にあって南北に隣接しているが、中世では河内国渋川郡に属していたのである。平野は摂津の渡辺・天王寺と河内・大和の南部を結ぶ交通・物流の要衝、都市的な場である。「切」はキレと訓まれ、現在は平野区にあって「喜連」と表示されている。平野四兄弟の実名《じつみょう》は明らかでないが、但馬前司の四男は天王寺合戦で討死した「四郎」とある。その四郎とおぼしき人物が三年近く前の元徳二年（一三三〇）九月下旬、摂津の東大寺領長洲庄《ながすのしょう》に打ち入った悪党数千人のなかに、兄二人とともに登場するのである〈東大寺宝珠院文書、勝山清次編『南都寺院文書の世界』所収〉。悪党の逮捕と城郭の破却に失敗した六波

羅使節の請文《うけぶみ》のなかに、張本の教念・教性に与同する交名人《きょうみょうにん》に「河内国平野《ひらの》将監入道《しょうげんにゅうどう》、同舎弟次郎蔵人《じろうくろうど》、同孫四郎」がみえる。三郎は交名に挙げられていないが、「孫四郎」が天王寺合戦で討死した四郎、「将監入道《しょうげんにゅうどう》」はその長兄、「次郎蔵人《じろうくろうど》」が次兄で、彼らが天王寺合戦に参加した平野但馬前司の子息である蓋然性はきわめて高い。かくして、平野四兄弟は摂津長洲庄の悪党張本に与同するほどの名誉の悪党であり、その名望と系譜を背負って天王寺合戦に参加していたのである。しかも将監入道は次号で詳述するごとく、その後、赤坂合戦の大手大将を演じ、千早合戦の搦手の大将正成の引き立て役として、『太平記』巻六の脇役を甘受する人物である。

さらに注目すべきは、孫四郎についで「木札成心《きれじょうしん》」なる人物が交名に挙げられていることである。「木札《きれ》」は「切《きれ》」と同訓であり、成心が天王寺合戦に参加した「切判官代」の一族であることは想像に難くない。平野四兄弟と木札（切）一族は以前から、名誉の悪党としての互恵的同盟関係か嫡庶間の同族関係にあったものと推測され、ここでも悪党から楠木一党への流れが奔流となっていたことが裏づけられよう。

第四節　赤坂合戦と平野将監入道・キレ一族——悪党から楠木一党へ——

一．赤坂城の攻防をめぐって

『太平記』巻六によると、北条一族の阿曾治時《あそはるとき》率いる幕府軍大手が天王寺を経由して河内石川郡東条に到着し、矢合《やあわせ》を合図に赤坂攻城を開始したのは元弘三年の二月二日とある。ということは、宇都宮公綱《うつのみやきんつな》が楠木党の計略によって帰洛したその日に、赤坂合戦が始まったことになる。公綱一党はいわば先遣隊であり、すでに幕府の大軍は一月末から赤坂城への大手《おおて》河内道、金剛山千早城への搦手《からめて》大和道および紀伊道へと、陸続と京都を進発していたのである。

『合戦注文』の関東事書《かんとうことがき》によると、「合戦の事、三方一揆《いっき》発向すべし」とあって、河内・大和・紀伊への攻略戦は正月末、ほぼ同時に開始されていたのである。この点、『太平記』にも「元弘三年正月晦日（みそか）、諸国の軍勢八十万騎を三手に分けて、吉野・赤坂・金剛山三の城へぞ向かわれける」とあり、三方のうち『太平記』が紀伊道を捨象したことを除けば、『合戦注文』の記事にほぼ符合する。『太平記』の吉野方面軍はおそらく、『合戦注文』の大和道の一翼に組み込まれていたのであろう。

吉野合戦について、『合戦注文』は「二月二日、吉野執行《しぎょう》打ち落とさる云々。このほか湯浅一党所々に押し寄せ云々。合戦を致す」と記述している。

武家方の吉野執行が大塔宮《おおとうのみや》の軍勢に敗退し、吉野金峯山寺は大塔宮配下の湯浅党によって全面占領されたことになろう。いまや湯浅党は、紀伊宮方の主力に位置づけられていたのである。

これに対し、やがて二階堂道蘊《にかいどうどううん》（貞藤）を大将とする武家方の吉野攻城が展開され、約一か月の激戦のすえ、閏二月一日に吉野は陥落する。

一方、やはり二月当初に戦端がひらかれた赤坂合戦について、『合戦注文』はその展開をつぎのように叙述している。

① 二月廿二日、大将軍の阿曾遠江左近大夫将監《あそとおとうみさこんのたいぶしょうげん》殿、長野四郎左衛門尉、既に楠木（赤坂）の城に押し寄せるの由披露の間、本間一族、須山の人々、猪俣《いのまた》、大将軍の前を懸（駆）け、楠木本（赤坂）城に押し寄せ、既に太刀打《たちうち》に及ぶの処、又太郎は弓手《ゆんで》の肩を射られ、与三はタカモヽヲ射通《いとお》され引退しおわんぬ。其の後、本間九郎父子は打死、同一族河口与一、同兵衛四郎、都合四人打死、一門計七十余人手負、若党下部《しもべ》共百余人打たれおわんぬ。次に須山の人々、同時に戦ひ、是《こ》の殿原《とのはら》モ一族八十余人の中、六十一人手負ひ、家《いえ》の子《こ》・若党四人打死す。次に猪俣の人々の正員十一人打死。手負い六十余人、その中人見六郎入道、同甥孫二

郎入道、主従十四人、同所において打たれおわんぬ。

②　次に結城白河出雲前司の子息（親光《ちかみつ》）の手の物、手負い二百余人、打死七十余人云々。

③　大手本城の平野将監入道《ひらのしょうげんにゅうどう》、既に三十余人降人《こうじん》に参じおわんぬ。この内八人は逐電、或いは生捕《いけど》り、或いは自害。彼の所又以て落さるの由、閏二月一日の風聞《ふうぶん》、楠木の舎弟（五郎正隆か）同じくこの城の中に在り。是非左右《ぜひそう》未《いま》だ聞かず。去る（二）月廿八日、大手着到の如くんば、手負・死人共に既に一千八百余人云々。凡そ大手・搦手奈良路・紀伊路、信仰の人々、同道の時衆《じしゅう》、二百余人に及ぶと雖《いえど》も、今に於いては一人モ其の難《なん》無し。

①によると、二月二二日の合戦は太刀打《たちうち》に及ぶほど織烈をきわめ、寄手《よせて》の本間・須山・猪俣・人見各氏の家子・若党の討死・負傷は凄惨をきわめた。この日の合戦は武家方が仕掛けた総攻撃であり、宮方の反撃の激しさを象徴する死傷者である。落城後、二月二八日に赤坂城大手で良覚が確認した死者・負傷者は一八〇〇人超とある。

②はやはり、寄せ手の一翼を担った陸奥《むつ》白河の結城宗広《ゆうきむねひろ》の嫡男、親光《ちかみつ》一党の討死七〇余人と手負二〇〇余人を報告しているが、やがて、親光は大塔宮の令旨《りょうじ》に応えて宮方に転じ、六波羅《ろくはら》攻めの京都合戦に参加している。

③は合戦の結末を示す記事であるが、赤坂の城主として合戦大将を務めた平野将監入道以下、三〇余人の降伏によって終結したとある。『太平記』は降人を二八二人と誇張しており、武家方の処遇を甘くみた平野将監入道の拙劣な戦術を強調する作為であろう。

なお、『太平記』によると赤坂落城の直前、切り死にしようとする配下に降伏を勧める平野将監入道は、「倩《つらつら》事の様を案ずるに、吉野・金剛山の城、未相支《いまだあいささえ》て勝負を不決《けっせず》。西国の乱未《いまだ》静まらざるに、今降人に成て出たらん者をば、人に見ごらせじ（見せしめ）とて、討事不可有《うつことあるべからず》と存ずる也」と説得している。二月末の時点で吉野と金剛山はいまだ陥落していないとあり、金剛山千早と吉野の合戦が赤坂とほぼ同時に始まっていたことを示唆している。

ちなみに、③の記事によると大手の河内道、搦手の大和・紀伊道の三手には、陣僧《じんそう》とおぼしき念仏聖《ねんぶつひじり》や時宗《じしゅう》の徒二〇〇余人が随伴していたとある。おそらく、彼らは敵・味方を問わず戦死者に念仏（十念《じゅうねん》）を唱えて追善するとともに、戦傷者には救護を施していたと推測される。いまだ彼らに一人も死傷者が出ていないという記事は、彼らの中立的な立場が容認されていたことを示すものであろう。

一方、『太平記』巻六によると、赤坂合戦に先立って抜け駆け、討死にする本間資貞と人見恩阿について、「是まで付従ふて、最後の十念勧めつる聖二人が首を乞得《こいえ》て、（本陣の）天王寺に持て帰り、本間が子息源内兵衛資忠に（先駆けの）始よりの有様を語る」とある。念仏聖によって、分捕られた首とともに合戦情報がいち早く本陣や遺族のもとにもたらされ、それをモチーフに『太平記』の記事が創作されていたのであろう。念仏聖や時衆はいわば従軍僧であるとともに、従軍看護師や従軍記者の役割を兼ねて戦場に臨んでいたのである。

二．平野将監入道の素性と前歴

赤坂合戦は二月末、宮方大将の平野将監入道以下三〇余人が武家方に降伏、多数の死傷者を出して終結し、『太平記』の話題は千早の攻防に移ることになる。ところが、赤坂合戦と千早合戦の関連について、現在もっとも信頼されている年表『総合日本史年表』（吉川弘文館）や『新版日本史年表』（岩波書店）では、あたかも赤坂城の陥落後に千早合戦が継起《けいき》したかのように記述されている。前述したように、吉野・赤坂・金剛山千早はほぼ同時に戦端がひらかれており、『太平記』は大和からの金剛山千早合戦の序盤、二月末までの経緯を省略しているにすぎないのである。

そこで、つぎに問題となるのが赤坂合戦における宮方の合戦大将、平野《ひらの》将監入道《しょうげんにゅうどう》なる人物の素性と前歴、楠木正成との関係である。『太平記』によると、平野将監入道は赤坂落城の寸前に降伏して再起を期そうとするものの、京都に護送されて斬首され、歴史の舞台を早々に降りる人物である。その素性については、摂津平野を本領とする在地領主と推定される程度であった。ところが近年、新出の『東大寺宝珠院《ほうじゅいん》文書』が熊谷隆之氏によって紹介され、そこに「平野将監入道」が悪党交名《あくとうきょうみょう》（名簿）に挙げられているのである〈勝山清次編『南都寺院文書の世界』〉。ある意味、伝説上の人物の実在が一次史料によって検証され、楠木合戦に加わる以前の存在形態を発掘したものとして、中世史学界に波紋がひろがった。熊谷氏の所説を参考に、平野将監入道の存在形態を整理すればつぎの通りである。

第一に元徳《げんとく》二年（一三三〇）九月、摂津国の東大寺領長洲庄《ながすのしょう》（尼崎市）に打入って寺家政所《じけまんどころ》の延福寺《えんぷくじ》に城郭を構え、雑掌《ざっしょう》追放や殺害・刃傷、数十町歩の刈田狼籍《かりたろうぜき》、民屋追捕《みんおくついぶ》を強行した悪党数千人は六波羅両使の軍勢と合戦に及んで勝利する。張本の尼崎住人教念・教性に与同する約四〇名の交名人《きょうみょうにん》のなかに、前号でも紹介した「河内平野将監入道、舎弟次郎蔵人・同孫四郎」と「木礼成心」がみえる。平野将監入道は張本に与同する名誉の悪党として、天王寺から赤坂に至る楠木合戦に参加していたのである。正成との関係も互恵的同盟によるものであり、正成は敬意を込めて、将監入道を大手の合戦大将に据えたと考えられる。ところが、『鎌倉北条九代記』に「（赤坂）城の本人平野将監入道は矢尾（八尾《やお》）別当顕幸《べっとうあきゆき》が甥なり。楠正成養子としてこの城を預けしが」とあり、さらに『観心寺要録』には、「同（河内）国八尾ノ別当顕幸、楠家ト地ヲ争ヒテ連戦、累年。〈中略〉然ルニ延慶《えんぎょう》二年二月十三日、〈中略〉楠正成ト名乗テ顕幸ト戦フテ、而モ大勝」と、注目すべき記事がみえる。伝承の域をでないが、正成が平野将監入道を赤坂城主に据えた背景には楠木氏と八尾顕幸の永　年の確執あり、延慶二年（一三〇九）二月に顕幸が正成との合戦で大敗を喫したことで、甥の将監入道は人質同然で正成の養子になったとある。赤坂城は金剛山を詰城《つめじろ》とする本城《ほんじろ》に位置づけられているが、一方で正成は将監入道を盾《たて》として、幕府大軍の矢面《やおもて》に立たせたともいえよう。

第二に将監入道の前歴で注目されるのは、彼が不退在京《ふたいざいきょう》の公家被官《くげひかん》で、持明院統《じみょういんとう》の公卿《くぎょう》（権大納言《ごんのだいなごん》）として関東申次《かんとうもうしつぎ》を務めた西園寺公宗《さいおんじきんむね》の家人であったことである。歴史の転換期、激動する時流に翻弄されてその立場も変転を余儀なくされたのであろう。それこそ、悪党の悪党たる所以《ゆえん》である。近衛将監《このえしょうげん》の官途《かんと》にしても、在京の公家被官ならではのものであり、父の但馬前司《たじまぜんし》ともども在地領主では希有な事例である。

第三に注目されるのは、摂津長洲庄の悪党張本とされた江三入道教性《ごうさんにゅうどうきょうせい》がかつて正和《しょうわ》四年（一三一五）、東大寺領兵庫関《ひょうごせき》に打入って守護使と合戦に及んだ悪党一〇五人の一人であり〈鎌倉遺文二九六一〇〉、嘉暦元年（一三二六）には赤松円心の嫡男範資《のりすけ》や次男貞範《さだのり》らとともに尼崎の地下《じげ》を構成し、下鴨社領長洲御厨《しもがもしゃりょうながすのみくりや》の番頭に名を連ねていたことである〈摂津大覚寺文書〉。ということは、平野将監入道と江三入道の接点を通して、元弘動乱以前、正成と円心の同盟は一段と現実味を帯びはじめたものといえよう。

第四に、平野将監入道の在京活動および悪党行為を支えた本領、平野の地勢的条件や経済基盤に注目してみたい。近世の平野郷は摂津住吉郡に属したが中世は河内渋川郡にあって、摂津渡辺・天王寺と河内・大和の南部を中継する交通・物流の要衝である。また近辺を平野川が北流し、渡辺津を経由して川尻《かわじり》の尼崎や杭瀬《くいせ》、長洲庄へと水運で直結していた。いうまでもなく川尻は神崎《かんざき》（三国）川の河口にあって、西国と京都を中継する物流の拠点であり、渡辺（窪）津は摂津国府と天王寺の外港である。平野は河内西端の内陸に位置しながら、渡辺や川尻の湊に直結する水運に恵まれ、水陸交通・物流の要衝として豊かな経済基盤を形成していたのである。

三．キレ（木礼・切）一族と悪党ネットワーク

つぎに紹介したいのは、平野将監入道に影のごとく付き随うキレ一族の動向である。キレ一族は名誉の悪党として、互恵的同盟や姻戚関係を基盤に摂津や和泉の悪党蜂起に加わり、楠木合戦に合流していたことが知られる。元徳二年（一三三〇）一〇月、摂津長洲庄の悪党鎮圧に派遣された六波羅使節（両使）の一人、斉藤基信《さいとうもとのぶ》の請《うけ》

文《ぶみ》（復命書）によると、六波羅勢は地頭・国御家人の応援をほとんど得られないまま、数千人の悪党勢力との合戦に敗退している。請文に引かれた悪党交名《きょうみょう》（手配書）によると、張本の尼崎住人教念・教性のほか、約四〇人の与同人の大半は摂津の住人であるが、大和から五名、河内からは平野三兄弟についで「木礼成心《きれじょうしん》」がみえる。表記は異なるものの、天王寺合戦に参加した「切判官代《きれほうがんだい》」の一族であることは明らかである。河内渋川郡の西端にあって、南北に隣接して本領を構えるキレ（木礼・切）・平野の両氏が連携して摂津長洲庄の悪党蜂起に加わり、さらに楠木一党の一翼を担って天王寺合戦に参加していたのである。

　さらに注目されるのは、キレ一族が和泉大鳥庄の悪党蜂起に加わっていたことである。元徳二年（一三三〇）冬の事件は、鎌倉末期四度におよんだ悪党蜂起の最後を飾るもので、最大規模のものである。おそらく一一月当初熊野大道を南下して石津川の下流域にさしかかった六波羅両使の一行は、先ず張本向井等覚《むかいとうがく》の城郭化された住宅の破却と交名人の召進《しょうしん》（逮捕）に向かうが、八田《はった》・殿木《とのぎ》・中尾・毛穴《けな》・王子を名乗る悪党勢力は「楯突《たてつき》放火、種々悪行狼藉」を展開し、さらに八田郷の毛穴左衛門五郎の住宅や草部郷中条の殿木兵衛入道住宅を城郭に構えて籠城戦を決め込んだ〈田代文書〉。その結果、六波羅勢は城郭の破却と交名人《きょうみょうにん》の逮捕を断念し、嘉暦《かりゃく》元年（一三二六）以来の課題であるもう一方の悪党張本、上村基宗・沢村基氏の召進に取りかかる。ところが、ここでも悪党勢力は基宗住宅に楯籠《たてこも》り、基宗他行《たぎょう》（留守）を口実に両使の立入りを拒み、合戦に及ばんとして六波羅勢は退散を余儀なくされる。六波羅使節の請文によると、上村基宗の住宅に楯籠ったのは基宗の兄弟と推定される沢村基氏や嫡家筋《ちゃっけすじ》の高石三郎、基宗の家人たちであったが、これに河内から基宗縁戚の二人が馳せ参じている。一人は基宗の従兄弟「若江郡《わかえぐん》住人左衛門三郎」、もう一人は基宗の伯父「キレノ住人輔房《すけぼう》」である。他行中の基宗とやがて逐電する基氏を張本に、一族・家人と各地から招集された悪党をふくめ、上村一党だけで総勢数百人に及んだ。悪党の汚名を拭えば、上村一党はれっきとした武士団を構成していたことになる。上村氏が河内の在地有力者と広範な姻戚関係を構築し、悪党蜂起に際しては緊密な連携作戦を展開していたこと、さらに姻戚のキレ一族を介して平野将監とも連携し、天王寺合戦を機に楠木一党に加わっていたことは想像に難くない。大鳥庄の悪党勢力と楠木一党との連携は、上村基宗の姻戚キレ氏を介して、反六波羅闘争に新たな地平を拓《ひら》くものといえよう。

元徳二年の一一月当初といえば、摂津長洲庄で最大規模の悪党蜂起があった直後である。摂津川辺郡と和泉大鳥郡でほぼ同時に大規模な悪党蜂起があり、六波羅の使節一行はいずれも城郭の破却と交名人の逮捕に失敗し、合戦に敗退している。六波羅探題はすでに機能不全に陥り、四か月後に勃発する元弘動乱、二年余り後の六波羅討滅の素地はすでに熟していたものといえよう。

第五節　金剛山千早合戦の実相をめぐって——寄手の攻城と籠城・後詰・兵糧——

一．千早合戦は一〇〇日戦争か？

『太平記』流布本《るふ》は赤坂合戦における幕府軍の寄手《よせて》（攻城組）を河内からの大手とし、千早攻城を大和からの搦手に位置づけている。ただ、国史跡に指定されている現在の千早城跡を『太平記』の千早城とすると、大和宇《う》智郡《ちぐん》からの攻城はいかにも不合理、不自然といわねばならない。なにしろ、大和側から千早城下に至るには標高八〇〇m近い千早峠を一旦越えて、三〇〇mほど下らなければならない。千早は『太平記』に「千劔破」「千葉屋」、『楠木合戦注文』（以下『合戦注文』と略す）に代表される一次史料に「茅和屋」「茅岩屋」「茅葉屋」「知和屋」「千葉屋」と多様に表記されるが、いずれにも千早城の同義語として「金剛山」が多用されている。千早城は金剛山系の尾根の突端に構築された城塞の総称であろう。なるほど『太平記』巻七によると、千早城は「東西は谷深く切れて」「高さ二町計にて、廻り一里に足らぬ小城」とあって、単独の山城のごとく描かれているが、おそらく合戦の一局面を劇的に演出するための舞台設定ではなかったか。ちなみに、千早は修験の根本道場たる神体山、金剛山にかかる枕詞「ちはやぶる」に語源をもつ地字と推測され、金剛山が千早城と同義的に表記された要因と考えられる。

千早合戦は一般に、金剛山千早に籠城する楠木一党に対し、これを攻めあぐねる幕府軍が三か月余を要して落城に至らなかった「一〇〇日戦争」といわれる。果たしてそうだろうか。二月当初に戦端がひらかれ、五月七日の六波羅討滅直後を終戦とすると、閏《うるう》二月をはさんで約四か月の攻防ということになる。一〇〇日戦争の誤解はなぜ生まれたのか。ひとつには、正慶二年・元弘三年に閏二月があることを失念していたことによるものとも考えられるが、おそらく同年二月下旬、赤坂城が陥落してから千早合戦が継起したとする誤認が一〇〇日戦争の呼称を流布《るふ》させたのであろう。

現存する『太平記』写本のうち、古態系の西源院本は赤坂攻城の大将を八万騎率いる北条一門の赤橋《あかばし》右馬頭《うまのかみ》とし、金剛山攻城を大手《おおて》と搦手《からめて》に分けて、二〇万余騎を率いて河内の石川郡東条から攻める阿曾治時《はるとき》を大手の大将、三〇万騎を率いて大和葛上《かつじょう》・宇智《うち》両郡から攻める大仏高直《おさらぎたかなお》を搦手の大将としている。一方、流布本は赤坂攻城を河内からの大手八万余騎を率いる阿曾治時を大将とする一方で、金剛山攻城は大和からの搦手二〇万騎を率いる大仏高直を大将としている。『太平記』における軍勢の員数に信用はおけないが、西源院本における河内からの千早攻城の大手二〇万余騎に対し大和からの搦手三〇万騎、流布本の大手八万余騎に対し搦手二〇万騎であることをみても、武家方がいかに大和側を重視していたかが理解されよう。『太平記』が宮方攻略の対象を吉野・赤坂・金剛山としているのに対し、『合戦注文』は「三方一揆発向」の三方を河内道・大和道・紀伊道とし、河内道の大手七か国に対し大和道八か国、紀伊道一一か国の軍勢配置をみれば、ここでも大和・紀伊からの搦手に重点をおいていたことが知られる。その企図は何よりも、楠木一党が城塞を構える金剛山系と大塔宮が陣取る吉野や湯浅党との間に楔《くさび》を打ち込むことにあったと思われるが、大和道はまだしも、紀伊道にかくも多くの軍勢を配置したのはなぜなのか。おそらく、水越峠（標高五二〇ｍ）から紀見峠（標高四二〇ｍ）までの長大な包囲網が形成されていたのであろう。河内側でも、武家方は錦部郡の金剛寺や長野庄の木屋堂《こやどう》に陣所を構えていることから〈金剛寺文書粉河寺文書〉、紀見峠に至る金剛山系の城塞群を背景に千早合戦を想定することにさほど無理はないといえよう。

二．千早寄手の面々と攻城戦術

『合戦注文』は二月当初、大和からの搦手序盤の経緯を叙述していないが、二月末に至って、搦手本隊に合流する一団の動向をつぎのように披露している。

斎藤新兵衛入道・子息兵衛五郎、佐介越前守殿の御手として奈良路〈是は搦手〉に相向ふの処、去（二）月廿七日、楠木爪（詰《つめ》）城の金剛山千早城に押し寄せて相戦ふの間、上山より石礫《いしつぶて》を以て数ヶ所打たれおわんぬ。然りと雖《いえど》も今は存命。凡そ家子・若党数人手負ひ、或いは打死に云々。既に楠木構ふところの城、皆打ち落とされおわんぬ。今は三、四ヶ所と云々。

北条一族の佐介越前守《さすけえちぜんのかみ》は後発の別働隊を率いて大和葛上郡で搦手本隊に合流しており、その一翼を担った斎藤一族は二月二七日、楠木（赤坂）城の詰（奥）城たる金剛山の攻城を展開している。これに対抗する楠木一党は山上から石礫《いしつぶて》によって応戦し、斎藤の家子・若党に死傷者が出たことが報告されている。注目されるのは、二月末の時点ですでに金剛山の山城の大半が陥落し、今は三、四か所が残る程度と記録していることである。おそらく史跡千早城跡を含め、楠木一党は城塞を幾重にも金剛山の尾根筋に構えて籠城戦を展開し、千早合戦はやはり二月当初に始まっていたことになろう。

斎藤一族に遅れること一か月後の閏二月二七日、千早の寄手に参加した安芸の熊谷直経《くまがやなおつね》は手負注文《ておいちゅうもん》を作成し、奉行人の証判を得て恩賞に備えている。それによると、熊谷一族の当日の戦術は「茅岩屋《ちはや》城大手ノ北ノ堀ノナカヨリヘイ（塀）ノキワ（際）エせメアカ（攻め上が）リ」というものであり、若党二人が敵方の弓射によって負傷し、旗指《はたさし》は石礫によって目尻を打たれたとある〈熊谷家文書〉。さらに千早合戦終盤の四月一四日、和泉の和田《みきた》助家の次男助秀は手負注文を作成し、当日の合戦で若党の八郎家綱が茅葉屋《ちはや》城において敵の弓射によって下顎を貫通され、矢が胸に刺さる重症を負ったことを報告している。その後、四月二〇日には父親の助家も手負注文を作成し、「茅破屋《ちはや》城大手箭倉《やぐら》下の岸」を掘り崩しているとき、若党の新三郎顕宗が腰骨の右側を射られたと注進している〈和田文書〉。

以上、寄手に参加した御家人の手負注文によると、戦傷はいずれも山岳戦特有の弓射か石礫によるものであり、負傷が若党や先陣を駆ける旗指に集中している点に注目したい。なお、和田助秀は四月二一日の合戦でも戦功を挙げ、大将の阿曾治時から「茅破屋《ちはや》城北山に於おいて野臥《のぶせり》合戦を致し、頸《くび》を取りおわんぬ。尤《もっと》も神妙なり」の感状を得ている〈和田文書〉。野臥合戦すなわちゲリラ戦によって、助秀は密かに敵陣に潜り込んだか遭遇戦で楠木方の首を討ち取ったのであろう。敵方の首を討ち取ることを分取り（分捕り）といい、格別の恩賞が約束されていた。楠木一党の得意とする野臥合戦を武家方でも採用していたのである。味方全体の勝利よりも、個々の戦功を競い合う合戦の様相が垣間見られる。

ちなみに『合戦注文』によると、阿曾治時は河内からの大手の大将として当初は赤坂攻城を指揮し、やがて金剛山の攻城に転じていることから、武家方の軍勢配置は『太平記』の西源院本に妥当性がみとめられる。赤橋右《う》馬頭《まのかみ》率いる赤坂攻城軍は大手軍の一翼に組み込まれ、金剛山は本城たる赤坂の詰（奥）城に位置づけられていたことになろう。

三．千早籠城の面々と後詰作戦

正慶二年・元弘三年三月下旬、金剛山千早城の攻防は三か月近くを経過してなお決着がつかず、『正慶乱離志』の後編「博多日記」にはつぎのような記事がみえる。

（正慶二年三月）廿二日、鎮西《ちんぜい》より関東ニ上る早馬、雑色《ぞうしき》の五郎三郎（博多に）下着。金剛山はいまだ破られず。赤松入道、京に打ち入るべきの由、披露す云々。（同年四月）四日、雑色宗九郎関東より（博多に）打ち返る。金剛山をば近日打ち落とすべし。赤松入道京都七条まで打ち入るを、六波羅より追い返し、大勢打たれて逐電しおわんぬ云々。

（同年四月）六日、京都より（博多への）下向人申して云く、去る三月十二日赤松入道、京都七条まで打ち入るといへども追い返されおわんぬ。（光厳）帝は六波羅の北殿に御入り云々。赤松は本の布引の城に籠る云々。その後八幡《やわた》に陣を取る云々。

これによると、第一に注目されるのは金剛山の攻防と赤松円心の京都打ち入りとが、武家方によって有機的連関をもって一体的に把握されていることである。去る二月中下旬、大塔宮の令旨《りょうじ》に応えて播磨苔縄城《はりまこけなわ》で蜂起した円心が楠木一党に呼応して蜂起したことは明らかであり、金剛山の包囲・攻城で手薄になった京都への攻撃をくり返している。三月一二日、赤松一党が七条から六波羅前に至る合戦を展開した背景には、光厳天皇による六波羅北殿への緊急避難があったことが報告されている。第二に注目されるのは、関東から博多に達せられた早馬や飛脚の情報によると、三月二二日の時点で金剛山はなお陥落せず、四月四日に至って近日のうちに落城するはずとあるが、金剛山は落城することなく五月七日を迎えており、楠木合戦の情報に一喜一憂する武家方の心情が察せられる。

はたして楠木一党にはどのような人々が結集し、金剛山で籠城戦を展開していたのだろうか。つぎの史料を通して検討してみたい。

①　元弘三年（一三三三）四月二日「四条隆貞書状案」『徴古雑抄松尾寺文書』

和泉国松尾寺は御祈祷・群勢・兵粮以下の別忠を致す上は、御方《みかた》（宮方）も官兵等、乱入狼籍すべからず。若し制罰に背かば、厳密御沙汰有るべし。定めて後悔すべき歟の由、仰せ下さるの状くだんの如し。

元弘三年四月二日　左少将隆貞　御判

金剛（山）発向人々御中

②　建武元年（一三三四）五月「松尾寺住侶等言上状案」『徴古雑抄松尾寺文書』

〈上略〉千葉屋《ちはや》城に至らば、数ヵ月軍忠を抽すの状、楠木薩摩房《さつまぼう》并びに群集の輩見知せしむる処なり。惣て天王寺以下所々の合戦に漏れることなき上は、争《いかで》か恩賞の御沙汰無き哉矣。〈下略〉

①は千早合戦終盤の元弘三年四月二日、和泉松尾寺の祈祷や軍勢派遣、兵粮供出による格段の軍忠を賞し、宮方官兵の同寺への乱入狼籍を禁じた大塔宮の近臣、四条隆貞（和泉国主か）の禁制を兼ねた書状案である。書状は和泉を管領する大塔宮の意向を受けたものであり、令旨相当の奉書といえるが、禁制の対象たる充所《あてどころ》が不特定多数の「金剛（山）発向人々」となっていることに注目したい。和泉から金剛山に参じた人々の多くが、同じ宮方の松尾寺に狼籍をはたらくことが懸念される野伏《のぶせり》・悪党的勢力であることを示唆している。②は松尾寺の衆徒《しゅと》が天王寺合戦以降、数か月に及ぶ千早籠城まで切れ目なく軍忠を果たしてきたことを披露し、いまだ恩賞に預かれない窮状を建武政権に訴えている。ここでもやはり、千早籠城の同所合戦輩《どうしょかっせんはい》に楠木一族の薩摩房とともに「群集《ぐんしゅうのともがら》輩」が挙げられており、①の「金剛（山）発向人々」同様、不特定多数の名もなき雑兵、野伏たちが多数

籠城していたのである。

『太平記』によると去る正月下旬、天王寺に下向してきた宇都宮公綱に対し、「和田・楠、和泉・河内の野伏共四五千人（西源院本は五六百人）を駆集《かりあつめ》て、可然《しかるべき》兵二三百騎差副《さしそえ》、天王寺辺に遠篝火《とおかがり》をぞ焼《たか》せ」て脅かしたとある。楠木一党のなかで、悪党的勢力の野伏が大きな比重を占めていたことが理解されよう。

さらに宮方の後詰《ごつめ》作戦について、『太平記』巻七に「去程に吉野・戸津河（十津川）・宇多（宇陀）・内（宇智）郡の野伏共、大塔宮の命を含んで相集る事、七千余人、比の峯彼の谷に立隠て、千劔破《ちはや》寄手共の往来の路を差塞《さしふさ》ぐ。依之《これにより》諸国の（武家方）兵の兵粮忽《たちまち》に尽て、人馬共に被《つか》れければ転漕《てんそう》に怺兼《こらえかね》て、百騎二百騎引て帰るを、案《あ》内者《ないしゃ》の野伏《のぶせり》共、所々のつまりづまりに待ち受て、討留《うちとどめ》ける間、日々夜々に討るゝ者数を知ず」と、注目すべき記事がみられる。千早攻城にてこずる寄手にとって、糧道・退路を断たれた上に背後から攻撃される恐怖に耐え切れず、戦線離脱の傾向が奔流となりつつあった。

また、千早攻城の寄手に対し、大塔宮配下の湯浅党が本領の住宅を焼き打ちする後詰作戦も展開されていた〈市沢哲『太平記を読む』〉。敵方の戦意喪失を図る巧妙な戦術であるが、千早の後詰作戦は畿南山中に潜伏する大塔宮を司令塔として、大和の野伏や紀伊湯浅党によって展開され、籠城組に多大の勇気と勝機をもたらしたことであろう。

四．千早籠城の恩賞をめぐって

③　興國三年（一三四二）「和泉国土生度《はぶど》地頭職由来書」『久米田寺文書』

和泉国土生度地頭の惣領土生左衛門尉盛実、同雅楽《うた》左衛門尉義綱

彼の両人は当所（土生度）開発本主《かいはつほんす》。地頭職《じとうしき》に於いては、元弘知和屋城籠《ちはやしろこめ》の恩賞。縦《たと》へ彼等地頭職相違の事出来《しゅったい》、本主状《ほんすしょう》後証《こうしょう》亀鏡《きけい》の為哉。去状《さりじょう》執筆《しゅうひつ》岸和田快智。

④　正平五年（一三五〇）十一月「和田正円（助家）目安案《めやすあん》」『和田文書』

目安　和田修理亮《しゅりのすけ》入道正円重ねて申す。早く傍例《ぼうれい》に任せ、開発相承の道理に依り、当給人（上神範秀《にわはんしゅう》）に替《かえ》地《ち》を宛行《あてが》われ、和泉国和田庄《みきたのしょう》上中条地頭職を（正円に）拝領せしめんと欲す事〈中略〉他国の例は暫くこれを閣《お》き、当（和泉）国傍例の如きは、富永名地頭職、知和屋《ちはや》恩賞として磯上蔵人《いそかみくろうど》拝領の間、子細を申すと雖も孫法師丸に宛行われおわんぬ。

③は和泉南郡土生村の開発領主で地頭の土生盛実と義綱が久米田寺領に加徴米を賦課してきたことの誤りを認め、去状《さりじょう》に副《そ》えて作成した地頭職の由来書であり、土生両人の地頭職が元弘の千早籠城に参加したことによる恩賞であることを明記している。④は正平五年（一三五〇）、和田助家が本領の和田庄上中条の地頭職を南朝に要求した目安案であり、当任の地頭で隣接する上神郷《にわごう》を本領とする上神範秀に替地の与えられんことを訴えている。地頭職補任の根拠として開発相承の本領であることが道理とされ、千早恩賞として富永名地頭職を一旦拝領した磯上蔵人（和泉南郡加守郷《かもりごう》の国御家人）の傍例が引かれている。③④はいずれも、土生《はぶみ》・和田《みきた》・上神《にわ》・磯上《いそがみ》のような在地領主や国御家人がいかなる課題を背負って、何を求めて千早合戦に参加していたかを如実に物語るものといえよう。

鎌倉期、和泉の地頭職は例外なく東国御家人（多くは六波羅に結集する在京人）の所帯であり、下地管領《したぢかんれい》に及ばない得分権《とくぶんけん》地頭であった。和泉の在地《ざいち》に根づく国御家人で地頭職に補されたものはなく、在京人や関東系の地頭との身分格差は歴然としていた。それが建武政権下、多くの国御家人や地侍が地頭職を賜与されたのである。金剛山千早の籠城をはじめ反六波羅闘争に参加したことで、変革に参画したことの意味や成果を実感したことであろう。ただ、恩賞の根拠は籠城や合戦の戦功だけではなかった。籠城戦の条件として、兵糧の確保が不可欠であることはいうまでもない。前節の史料①によると、松尾寺の特段の忠功として戦勝祈願の祈祷と軍勢派遣、兵糧供出が指摘されていたが、河内の金剛寺でも大塔宮や正成の祈祷要請にくわえて、千早合戦が始まって間なしの元弘三年二月六日と二一日、宮方公卿の堀川光継によって兵糧供出が命じられている〈金剛寺文書〉。さらに、先に紹介した和田助家は千早の寄手に加わったことで本領没官《もっかん》の危機に真面するが、その救済を和泉国主の四条隆貞に訴えた楠本正成の書状によると、一方で助家は千早の籠城組に度々兵糧米を供出していたことが知られる〈鎌倉遺文三二八三七〉。かくして、金剛山の四か月にわたる籠城戦には、和泉・河内の有力寺院や国御家人らによって莫大な兵糧が供出されていたのである。

第六節　楠木一族和田氏と和泉の和田氏――楠木一族の指標と展開をめぐって――

一．正成舎弟正隆・正氏と和田左衛門尉

『太平記』に登場する和田氏はすべて楠木一族である。その初見は天王寺合戦の直後、天王寺へ下向する宇都宮公綱の情報を、いちはやく正成に伝えた「河内国の住人和田孫三郎」である。さらに、天王寺に到着した公綱の軍勢に対し「和田・楠、和泉・河内の野伏《のぶせり》四五千人（西源院本は五六百人）駆《かり》集て、可然《しかるべき》兵二三百騎差副《さしそえ》、天王寺辺に遠篝火《とおかがりび》を焼《たか》せ」たことで、公綱は京都に引き上げたとある〈『太平記』巻六〉。この和田氏が河内石川郡東条を本拠とする楠木一族であることは、『太平記』巻二九に「（河内石川郡）東条の和田・楠」とあることからも明らかである。

『太平記』に描かれた赤坂・千早合戦において、楠木一族の和田氏の足跡は杳《よう》として知れない。ところが、『楠木合戦注文』は風聞《ふうぶん》として「楠木之舎弟」の赤坂在城を記録し、『神明鏡』はこれを「舎弟五郎」としており、湊川合戦で討死する「和田五郎正隆」のことと推定される〈『太平記』巻一六〉。

正成の舎弟といえば、やはり湊川で正成と刺し違えて自害する七郎正季《まさすえ》が知られる。ただ、『尊卑分脈』橘系図に正季は見出せず、正成の舎弟として「正氏《まさうじ》」が記載され、傍注に「和田七郎」とある。さらに『太平記』西源院本は湊川討死の正成舎弟に「正氏」を当てており、正氏は正季の初名と考えられる〈群書類従「楠木系図」〉。その後、『太平記』によると和田氏には四條畷で正行とともに討死にする「和田次郎」、「新兵衛」、「新発意賢秀」などが知られる。和田次郎は『尊卑分脈』に「二郎正時」とあり、正成の次男で正行舎弟の正時であることは明らかである。正氏（正季）・正時はいずれも惣領の次弟として、一門の重鎮に位置づけられている。正氏・正時の二人が家督に準ずる別格の扱いを受けたことで、惣領の舎弟が和田氏に送り込まれたとも考えられる。以上、『太平記』をはじめとする二次史料のほか一次史料でも、和田氏は正成・正行・正儀《まさのり》の家督に近仕し、ときにその代官として合戦大将を務めるものもいた。

八幡弥勒寺《やわたみろくじ》岡本雑掌《ざっしょう》□（申）、河内国法明寺《ほうみょうじ》雑掌濫妨□（事）、決断所御牒《けつだんしょおんちょう》かくの如し。早く仰せ下さるの旨に任せ、申す所（相）違無くんば、法明寺の妨げを止めらる也。仍て執達くだんの如し。

　八月十四日　左衛門尉□□（正成）

和田左衛門尉殿

右は建武政権下の建武二年（一三三五）八月、雑訴決断所《ざっそけつだんしょ》の裁定（弥勒寺の提訴により河内法明寺の濫妨停止）をうけて、正成が和田左衛門尉に裁定の執行を命じた施行状《しぎょうじょう》である〈田中家文書〉。守護と国司を兼務して、河内の地方行政に権能を発揮する正成の現存唯一の発給文書であり、一次史料における和田氏の初見である。充所《あてどころ》の「和田左衛門尉」とは果たしてだれのことか。一九六九年刊行の『枚方市史』第六巻がこれに「助《すけ》氏《うじ》」の傍注《ぼうちゅう》を付して以来、二〇〇二年刊行の『大阪狭山市史』第二巻に至るまで、河内地域の自治体史はことごとくこれを踏襲している。『大阪府史』第三巻でも助氏を楠木一族に位置づけ、和泉の和田氏を楠木一族・縁戚と規定している。『和田《みきた》文書』における助氏の初見は、正平二年（一三四七）八月の隅田合戦の戦功を披露した同七年六月付助氏軍忠状である。建武二年当時、和田の惣領は助氏の祖父助家《すけいえ》であり、正成と助氏の接点は想定しがたい。すなわち、和田左衛門尉は和泉の和田《みきた》氏ではなく楠木一族の和田《わだ》氏であり、その地位は正成の施行状を受けるにふさわしい守護代である。たかが傍注一つのこととはいえ、両者を混同する記述が検証を経ずに踏襲されてきたことで、中世地域史に一定の混迷をもたらしていることは否めない。その結果、二〇一一年刊行の新井孝重著『楠木正成』においてなお、『太平記』に頻出する楠木一族の和田氏を「和泉国大鳥郡和田村の武士」とする誤認がみられる。

つぎは延元元年（一三三六）六月一九日、和田左衛門尉が京都南郊の東寺・鳥羽合戦で討死にしたことを伝える一次史料である。

> 六月十九日、晦日《みそか》（三〇日）、和泉・河内・紀伊（後醍醐）帝ノ御軍勢、東寺・鳥羽合戦。和田左衛門大将シテ合戦、討たれおわんぬ。

右は、河内金剛寺の学僧禅恵《ぜんね》が筆録した聖教奥書《しょうぎょうおくがき》である〈金剛寺史料〉。東寺・鳥羽合戦は湊川合戦直後の六月一四日以来、東寺に布陣していた足利勢に対し、楠木一党が鳥羽方面から攻撃を仕掛け、大将の和田左衛門尉が討死にした合戦である。若輩の正行《まさつら》の代官として、和田左衛門尉は宮方の合戦大将を務めていたのであろう。

二　楠木一族の和田氏をめぐって

その後、左衛門尉につづく和田《わだ》氏には、一次史料に左兵衛尉正興《さひょうえのじょうまさおき》が登場する。

河内国高木八郎兵衛尉遠盛軍忠の事〈中略〉

一、同（延元二年十月）十九日、細川兵部少輔（顕氏）大将軍として所々の凶徒等を引率し、東条に寄せ来るの間、山城口随分合戦を致しおわんぬ。

一、今（延元三）年三月八日、和田左兵衛尉正興の手に属し、丹下城に相向ひ、数日に及んで合戦を致しおわんぬ。〈中略〉

一、丹下凶徒等、当（河内）国松原庄に城郭を構へるの間、閏七月廿二日、（和田）正興の手に属して合戦を致し、凶徒等を追い落とし、丹下八郎太郎子息能登房を討取りおわんぬ。此等の次第、橋本九郎左衛門正□（茂）・和田左兵衛尉正興検知の上は、その隠れ無きもの也。〈中略〉

一、同九月廿二日、所々の凶徒等、野田庄に城郭を構ふの間、同じく（和田）正興の手に属して馳せ向ひ、随分軍忠を抽し、凶徒等を追い落しおわんぬ。

一、同九月廿九日、佐備三郎左衛門尉正忠の手に属し、池尻・半田に相向ひ、随分合戦を致しおわんぬ。

〈下略〉

右は延元元年（一三三六）七月の八尾城の攻防以降、同三年九月末の狭山池尻・半田合戦に至る戦功を披露した丹北郡の宮方国衆、高木遠盛《たかぎとおもり》の軍忠状案である〈和田文書〉。京都南郊の合戦に敗退した楠木一党が河内石川郡に帰還したのに対し、武家方の河内守護細川顕氏が天王寺に本陣を据え、田代・二宮・渋谷・山内らの在京人を率いて石川東条の攻略に乗り出したのである〈田代文書〉。武家方の前線基地は丹下城（大塚山古墳の転用）、楠木一党は古市の高屋城を拠点に対峙していたのであろう。第一に注目されるのは、湊川合戦で正成・正隆・正氏（正季）が、東寺・鳥羽合戦で和田左衛門尉が討死にするなかで、残された楠木一党によって必死の防衛戦が展開されていたことである。和田正興《わだまさおき》・佐備正忠《さびまさただ》・橋本正茂《はしもとまさしげ》はいずれも実名《じつみょう》に「正」を用いていることから、和田・佐備両氏は河内石川郡東条、橋本氏は和泉日根郡近義郷を本拠地とする楠木一族である。ちなみに橋本正茂は延元々年九月一日、和泉南郡八木城をめぐる畠山国清（足利一族）との攻防で後詰《ごづめ》の軍《いくさ》奉行を担い〈和田文書〉、兄の八郎左衛門尉正員《まさかず》はすでに湊川合戦で戦死〈『太平記』巻十六〉、子息の正督《まさたか》はやがて正儀《まさのり》配下の和泉守護代として、正儀の武家方転身後は和泉守護として内乱の終盤を彩る人物である。第二に、高木遠盛は丹下《たんげ》合戦で二度、松原と野田の合戦で各一度、和田正興の配下で奮戦していることから、おそらく左兵衛尉正興は和田左衛門尉の後継として、楠木一党の実質的な総帥であったと推定される。

以上、二年余にわたる河内中南部の合戦は単なる一過性の局地戦ではない。吉野に樹立された南朝の防波堤をなす楠木一党に対し、足利一門の細川顕氏が仕掛けた攻撃である。

そこで、つぎに楠木一族の指標であるが、第一に本姓は「橘」であり、実名《じつみょう》が明記されているものは例外なく「正」を通字《つうじ》に採用していることである。ちなみに、和泉和田《みきた》氏の本姓は「大中臣」であり、嫡流の実名は助正―助綱―助盛―助遠―清遠―助家―助泰―助氏と、清遠を唯一の例外としていずれも「助」を通字に踏襲している〈和田文書「中家系図」〉。また、『太平記』は和泉大鳥郡の和田《みきた》氏の動向を一切叙述せず、楠木一族和田《わだ》氏と混同する余地はなかった。第二に楠木の家督が河内や和泉の宮方守護である場合、守護代は一族の庶流から厳格に任用されていたことである。河内守護正成と和田左衛門尉、和泉守護正右と大塚惟正《これまさ》、和泉守護正儀《まさのり》と橋本正督《まさたか》、河内守護正儀と河野辺駿河守（実名不明）の関係がそれを象徴している。

三　和泉和田《みきた》一族の双方軍忠

前節の二で、千早城の寄手《よせて》として和泉の和田助家と次男助秀の武家方参陣を、第二節で助家が莫大の兵粮米を宮方に供出していたことを紹介した。さらに注目されるのは、助家が和田《みきた》の惣領として武家方に軸足をおきながら、一方で嫡男助康を宮方の京都攻撃に参加させるという、離れ業《わざ》に打って出たことである。助家に助康の宮方参陣を促したのは、つぎに紹介する大塔宮の令旨《りょうじ》である〈天龍寺真乗院文書〉。

関東の凶徒を追討し、報国の忠節に励むべしてえり。（大塔宮）二品親王令旨かくの如し。仍って執達くだんの如し。

元弘三年四月三日　左少将（花押）

和田修理亮《しゅりのすけ》（助家）館

令旨は四月三日、千早合戦が三か月を経過してなお決着をみず、寄手の幕府軍に厭戦気分が蔓延するなかで和泉大鳥郡和田館《みきたやかた》に届けられた。四条隆貞が奉じた令旨は惣領の助家宛に発せられており、助康の宮方参陣は父助家の判断によるものである。

つぎは、宮方に参陣した助康のその後の動向を伝える父助家の言上状案である〈和田文書〉。これには大塔宮の近臣、四条隆貞の外題（証判）がみえる。

和泉国御家人和田修理亮《しゅりのすけ》助家謹《つつし》んで言上す。

早く且つうは度々の合戦の忠節に依り、且つうは令旨に任せ、速やかに恩賞に預かり、弓箭《きゅうせん》の勇を成さんと欲す間の事

右、助家今年四月三日、かたじけなくも令旨《りょうじ》を賜はる間、自身に於いては治病更発の間、子息助康に数輩の軍勢を差し副《そ》へおわんぬ。仍て御方《みかた》（宮方）に馳参《ちさん》せしめ、去る四月八日、赤井河原の戦場に於いて合戦の忠を致すの条、大和の近戸内源四郎、同五郎見知《けんち》せしめおわんぬ。同廿七日、名越尾張前司（高家）発向の

刻《みぎり》、久我縄手《こがなわて》に於いて身命を惜しまず合戦を致し、若党弥五郎・源九郎疵《きず》を被《こうむ》るの条、大和国宇野七郎入道、播磨国安田左衛門三郎見及ぶ也。然らば早く合戦の忠無双の奉公たる上は、御外題《げだい》の御教書を賜はり、恩賞に預からんと欲す。仍って恐々言上くだんの如し。

元弘三年五月　日

これによると、おそらく六波羅滅亡の直後、助家は嫡子助康の戦功を根拠に和泉国主の四条隆貞に証判を求めている。この間、助家自身は治病再発のため、助康を名代《みょうだい》として宮方に参陣させたと釈明しているが、なんと助家は四月二〇日の千早攻城に加わり、大手矢倉下の切岸《きりぎし》を掘り崩す作戦に参加していたのである〈前節参照〉。ということは、助家は仮病をつかって嫡男助康を名代として宮方に派遣し、自身は千早の寄手（武家方）に加わっていたことになる。一族温存のため、父子・兄弟間で敵対関係を選択することが武家の習《なら》いとしても、国御家人・地侍の多くが千早の籠城・後詰に参加するなかで、武家方に軸足をおく和田氏は宮方の不信を買い、六波羅滅亡直後に本領没官《もっかん》の危機に見舞われる。さらに正平年間（一三四六〜七〇）の序盤、転身をくり返す和田氏に対し、宮方は助康 誅殺《ちゅうさつ》で報いている〈和田文書〉。

一方、六波羅滅亡の直前、助康は先祖代々の武家奉公とりわけ楠木合戦における戦功を根拠に、関東の恩賞を求めて言上状を作成している〈和田文書〉。傍輩が恩賞に浴するなかで、いまだ恩賞に預かれない要因として、助康は本領和田庄上条の地頭で在京人の相馬親藤《そうまちかふじ》が恩賞に異《い》を唱えていると訴えている。おそらく助康の宮方参陣は庄内周知のこととして、親藤の耳にも届いていたのであろう。

助康は先祖代々の奉公を根拠に関東に恩賞を求め、一方で助家は倒幕後とはいえ、嫡男助康の戦功を根拠に宮方に恩賞を求めるという、二律背反的《にりつはいはんてき》な対応のなかに、変革期の政局に翻弄される国御家人の苦衷としたたかさが垣間見える。はたして、助康の言上状は関東に達せられたのだろうか。おそらく情勢の急激な展開に、助康の対応は追いつけなかったものと思われる。

ところで、助康の宮方参陣はどのように展開されたのか。四月三日に令旨を受けた直後、助康主従は早くも赤松一党の山崎本陣に馳参、その一翼を担って八日の赤井河原合戦に参陣し、さらに四月二七日、久我縄手《こがなわて》合戦に参加して若党二人が負傷している。ちなみに、三月一二日の六波羅前合戦と一五日の西岡合戦は赤松一党単独で六波羅勢と対戦し、四月三日の京都打入りは大塔宮近臣の中院定平《なかのいんさだひら》と殿法印良忠《とののほういんりょうちゅう》が合流、八日の赤井河原合戦には伯耆《ほうき》船上山から派遣された千種忠顕《ちぐさただあき》が参加している。そして二七日、北条一族の名越高家《なごえたかいえ》とともに上洛していた足利高氏（尊氏）は高家の討死を尻目に老《おい》ノ坂を越え、二日後に丹波篠村《しのむら》で宮方の旗職《きし》を鮮明にする。

かくして五月七日、宮方勢は三方から京都に突入し、六波羅探題は一世紀余りの歴史に幕を下ろす。この歴史的事件に助康は立ち会ったのだろうか。おそらく、千早の寄手に参じた父助家と弟助秀の安否を気遣い、和泉の本領に帰還していたのであろう。

以上、和泉和田氏の膨大な文書群や系図からは、和田《みきた》氏が楠木族であることを匂わす要素は微塵も感じ取れない。そもそも楠木一族にして、この緊迫した情勢下で双方軍忠はありえず、正成の強請にもとづく兵粮供出も国御家人としての対応にすぎない。助家宛の令旨にしても、武家方に身をおく国御家人の宮方転身を促すものであり、楠木一族を充所とするものでないことは明らかである。

第七節　元弘三年の京都合戦と悪党勢力——六波羅討滅の原動力をめぐって——

一．山城寺戸郷《てらどごう》の山賊「宗親法師」をめぐって

建武五年（一三三八）閏七月、在京人の系譜を引く田代基綱《たしろもとつな》は相伝の公験《くげん》を副えて、和泉大鳥庄上条地頭職の

安堵《あんど》を幕府にもとめた。基綱の訴状によると、宗綱《むねつな》・宗親《むねちか》・基氏《もとうじ》・丹生道丸《にゅうどうまる》の四代におよぶ悪党の狼籍《ろうぜき》が安堵を妨げてきたとあり、経緯の一端をつぎのように訴えている〈田代文書〉。

〈上略〉将《まさ》にまた彼の丹生道丸の親父基氏、祖父宗親法師法名行性、曾祖父宗綱法師法名行念等は、本所と云い、地頭と云い、敵対致すに依り、（六波羅）御使に仰せて当所を追放せらるるの処、結句彼の宗親法師、度々山賊を致すの間、山城国寺戸郷内入牛院の地頭代の訴訟に依り、法に任せて召進すべきの由、飯尾《いのお》彦六左衛門入道覚民を奉行として、御使に仰せて衾御教書を成し下されおわんぬ。〈下略〉

これによると、悪党丹生道丸の狼藉は曾祖父宗綱、祖父宗親、父基氏へとつづく悪党行為を引き継ぐものであり、公武権門への敵対行為によって代々大鳥庄を追放されてきたとある。とくに祖父宗親は追放後に山城乙訓《おとくに》郡《ぐん》、寺戸郷での度々の山賊行為を同郷入牛院《にゅうぎゅういん》の地頭代に訴えられ、六波羅の衾御教書《ふすまのみきょうじょ》によって指名手配されている。

宗親が大鳥庄を追放された要因は正和《しょうわ》元年（一三一二）四月下旬、「宗親法師・同子息（基氏・基宗）以下の輩、（大鳥庄上条の）地頭領内に打入り、下地《したぢ》を濫妨し、作麦を刈取り、鋤鍬《すきくわ》を奪ひ取り、刃傷打擲《にんじょうちょうちゃく》等の狼籍を致す」といった悪党行為にあり、六波羅の裁定を経た使節遵行《しせつじゅんぎょう》（刑の執行）によって追放されていたのである〈田代文書〉。

ちなみに和泉大鳥郷には平安後期以来、摂関家《せっかんけ》の政所《まんどころ》を本家とする大番領《おおばんりょう》が設定されていたが、承久の乱（一二二一）の直後に北白川院（後高倉院妃）を本所とする大鳥庄が立券され、乱の勲功賞として田代信綱（基綱の高祖父）が同庄地頭職に補任される。さらに応長元年（一三一一）、当時の本所玄輝門院《げんきもんいん》（伏見院生母）と地頭基綱の間で下地中分《したぢちゅうぶん》が断行された結果、庄内散在の大番領は否認され、大番舎人《おおばんとねり》たちの不満が翌正和元年（一三一二）、嘉暦元年（一三二六）、元徳二年（一三三〇）と大規模な悪党蜂起に発展する。

宗綱以下は郷内最大級の大番領を代々請作《うけさく》する大番舎人であり、元徳二年の蜂起で張本とされた上村《かむら》基宗は宗親の子息と推定され、郷内舎人を統括する大番保司《おおばんほし》の地位にあった。

正和元年夏、宗親を張本とする悪党蜂起には広範な在地結集がみられ、宗親は「(若松）右衛門入道禅阿子息・所従及び八田右衛門二郎助房《はったえもんじろうすけふさ》、堀上左衛門《ほりあげさえもん》、毛穴円明《けあなえんめい》以下百余人の勢を引率して同（地頭）領に乱入」したとある。若松は上神郷《にわごう》の国御家人、八田は大鳥庄、堀上・毛穴は八田庄の住人である。総勢一〇〇余人の悪党勢力は大鳥・八田・上神の三ヵ郷にわたる在地結集である〈田代文書〉。

なお、大鳥庄を追放された宗親がなぜ、山城乙訓郡の寺戸郷あたりで山賊行為を働いたのだろうか。それには、宗親が摂関家政所の庇護のもと、京都南西部の乙訓郡に拠点を据えていたことが背景にあったと推測される。というのも、宗親の悪党蜂起が大番領を基盤に、大番舎人の身分に依拠して展開されたものであり、本家の摂関家（関白鷹司冬平）政所とは利害を共有していたのである。

二．悪党張本の逐電と京都合戦

宗親が追放された正和元年（一三一二）以降、大鳥庄では一〇数年にわたって小康をたもったが、やがて嘉暦元年（一三二六）年末、宗親に代わる張本として、大鳥庄住人の向井等覚・歓勝父子を中心に悪党蜂起が勃発する。張本に与同する交名人には大鳥・八田・上神《にわ》の三ヵ郷住人のほか、あらたに草部郷中条《くさべごうなかじょう》の殿木《とのぎ》心浄父子が加わるなど、悪党結集のさらなる広がりに注目したい。今回、六波羅使節の任務は悪党張本の城郭検分と彼らの催上（六波羅連行）であったが、使節は遵行《じゅんぎょう》不能を復命している〈田代文書〉。

ついで元徳二年（一三三〇）一〇月下旬、六波羅は先の遵行失敗をふまえて、悪党の城郭破却と召進（逮捕）のための使節を派遣したが、使節はここでも無勢を口実に遵行不能を復命するというていたらくである。今回の蜂起で注目されるのは、かつて敵対関係にあった大鳥庄預所（高野山高祖院）の家人たちをも巻き込んで、大鳥・八田・草部・上神の四ヵ郷の在地結集を基盤に、四ヵ所の城郭に依拠して使節一行を翻弄していたことであり、張本の基宗・基氏は合戦間際の局面をしたたかに切り抜け、逐電している。

悪党蜂起の多くは荘園領主への反抗として現出するものであり、領主側の要請を受けた六波羅によって遵行のための使節が派遣される。ところが大鳥庄の場合、在京人田代氏の在地領主化に対抗するとともに、在京人と一体の六波羅に直接対決する点に特徴があり、使節の遵行不能は六波羅探題の末期症状を露呈して余りあろう。

はたして元徳二年一〇月、大鳥庄を離れた基宗・基氏はどこへ逐電していたのか。逐電先からの動向について、つぎのような一節が貞和三年（一三四七）七月の地頭基綱陳状案《ちんじょうあん》にみえる〈田代文書〉。

〈上略〉比条（中分地頭領の正当性）、正中二年以来嘉暦・元徳年中、重々（六波羅の）御沙汰を経られ、（基宗の）罪名を定められて後は、道照（基宗）逐電の条、（六波羅）御教書分明也。その後、建武動乱の最中、立ち帰りて押妨せしむるの間、〈下略〉

これによると、元徳年間（一三二九〜三一）大鳥庄を逐電していた基宗は、建武動乱に乗じて大鳥庄に立ち帰り、中分地頭領を侵犯したとある。さらに、田代基綱は「違勅過言《いちょくかげん》悪党道照（上村基宗）」とともに、摂関家（関白二条良基）の政所雑掌《まんどころざっしょう》による「扶持重科《ぶちじゅうか》」を糾弾している〈田代文書〉。摂関家による悪党庇護が背景にあって、基宗は京都近郊の乙訓郡に潜伏していたのではなかったか。そこで想起されるのが、基氏・基宗の父宗親が山賊行為を働いたとされる山城乙訓郡の寺戸郷である。六波羅・在京人に対抗して、摂関家政所の扶持《ふち》を受ける基氏・基宗の立ち位置を背景におくならば、彼らの逐電先を寺戸郷一帯とすることにさほど無理はないといえよう。

そこでつぎに、基宗が寺戸郷辺に潜伏中と推測される正慶二年・元弘三年（一三三三）、京都とその南西一帯で展開された合戦を背景に、基宗・基氏の動向を辿ってみたい。

三月一二日　赤松一党の京都打入↓六波羅前合戦
　一五日　西岡合戦（赤松一党×六波羅勢）
四月　三日　赤松一党・大塔？近臣（中院定平・殿法印良忠）の京都打入
　八日　赤井河原合戦（赤松一党・殿法印良忠・千種忠顕らの京都打入）
　二七日　久我縄手合戦（名越高家の討死）↓足利高氏の丹波越え
五月　七日　六波羅探題の滅亡

元弘三年（一三三三）閏二月一一日、摂津摩耶山《まやさん》に陣取る赤松円心は六波羅勢の寄手を駆逐し、やがて京都攻撃にむけて山崎に陣を進め、三月一二日には初の京都打入りを敢行する。一時は六波羅前まで攻め込んだ赤松一党も多勢の六波羅軍に追い返され、『太平記』西源院本に「寺戸の西へ引っ返す」とある。寺戸の南西には久我縄手の果てに山崎の赤松本陣があり、寺戸は桂川を隔てて京都打入りの前線基地に位置づけられる。

その三日後、勝ちに乗じた六波羅軍は西岡一帯で赤松一党と干戈《かんか》を交え、円心は中院定平《なかのいんさだひら》を聖護院宮静尊《しょうごいんのみやじょうそん》（大塔宮弟）に仕立てて大将に担いでいる。中院定平は大塔宮近臣の筆頭株であり、赤松円心と大塔宮を仲介する人物である。赤松一党は敗退を重ねつつも山崎・八幡に踏み止どまり、四月三日には大塔宮の近臣たちと連携しつつ、洛西の桂と洛南の伏見から二面作戦を展開している〈西源院本『太平記』巻八〉。当日は終日にわたって京中で激戦が繰り広げられたが、寡勢の宮方勢はまたも敗退をかさね、やはり寺戸へ引き返している。

ついで四月八日、伯耆船上山に滞陣中の後醍醐天皇が派遣した千種忠顕《ちぐさただあき》は西山峯堂に本陣を構え、八幡《やわた》を本陣とする殿法印《とののほういんりょうちゅう》良忠、山崎を本陣とする赤松円心とともに京部へ攻め入るが、この日も宮方は敗退する。

三月一二日以来、四度にわたる京都打入りは一貫して赤松一党が主役である。四月八日に新たに馳参した千種忠顕、二七日の久我縄手《こがなわて》合戦を経て二日後に丹波篠村《しのむら》で宮方の旗幟《きし》を鮮明にする足利高氏（建武政権下、天皇の諱《いみな》の一字を賜って尊氏に改名）など、果敢に京都攻撃をくり返す赤松一党に便乗、合戦の成果を上澄みする勢力といえよう。

四月八日の合戦に勝利した六波羅勢は、その翌日に峯堂・谷堂・浄住寺の仏閣や僧坊、松尾の在家《ざいけ》を追捕する。寺戸をはじめ桂川の右岸から西山一帯が宮方の拠点であったことによる処置であろう。

なお同月二七日、久我縄手を経由して山崎・八幡の宮方攻撃に向かう名越高家《なごえたかいえ》・足利高氏に対し、かねて高氏の内通に疑念を抱く坊門雅忠《ぼうもんまさただ》は、「寺戸・西岡の野伏ども五、六百人駆り催して岩蔵《いわくら》（西岩倉山金蔵寺）の辺」に陣取ったという。坊門雅忠は五月七日の六波羅攻略に殿法印良忠とともに三千余騎を率いたことから、去る三月一二日の京都打入りに先陣をきった高倉少将の子息左衛門佐同様、大塔宮の近臣と推定される〈『太平記』巻八・巻九〉。ここでも、寺戸・西岡一帯が野伏《のぶせり》の巣窟として宮方の基盤を成していたことが理解されよう。

三　悪党勢力の宮方参陣と六波羅陥落

京都合戦に大鳥庄の悪党張本、基宗・基氏が宮方に参加していたことを裏づける確たる史料はみいだせない。ただ、逐電先が父宗親と同じ乙訓郡の寺戸郷あたりとすると、この激動する情勢の局外に身をおくことは許されないであろう。六波羅・在京人とのたび重なる悪党合戦の教訓はむしろ、相伝の大番領を回復する千載一遇の好機とみなされよう。

六波羅討滅に向けて、その変革のエネルギーや原動力をどの階層に求めるのかという問題をめぐって、かねて多様な見解が開陳されてきた。近年の論考で注目されるのは、小林一岳氏の所説で、倒幕過程における変革の真の原動力は足利・新田に代表される有力御家人ではなく、正成や円心のような中小武士団にあるとするものである〈吉川弘文館『日本中世の歴史四』〉。これに対して桃崎有一郎氏は「建武政権論」のなかで、悪党問題は楠木合戦を必須条件とする倒幕の素地にすぎず、倒幕の原動力は足利高氏率いる旧幕府の地頭・御家人と九州大名にあるとした〈岩波講座『日本歴史』第7巻〉。はたして、このような二者択一的な問題設定によって、中世最大の変革の意味は理解されるだろうか。

金剛山に参陣した和泉松尾寺の衆徒の報告によると、数ヵ月に及ぶ千早籠城の同所合戦輩《どうしょかっせんはい》に「群集之輩」、同じ宮方の松尾寺に狼籍をはたらくことが懸念される「金剛山発向人々」が、いずれも氏名を特定しがたい悪党的野伏勢力であることは明らかである。軍忠を披露するのに、その証人たる同所合戦輩を不特定多数の「群集之輩」と記載した類例はなく、楠木一党の特異な構成を象徴するものといえよう。また、これに先立つ天王寺合戦に和泉大鳥庄の悪党の系譜にひく八田氏やキレ一族、平野但馬前司の子息四人らが参加し、赤坂合戦でも摂津長洲庄の悪党平野将監入道が大手の大将を務めたことなど、楠木合戦が正成を核に摂河泉の悪党勢力を糾合して展開されていたことは明らかである。

一方、六波羅攻略をめざす京都合戦でも大塔宮近臣（中院定平・殿法印良忠）の麾下《きか》、山崎・八幡の赤松本陣に広範な悪党勢力が結集しており、『太平記』巻八は一項を立てて彼らの豪勇ぶりを披露している。

四月三日の京都打入り当日、六波羅勢と対峙《たいじ》する赤松一党に備前の頓宮《はやみ》又次郎入道と子息孫三郎、田中盛兼と舎弟盛泰らが参陣し、彼らは「われら父子兄弟、少年の昔より勅勘武敵《ちょっかんぶてき》の身になって、山賊海賊を業として一生を楽しめり。しかるに今、幸ひにこの乱に出で来たり、忝《かたじけ》なくも万乗の君の御方《みかた》に参ず」と雄叫《おたけ》びをあげる。公武権門への敵対や山賊・海賊行為を誇る悪党勢力が自らの権益のため、京都合戦に参加していたのである。悪党みずからが、自身の素性をかくも誇らかに謳《うた》いあげた記録が他にあるだろうか。四月三日当日、下京一帯の激戦のさなか、頓宮一族は壮絶な戦死をとげる。『太平記』の記事はその豪勇を称《たた》えるとともに、悪党の素性を恥じることなく宮方に参じた彼らの鎮魂を詠じたものといえよう。

なお、京都打入りに先立つ三月一日、摂津摩耶城に楯籠る赤松勢に「頼宮一党五百余人」がみえる〈『太平記』巻八〉。頼宮一党はすでに二月中下旬、円心の催促に応えて播磨苔縄城《はりまこけなわじょう》に結集していたのである。

さらに『太平記』巻八は、畿内しかも京都に近い北河内の悪党勢力の参陣を披露している。四月三日、赤松勢三五〇〇余騎が山崎から桂を経て西七条へ打ち入る一方、おそらく八幡から鳥羽・竹田に打って出た大塔宮近臣率いる三千余騎のなかに、頓宮一党とともに「真木《まき》・葛葉《くずは》のあぶれ者」がみえる。真木（枚方市牧野）・葛葉（同樟葉）は淀川左岸にあって、山城八幡に隣接する河内交野郡《かたのぐん》の交通・物流の要衝である。「あぶれ者」が悪党の異名《いみょう》であることはいうまでもない。

悪党問題を倒幕の素地・背景に押しとどめる桃崎説には、反六波羅闘争における悪党勢力の広範な結集が視角に入っていないようである。

『太平記』巻八は五月七日の六波羅攻略について、宮方三手の競合を鮮明に描出している。三手とは、①丹波篠村から老ノ坂を越えて、洛西経由で内野《うちの》（荒廃した平安宮址）へ打ち入った足利勢（丹波・播磨・石見等の地頭・御家人と九州大名）、②八幡の本陣から伏見・竹田経由で東寺に押し寄せた千種勢（山陰・山陽道の在地勢力）、③山崎の本陣から洛西桂を経て京都へ打入った赤松勢（近畿の国御家人と野伏・悪党勢力）である。『太平記』は赤松勢三千余騎に対し、足利勢二万五千余騎が五万余騎に膨れ上がったとするが、その要因を在京人等の寝返りによるものと指摘し、倒幕の主役交代を演出している。

①の足利勢は倒幕勢力に便乗して武家政権の再興をめざし、②の千種勢が後醍醐の天皇親政の野望を携えて京都へ乗り込み、③の赤松勢が大塔宮を司令塔として、近畿の国御家人や悪党勢力の在地領主化の夢を結集して京都合戦に臨んでいたことはいうまでもない。

①の路線を裏づける問題のひとつに、高氏が親政路線と一線を画して、六波羅滅亡直後に奉行所を設置し、六

波羅を見限った評定衆や奉行人、両使層の在京人を配下に組み込み、国御家人の着到を独自に受け付けていたことがあげられる。この奉行所こそ、後の足利政権の基盤となったことは想像に難くない。そして③の赤松勢で留意すべきは、楠木一党による千早籠城が関東の主力を金剛山麓に引き寄せ、釘付けにしていたことである。それによって幕府の京都防衛が手薄になり、六波羅討滅に大きく貢献したことは明らかである。大塔宮を司令塔として、楠木・赤松の連携作戦が奏効したことを示す証しであろう。

なお、高氏の宮方転身は四月二九日、老ノ坂を越えた丹波篠村で旗幟を鮮明にしたときとされる。ところがそれ以前、高氏は薩摩守護の島津氏や石見の益田氏などに討幕のための軍勢を催促しており〈『鎌倉遺文』四〇巻所収文書〉、すでに鎌倉からの上洛途上、宮方転身への意を決して伯耆船上山へ密使を送っていたものと推測される。

五月七日の六波羅攻撃については、三手に統一された軍令もなければ、部隊の混成もみられない。ただ、日取りと攻撃目標だけを示し合わせて、三手三様に戦功を競う態勢のまま京都へ突入し、六波羅探題はあっけなく崩壊する。やがて翌月五日、伯耆船上山から帰京した後醍醐によって天皇親政が断行されるが、その間約一ヵ月、京都の治安と軍政は事実上、足利高氏に委ねられていたものと推測される。これには後醍醐の了解が背景にあったものと思われ、これに反発する大塔宮は入京を拒んで信貴山に籠城、高氏への敵愾心《てきがいしん》をあらわにして、上洛途上の天皇に征夷大将軍の宣下《せんげ》を要求する。

大塔宮はすでにそれ以前、六波羅滅亡直後から令旨に「将軍宮」「将軍家」を表明しているが、宣旨《せんじ》による公認を盾に、高氏の武家再興の野望を挫《くじ》こうとしたのである。やがて六月一三日、将軍宣下を条件に入京した大塔宮であったが、京都の治安と軍政をめぐる高氏との対立は激化の一途をたどり、一触即発の様相を呈していた。これに対し、尊氏の貴種性と実力に信頼をおく天皇によって、大塔宮はわずか二ヵ月余りで将軍職を剥奪され、翌建武元年（一三三四）一〇月下旬には謀反の嫌疑により武者所に拘禁、一一月中旬に鎌倉へ配流《はいる》される〈『太平記』巻十二〉。

その約半年後、元関東申次の西園寺公宗《さいおんじきんむね》が北条泰家（高時弟）と連携して反乱を企て、翌月にはこれに呼応する北条時行（高時次男「中先代」）が鎌倉を占拠するなど、二年余りの間、内憂外患に喘《あえ》ぐ建武政権に小康《しょうこう》のときはなかった。かくして、建武政権の混迷と短命の要因はすでに、京都合戦の過程で醸成されていたのである。

第八節　悪党戦術の諸相をめぐって――主従関係と築城・戦法――

一．建武動乱と悪党の立ち帰り

かつて元徳二年（一三三〇）一〇月六波羅使節との合戦間際の局面をしたたかに切り抜けた大鳥庄の悪党張本、上村基宗《かむらもとむね》（道照・信海）らが摂関家政所の扶持を受け、京都南西の山城乙訓郡に逐電していたことは前節で詳述した通りである。貞和三年（一三四七）、和泉大鳥庄上条の地頭・田代基綱（了賢）が幕府の奉行所に提出した陳情案によると建武年間、基宗らは動乱に乗じて大鳥庄に立ち帰ったとある。

基宗らの立ち帰りはとりも直さず中分地頭領の侵犯、当知行《とうちぎょう》（実行支配）に及ぶものであり、追放の罪名を背負ったままの重犯であった。また、これに先立つ建武五年（一三三八）の基綱の訴状案によると、基宗らの悪党行為は建武四年三月のこととある。ということは、元徳二年から建武四年に至る激動の六年余の間、基宗らは摂関家政所の庇護のもと、山城寺戸郷辺に潜伏していたことになる。その間、彼らが元弘三年の京都合戦で赤松党に加わっていたことは想像に難くない。武家方に依拠する摂関（関白・鷹司冬教）家政所の扶持を受けていたにも拘わらず、である。

さらに同訴状案によると、建武三年秋、基綱は地頭の得分米が徴収不能に陥っている窮状を訴えている。注目されるのはその要因として、大鳥庄をはじめ和泉一帯が敵陣（南朝・宮方）の制圧下にあって、地頭代の在庄が叶わない事態に陥っていると主張していることである。当然のことながら、地頭基綱にしろ悪党基宗にしろ、在地の安定支配に内乱の帰趨《きすう》が大きく関わっていることを如実に物語るものである。

元弘動乱の結果、建武政権が樹立されたのも束の間、中先代の乱を機に尊氏の政権離反が顕在化し、二年余りで建武政権は崩壊する。元弘動乱の過程で醸成された矛盾は建武政権下に増幅し、建武動乱に発展したものといえよう。

南北朝内乱の起点について、通説では延元々年（一三三六）年末の両朝並立とされるが、元弘以来の矛盾を引きずる建武政権の混迷を勘案すれば、元徳三年（一三三一、元弘改元は八月九日）春に内乱の起点を求めるべきである。

ちなみに延元々年（一三三六）七月九日、河内金剛寺の学僧禅恵《ぜんね》が筆録した聖教奥書《しょうぎょうおくがき》に「元弘元年辛未より建武元年に至り五ヶ年合戦」、同年九月一一日の奥書に「元弘元年辛未八月廿五日の笠置合戦より今年（延元々年）に至り、今都鄙《とひ》所々の合戦、毛挙《まいきょ》（枚挙）に遑《いとま》（暇）あらざる間、国土騒動、人民不祥」とある〈金剛寺史料〉。禅恵にとって、建武政権期は元弘元年以来の打ち続く騒乱の渦にのみこまれ、時代区分の対象にはならなかったようである。

二　足利政権の奉行人と悪党張本

つぎは建武五年（一三三八）閏七月、大鳥庄上条の地頭・田代基綱が足利政権に提出した訴状案の一節である〈田代文書〉。やはり悪党張本基宗の立ち帰りによる下地押領を糾弾し、それを許した要因を次のように主張している。

〈上略〉しかるに彼の輩等（基宗・丹生道丸以下）、去年建武四三月、恣に是非なく下地を押領の条、言語道断の所行なり。〈中略〉面して彼の丹生道丸・基宗法師以下の輩等、事を世上動乱に寄せて、度々の御下知に違背し、下地を押領の間、〈中略〉次に当国大鳥郡の郡奉行斉藤又四郎と斉藤四郎兵衛入道（基秀）とは従兄弟なり。基宗法師は斉藤四郎兵衛入道の烏帽子《えぼし》子たるの間、縁者の条勿論なり。仍て基宗法師の語りを得て、彼の郡奉行斉藤又四郎権威を募《つの》り、去（建武四）年十一月、是非なく上条布施屋里卅五坪田地五段の所当米《しょとうまい》、百姓に相懸けてこれを責め取る。〈下略〉

これによると、悪党張本の大鳥庄立ち帰りによる下地押領は建武四年（一三三七）三月のことであり、やはり建武の「世上動乱」に乗じたものであった。昨年末に後醍醐が吉野へ潜幸《せんこう》し、宮方勢が畿南地域を制圧したのをうけて、悪党勢力は和泉に立ち帰っていたのであろう。その張本は、かねて大鳥庄を逐電していた上村基宗と沢村基氏の子息丹生道丸である。

田代基綱は同年八月下旬、尊氏の御教書によって大鳥庄上条の地頭職を安堵され、和泉守護の細川顕氏は下地を基綱に沙汰付けするよう命ぜられていた〈田代文書〉。ところが、基綱への沙汰付けは一向に執行されず、その要因として打渡《うちわた》しの使命を帯びた守護代都築《つづき》量空《りょうくう》の怠慢によるものと指摘されている。

その背景にはなんと、足利幕府の右筆方《ゆうひつがた》奉行人、斉藤四郎兵衛入道が上村基宗の烏帽子親《えぼしおや》であり、四郎兵衛入道と大鳥郡の郡奉行《こおりぶぎょう》斉藤又四郎とが従兄弟の縁戚関係にあるという。擬制《ぎせい》とはいえ、奉行人の斉藤四郎兵衛入道と悪党張本の上村基宗とは主従以上の同族意識を共有していたのである。

しかも、郡奉行の又四郎は守護代量空の扶持人《ふちにん》すなわち被官《ひかん》であり、悪党基宗に語り取られた郡奉行は守護代の権威に依拠して田地五段の年貢を百姓に課していたのである。郡奉行と悪党基宗は共通の利害関係にたって、基綱の中分地頭領を侵犯していたのである。郡奉行を被官とする守護代量空が悪党基宗の権益を排して、地頭基綱に下地を沙汰付けすることなど、およそ無理な相談ということになろう。

悪党張本の基宗は宮方に軸足を置きながら、一方で幕府奉行人を烏帽子親に仰ぎ、その縁戚関係に依拠して、大鳥庄の中分地頭領を押妨していたのである。地頭領の押妨はとりもなおさず悪党勢力の在地基盤の回復であり、目的のために手段を選ばない悪党戦術の真骨頂を示すものといえよう。その背景に、同じ在京人でありながら、六波羅の奉行人層と両使層の対立も想定され、それに巧みに乗じた悪党勢力の政略も窺い知ることができる。

ちなみに斉藤四郎兵衛入道とは、かつて六波羅奉行人を務めた四郎兵衛入道玄秀こと斉藤基秀《もとひで》である。一族は奉行職を世襲する在京人の家系であり、建武政権を経て足利政権でも能吏の手腕を買われていたのである〈森幸夫『六波羅探題の研究』〉。在京人の地頭基綱はみずからの権力基盤たる足利政権下にあっても、所職の安定支配を保障されることがなかったのである。

以上はいわば、武家権門の末端を担う勢力との主従関係によって在地権益の回復を図る戦術であるが、つぎに在地の安定支配のため、庶民層との関係をいかに構築していたかをみてみたい。

暦応二年（一三三九）九月、天王寺に布陣していた将軍尊氏の下で、奉行人が悪党信海（基宗）の大鳥庄上条押妨の罪科に不審な点があるとして、再審の沙汰を下した〈田代文書〉。それを受けて、奉行人が百姓に対し、中分地頭領の夫役を地頭基綱方に負担しているか、悪党信海方に負担しているかを問い質したところ、百姓は起《き》請文《しょうもん》をもって信海方に負担しているとのことであった。これに対し、地頭基綱は「（大鳥庄上条）の作人百姓等は皆以て信海の下人《げにん》なり。主人（信海・基宗）の命を恐れ、無窮の起請を書き進むべくの由」と苦しい抗弁をしている。これにより、大鳥庄上条の中分地頭領を作人として百姓に請負わせていたのは、地頭基綱ではなく悪党信海であることが明かとなった。信海こそが当知行を前提とする実質的な在地領主であり、基綱の抗弁はむしろ、悪党信海の在地における実態を鮮明に裏づけるものといえよう。

三　観応の擾乱と悪党勢力

その後、観応《かんのう》の擾乱《じょうらん》期にあっても上村基宗は足利政権の実力者の家人として、地頭の田代顕綱（基綱の孫）と大鳥庄上条の知行権をめぐって相論を展開している。悪党基宗が主人と仰いだのはやはり六波羅奉行人の家系を引くとともに、康永三年（一三四四）以来の右筆方奉行人で、貞和三年（一三四七）以降は政所執事《まんどころしつじ》の重職にあった粟飯原清胤《あいはらきよたね》である〈田代文書〉。

ちなみに足利政権の初期、尊氏・直義《ただよし》の権力分担によるいわゆる二頭政治はやがて破綻し、観応の擾乱に突入する。

観応元年（一三五〇）一〇月、京都を出奔した直義が尊氏派を代表する高師直・師泰兄弟を討伐するため細川顕氏・畠山国清ら有力武将の結集を図るとともに諸国軍勢を召集し、やがて南朝と和睦することで両者の対立は決定的な段階を迎える。その後の緊迫した情勢下、最大の山場となったのが、翌年二月二〇日の摂津打出浜合戦である。実はこの合戦に、大鳥庄の悪党勢力が大挙動員されていたのである。

上村基宗は粟飯原清胤の家人として尊氏・師直派に参じたが、同派には、建武四年（一三三七）の悪党蜂起で張本基宗に与同した殿木兵衛三郎（心浄舎弟兵衛二郎の子息）が山口平明（師泰執事山口恵忍の一族）の家人として出陣している。その一方で、兵衛三郎の従兄弟で、やはり建武四年の悪党交名に挙げられた嫡家筋の殿木高四郎（心浄子息）は和泉守護代の家人として、直義派に属していたのである〈田代文書〉。当任の和泉守護は畠山国清であり、殿木高四郎はおそらく、その重臣・神保次郎左衛門尉の配下に組み込まれていたのであろう。

大鳥庄の悪党勢力の多くは尊氏・師直派に加わり、戦陣では高師泰《こうのもろやす》の重臣・山口平明の部隊に属したが、殿木一族の嫡流は直義派に属している。一族温存の策というよりは、在地権益の回復を第一義とする双方参陣であり、騒乱に乗じて自己に有利な情勢を切り拓こうとする、悪党特有の戦術と推測される。合戦の結果、尊氏・師直派の大敗によって山口平明が没落したため、彼らは一斉に和泉大鳥庄に立ち帰り、上条の下地を押領したのである。

建武五年八月の悪党行為は、張本が大鳥庄を逐電し、いずれかに逃散している限り罪に問われることはなかったが、ここにまた大鳥庄に立ち帰って上条を押領したことで、地頭の田代顕綱（基綱嫡孫）に訴えられたのである〈同文書〉。自らの権益を回復するため、尊氏・師直派の武家上層と結びつきを強めた悪党勢力であったが、地頭顕綱が参じた直義派が合戦に勝利したため、悪党の権益が否認されたことはいうまでもない。

観応二年の立ち帰りによる下地押領を最後に、大鳥庄の悪党蜂起は史料上途絶える。応長元年（一三一一）の下地中分以来、四〇年を経てようやく、田代氏は大鳥庄上条の地頭職の安定を勝ち取る。内乱の帰趨が、地頭と悪党勢力の明暗を大きく分ける要因となったことが理解されよう。

四　多角的築城と多発蜂起

つぎに軍事戦術の一環として、悪党勢力による築城と戦法の特徴を検討し、それが元弘以降の楠木合戦に引き継がれている点に注目したい。

つぎは少しながくなるが、元徳二年（一三三〇）冬、大鳥庄の悪党鎮圧（城郭破却と交名人召進）に派遣された六波羅使節（両使）、堀江秀清が遵行《じゅんぎょう》に失敗したことを復命した請文案である〈田代文書〉。このときの悪党蜂起は鎌倉末期四度のうち、最後で最大規模を誇るもので、蜂起の実態が具体的に描出されている点で注目される。

和泉国大鳥庄上条地頭田代又次郎基綱代真行申す、当庄住人（向井）等覚今は死去、同子息観勝以下のこと、城郭を構へ殺害を致す由の事。今（元徳二）年十月廿五日、（六波羅）御教書を謹んで下し預かり候ひおわんぬ。仰せ下さる旨に任せ、香川彦五郎（景康）と相共に彼の所（大鳥庄）に莅《のぞ》み、城郭を破却し、交名（手配）人等を召進せんと欲し候の処、くだんの観勝、長俊、助房、殿木兵衛二郎、中尾土佐房等の本交名人のほか、当庄預所高野山高祖院と号す家人了善、万徳、式部房、孫太郎助房婿、王子伊賀房当庄住人、八田庄住人の毛穴左衛門五郎以下の輩、①（六波羅）御使に対し、楯突き放火、種々の悪行狼藉を致すのち、観勝・長俊以下の輩は傍（八田）郷の②毛穴左衛門五郎の住宅を城郭に構へて楯籠り候ひおわんぬ。（八田）助房においては③自ら放火せしめ、殿木兵衛入道の住宅を城郭に構へて引き籠もり候ひおわんぬ。沢村源次郎基氏并びに（上村）基宗は同じく仰せ下さる旨に任せ、法に任せて召進せしめんと欲すの処、④基宗住宅において、輔房基宗伯父・河内国キレノ住人并びに高石三郎当庄下条住人、基宗家人等并びに左衛門三郎河内国喜若江住人・基宗イトコこのほか所々の悪党数百人、基宗他行たると雖も、御使においては立ち入るべからざるの由これを申せしめ、合戦狼籍に及び候ふの間、両使のほか、近隣地頭・御家人においては向井五郎代ばかり相向ひ候の間、無勢を以て破却しがたく候。基氏においては逐電せしめ候ひおわんぬ。〈中略〉

元徳二年十二月十六日

源（掘江）秀清　請文裏判

これによると元徳二年一〇月、六波羅探題は堀江秀清・香川景康の両使に御教書《みきょうじょ》を発し、先に遠流《おんる》の裁定をうけた上村《かむら》基宗・沢村基氏ともども、嘉暦元年（一三二六）冬の悪党蜂起で遠流の罪科が定まった向井観勝の逮捕と城郭の破却を命じた。

両使の軍勢はおそらく、摂津渡辺から熊野大道を南下して和泉大鳥郡に入り、石津川を渡って大鳥庄上条に城郭を構える向井観勝以下、交名人の逮捕と城郭破却に向かったのであろう。ところが傍線①のごとく、張本観勝以下の悪党勢力は大鳥・草部・八田の三ヵ郷におよぶ住人を結集して、抵抗戦を展開した。その戦術は観勝の城郭化された住宅に依拠して、六波羅勢に「楯突《たてつき》放火」「種々悪行狼藉」に及ぶものであった。

さらにその後、観勝以下は傍線②のごとく、川向かいの八田郷の城郭化された毛穴《けな》左衛門五郎住宅に楯籠《たてこも》り、八田助房は傍線③のごとく自宅を放火したうえ、草部郷中条の殿木《とのぎ》兵衛入道のやはり城郭化された住宅に楯籠って籠城戦を展開した。これによって両使勢は交名人の逮捕と城郭の破却を断念し、つぎに傍線④のごとく、一方の張本基宗・基氏を逮捕すべく基宗の住宅に向かった。ところが、ここでも城郭化された基宗住宅に数百人が楯籠り、基宗の他行（留守）を口実に両使の立入りを拒み、基氏は逐電する始末である。籠城したのは基宗の伯父・従兄弟の河内国住人や家人、基宗の嫡家筋にあたる高石三郎（大鳥庄下条住人）のほか、各地で雇傭された数百人の悪党勢力であった。

向井観勝の住宅に依拠した合戦のあと、悪党勢力は三ヵ郷にわたる城郭に分散して籠城戦を決め込み、おそらく両使勢の攻城には後詰を交えた陽動作戦を展開していたのであろう。六波羅両使の遵行に対抗して、三ヶ郷に点在する張本層の方形居館を矢倉や環濠、逆茂木等によって城郭に構え、これを拠点に籠城と多発蜂起を展開していたのである。

両使の遵行には近隣の地頭・国御家人にも応援が要請されていたが、これに応じたのは国御家人筆頭の向井《むかい》正吽《しょううん》のみ、しかも代官を派遣することでお茶を濁す始末である。したがって、両使は張本の逐電と両使側の無勢を口実に、遵行不能を復命するというていたらくである。半年足らずで勃発する元弘動乱、その帰結を象徴する六波羅討滅の素地はすでに熟していたものといえよう。

以上のような悪党の軍事戦術が楠木合戦に継承されていたことは、悪党蜂起の集大成に楠木合戦を位置づけるかぎり想像に難くない。ただし、この戦術は敵の大軍を自らの領域内に誘い込む限り有効であり、湊川や四條畷のごとく、寡勢で敵地・敵陣に乗り込んでの合戦はいずれも惨敗に終わった。この点が悪党戦術の限界であり、正成・正行の決死の覚悟はそれを象徴するものであろう。以下、悪党戦術が楠木合戦に継承された事例を紹介したい。

(1)元弘三年（一三三三）二月当初に戦端が開かれた赤坂・千早合戦において、幕府の大軍を迎え撃つ楠木一党は吉野と連携しつつ金剛山と赤坂城に分散、さらに金剛山の尾根筋に幾重にも構築された城塞に依拠して敵方を分断し、後詰を交えた陽動作戦によって幕府軍を翻弄していた。金剛山の河内側には千早・赤坂のほか、国見・猫路《ねこじ》・枡形《ますがた》等山城の遺構や伝承地が点在し、敵の大軍を誘い込んでの悪党戦術、多角的築城にもとづく多発蜂起が楠木合戦で大規模に採用されていたのである。

(2)延元元年（一三三六）五月下旬、西海より大挙上洛をめざす足利尊氏・直義の軍勢に対し、これを迎え撃つ正成は『太平記』によると、雲霞《うんか》のごとき敵の大軍に当たるには、天皇は一旦山門（比叡山）に避難して足利勢を京都に引き入れ、やがて山門からの新田勢と河内・摂津からの楠木勢によって足利勢を挟撃する戦術を簾前《れんぜん》で献策する。ところが朝議はこれを退け、楠木一党に兵庫への下向を命ずる。正成の「ただ無弐《むに》の戦士を大軍に充てられんとばかりの仰せなれば、討死せよとの勅定《ちょくじょう》」という述懐のなかに、悪党以来の戦術を否定された無念が惨み出ている。

(3)湊川合戦の翌建武四年（一三三七）一〇月中旬、吉野の南朝攻略をめざす足利一族の細川顕氏は、その前哨戦として楠木一党の掃討作戦に乗り出すが、これに対抗する楠木一党は金剛山を詰城、赤坂を本城、山城（山代郷の系譜を引く村名）一帯を前城とする基本戦術以外に、二上山に城郭を構えて籠城を決め込む。一〇月一九日の決戦当日、二方面作戦を余儀なくされた武家方は赤坂の本城攻略に失敗し、大和進攻を断念する。広域にわたる多角的築城が敵方に軍勢の分断を余儀なくさせ、後詰を交えた多発蜂起によって戦況を有利に切り拓くことに成功している。山岳戦を得意とする楠木一党の真骨頂といえよう。

(4)暦応四年・興国二年（一三四一）二月末以降、五ヵ月にわたって展開された大和三輪合戦は、吉野の南朝防衛の任にあった三輪西阿《みわせいあ》一党と武家方の合戦である。吉野攻略の橋頭堡《きょうとうほ》として、高市郡の安部山に布陣した武家方は背後の脅威を拭うため、三輪一党との合戦を断続的に展開するが、三輪一党の多角的築城とそれに依拠した多発蜂起に翻弄され、吉野川を越えられないまま帰京する。先ずは安部山に押し寄せた宮方によって戦端が開かれ、ついで河合城に籠城する三輪一党との二ヵ月、開地井《かいちい》城での一ヵ月を超える攻防が展開され、その後は竹城、開地井詰城、外鎌嶺《そとかまみね》城、安房《あわ》城、頸《くびき》城、赤尾城等に拠って、三輪一党は籠城戦と多発蜂起を展開する。三輪氏には楠木一族の可能性もあり、足利政権や興福寺に対抗する悪党張本として、西阿の悪党戦術は三輪合戦に継承されていたのであろう。

第九節　大塔宮護良親王の躍動から失脚へ――建武政権の混迷と短命の要因――

一．大塔宮とその近臣たち

大塔宮が歴史の表舞台に登場するのは元弘元年（一三三一）九月下旬、笠置合戦で宮方が敗退し、河内石川郡を経て紀伊山中へ逃れてからのことである。ということは翌年六月、熊野三山に反六波羅闘争への加勢を呼びかける令旨《りょうじ》を発したことが契機となって、和泉・河内を中心に畿南地域の元弘動乱は本格化する。

この間、大塔宮は近臣を介して楠木正成を配下に組み込み、元弘二年末、楠木一党によって先ず和泉が、翌年早々に河内南部も制圧される。元弘年間、大塔宮が和泉を管領し、近臣の四条隆貞が和泉の国主を務めたのも、それが背景にあってのことであろう。

元弘三年二月当初に戦端が開かれた赤坂・千早合戦は、和泉・河内の奪還をめざす武家方が仕掛けたものであり、楠木一党は金剛山に追い込まれて籠城戦を展開する。武家方にしてみれば、宮方による和泉・河内の制圧は畿内支配の一角が瓦解することであり、やがて京都攻撃、六波羅討滅に波及することは火を見るよりも明らかである。

大塔宮とその近臣たちにとって、元弘元年（一三三一）以降の楠木合戦とこれに呼応する京都合戦は躍動期であったが、建武政権下の建武元年（一三三四）一〇月、大塔宮は足利尊氏との抗争に敗れて失脚する。それはとりもなおさず、建武政権崩壊の始まりであった。

大塔宮の近臣といえば、『尊卑分脉』の傍注に「兵部卿（大塔宮）祇候打死」と記された四条隆貞がよく知られているが、なぜか『太平記』には登場しない。そこで、令旨の発給にあたって、だれが大塔宮の意向を奉じたかを検討するなかで、近臣を割り出してみたい。この方法によって近臣団を分析した論考に森茂暁氏の「大塔宮護良親王の令旨について」があるが〈『中世日本の政治と文化』〉、【表1】は森氏が集約された六五点の令旨のうち、奉者と充所、発給の趣意を明記したものを奉者別にまとめたものである。

これによると、令旨を奉じた近臣には四条隆貞のほか、某定恒《さだつね》（名字不詳）と中院定平《なかのいんさだひら》が確認される。このうち、中院定平は『太平記』に頻出するが、他の二名は皆無である。ところが、元弘二年（一三三二）の段階で令旨を奉じているのは隆貞だけであり、大塔宮との主従関係が動乱当初からのものであることを物語っている。

第二に注目されるのは、四条隆貞と某定恒の組織闘争（軍勢催促など）に、地域的な分担が読み取れることである。隆貞が奉じた令旨が紀伊・和泉などの畿南地域に集中しているのに対し、定恒が奉じた令旨は摂津・播磨から備後に及んでいる。定恒が赤松則祐（円心三男）とともに、赤松一党の蜂起に一役買っていたことは明らかである。

第三に、令旨を奉じうる隆貞・定平・定恒の三名はいずれも左近衛少将の官途を帯びていることであり、大塔宮が独自の叙任によって左少将の近臣団を組織していたことが想定される。兵衛尉の楠木正成を左衛門尉に昇進させ、千早合戦の終盤、令旨ならぬ綸旨を新田義貞に賜与して宮方転身を促し、軍勢催促や恩賞給付のための令旨を乱発するなど、父帝にかわる大塔宮の振る舞いが顕著である。

以上の三名のほか、近臣には殿法印良忠《とののほういんりょうちゅう》（関白二条良実の孫）が知られるが、良忠は令旨を奉じる立場にな

表１　大塔宮令旨の奉者・充所・趣意

〈奉 者〉左少将　四条隆貞

年	月日	国	充所	趣意
元弘2	6月	紀伊	熊野山	軍勢催促
	6月27日	和泉	松尾寺	祈祷要請
	8月27日	紀伊	高野山	軍勢催促
	12月5日	和泉	松尾寺	感状
	12月26日	〃	久米田寺明智上人	感状・制札
元弘3	1月10日	紀伊	粉河寺行人	軍勢催促
	1月11日	〃	〃	〃
	2月5日	〃	〃	忠功催促
	2月6日	薩摩	牛屎郡司入道	軍勢催促
	2月7日	筑後	原田種直館跡人々	〃
	2月14日	和泉	松尾寺	〃
	2月25日	紀伊	木本孫三郎	感状
	3月15日	陸奥	◆結城宗広	軍勢催促
	4月1日	安芸	◆熊谷直経	〃
	〃	伊予	◆忽那重明	〃
	4月3日	和泉	◆和田修理亮助家	〃
	4月16日	大和	唐招提寺少輔律師	祈祷要請
	4月18日	紀伊	粉河寺	平田庄賜与
	5月2日	播磨	◆安積太郎兵衛尉	軍勢催促
	5月14日	紀伊	木本新左衛門尉	感状
	5月21日	河内	金剛寺衆徒	西河井庄寄進
	5月27日	紀伊	歓喜寺上人	和佐庄安堵
	6月16日	山城	本願寺中納言法印	祈祷所指定
	6月27日	〃	鹿王院兵部卿僧都	軽部庄安堵
	7月6日	〃	宗峯（妙超）上人	伴野庄安堵
	9月2日	和泉	久米田寺明智上人	寺領安堵
	9月3日	〃	〃	包近名安堵

〈奉 者〉左少将　某　定恒

元弘3	2月21日	播磨	太山寺衆徒	軍勢催促
	閏2月21日	摂津	箕面寺（勝尾寺）衆徒	祈祷要請
	3月3日	播磨	太山寺衆徒	和崎庄寄進
	3月6日	備後	橋幸賀	軍勢催促
	4月28日	和泉	和田修理亮助家	感状
	5月8日	備後	因島治部法橋幸賀	〃
	5月10日	摂津	勝尾寺住侶等	三ヶ庄安堵
	8月22日	紀伊	歓喜寺賢心上人	和佐庄安堵

〈奉 者〉左少将→右中将中院定平

元弘3	1月20日	越後	三浦和田三郎	感状
	4月21日	陸奥	岡本観勝房良円	軍勢催促
	6月5日	大和	東大寺衆徒	衆徒還住安堵

く、軍事面での活躍が顕著である。

近臣団のなかで唯一、中院定平だけが倒幕以前に左少将から右中将に昇進している。村上源氏の一流として、近臣筆頭に位置づけられていたのであろう。元弘三年の京都合戦に宮方の枢要を占めていたものと思われ、三月一五日の西岡合戦では、赤松円心によって聖護院宮静尊《しょうごいんのみやじょうそん》（大塔宮の同母弟）に仕立てられて上将に担がれ、四月三日には良忠・円心とともに京都へ打入っている〈太平記〉。ただ、建武政権下の定平は大塔宮の麾下を離れて恩賞方に列し、内乱期は南朝に候しながら晩年遁世《とんせい》したことが知られる〈尊卑分脈〉。わが身を振り返って、思うところがあったのであろう。

なお、楠木合戦の主要な舞台となった金剛山の千早合戦の終盤、元弘三年（一三三三）三月中旬以降、武家方として寄手に加わっていた各国々衆に対し、宮方転身を促す令旨がさかんに発給されている。令旨は厭戦気分が蔓延しつつある金剛山麓で手渡されており、その多くはやがて宮方に転じ、山崎の赤松本陣に馳せ参じている。

二．大塔宮と楠木正成と湯浅党の面々

四条隆貞は元弘二年（一三三二）六月以降、圧倒的多数（表1の七一％）の令旨を奉じながら、『太平記』はその存在を完全に無視している。元弘三年正月一九日の天王寺合戦において、六波羅軍を急襲した宮方の大将軍に『楠木合戦注文』は隆貞を位置づけており、正成を主役に仕立てる『太平記』との齟齬は明らかである。隆貞と正成の連携は大塔宮を司令塔として、和泉・河内の軍事制圧の過程ですでに展開されており、和泉の松尾寺と久米田寺、河内の金剛寺に伝わる史料はこれを裏づけている。

松尾寺の史料は元弘二年（一三三二）一二月五日付の四条隆貞の書状と、同年月二五日付の楠木正成の書状であるが、前者は祈祷要請に対する巻数《かんず》到来の「見参」、後者は「執達」を報告している。見参・執達の対象はいずれも大塔宮であり、隆貞・正成の立ち位置は大塔宮の近臣・家人である。

久米田寺の史料は、隆貞が奉じた同年月二六日付令旨と翌年正月五日付の正成書状（副状）である。いずれも戦勝祈願の祈祷の代償に宮方官兵の狼藉を禁じており、制札（禁制）の機能を兼ね備えている。正成の書状は久米田寺の庇護者、ひいては和泉の軍事統率者の立場を表明したものであり、公家の隆貞を近臣とするならば、正成は大塔宮の家人に位置づけられよう。

金剛寺の史料は元弘二年一二月九日、正成が同寺衆徒に発した巻数到来の返状である。やはり大塔宮への早期

「進覧」を誓約しており、家人の立場にもとづく書状である。

かくして、楠木正成は近臣隆貞に準ずる大塔宮の家人に位置づけられ、元弘二年の年末から翌年正月にかけて、和泉・河内南半の軍事的制圧を背景に、有力寺院の庇護者たる立場を表明している。直後の元弘三年正月一九日、六波羅軍との全面対決におよぶ天王寺合戦は大塔宮を司令塔として、隆貞と正成の緊密な連携が効を奏した展開であった。

大塔宮の家人といえば、紀伊湯浅党が想起される。千早合戦終結の直前、元弘三年五月二日、千早の寄手に加わっていた紀伊国衆、栗栖《くるす》実行《さねゆき》父子の留守宅が大塔宮配下によって焼打ちされ、その首謀者として「大塔宮候人保田《やすだ》次郎兵衛尉《じろうびょうえのじょう》宗顕《むねあき》・生地《おいち》蔵人《くろうど》師澄《もろずみ》以下」が指弾されている〈『大阪狭山市史』第二巻所収湯橋文書〉。保田宗顕・生地師澄は湯浅党の宗徒《むねと》であり、大塔宮に近仕する家人として金剛山の楠木一党を支援すべく、後詰作戦を展開していたのである。

湯浅党の面々が楠木正成や大塔宮の配下に組み込まれた要因について、つぎのような記事が『楠木合戦注文』にみえる。

一　楠木のため、取り籠められし湯浅党の交名《こうみょう》正慶元十二月日
安田次郎兵衛尉重顕阿弖河孫六入道定仏／藤並彦五郎入道　石垣左近将監宗有生池（地）蔵人師澄　宮原孫三郎／湯浅彦次郎時式（武）　糸我野孫五郎被疵

安田重顕は「次郎兵衛尉」の通称を先の保田宗顕と共有しており、同一人物と推定される。湯浅嫡流の時武は安田や阿弖河、石垣、糸我ら一門のほか、藤並や生地らの湯浅他門とともに、正慶元年・元弘二年（一三三二）十二月、楠木一党によって捕捉されていたのである。

その背景には昨年一〇月二一日、赤坂合戦で正成が討死を偽装して逃亡し、代わって阿弖河定仏が赤坂に入城しており〈太平記〉、定仏は赤坂攻略に最も戦功があったのであろう。ところが翌正慶元年・元弘二年々末〈太平記は四月三日〉、奇策を弄した正成によって赤坂城は奪還され、捕捉された湯浅党の面々は楠木一党に組み込まれたのである。阿弖河一族は楠木配下に留められたものの、湯浅党の大半は大塔宮の配下に送り込まれ、紀伊宮方の主力として反幕闘争に奔走することになる。

同（正慶二年）二月二日、吉野執行打ち落さる云々。比の外湯浅一党、所々に押し寄せ云々。合戦を致す由、其の聞こえ候。

右は正慶二年・元弘三年二月二日、吉野山の制圧をめざす大塔宮が湯浅党の支援のもと、武家方の吉野執行《しぎょう》と干戈を交え、打ち落としたことを伝える『楠木合戦注文』の一節である。これによって、大塔宮と湯浅党は吉野陣取りに成功し、金峯山寺に本陣を構えたのである。

これに対し、武家方は二階堂道蘊（貞藤）を大将に大軍を差し向け、同月一八日の矢合わせを合図に吉野合戦の戦端は開かれ、翌閏二月一日、吉野はあえなく陥落する。直前に大塔宮は南方の高野山に向けて逃亡するが、近臣の中院定平は東方の宇陀郡に逃れ、武家方の分断を図っている。定平の配下には和泉松尾寺の衆徒とともに、湯浅他門の木本宗元も見受けられたが〈『師守記』裏文書〉、高野山へ逃れた大塔宮にはおそらく、湯浅党の面々が大挙供奉していたのであろう。

三．大塔宮の信貴山籠城から入京へ

赤松円心の播磨苔縄《はりまこけなわ》蜂起は元弘三年二月中下旬、金剛山千早で籠城戦を展開する楠木一党に呼応したものであり、千早攻城で手薄になった六波羅の隙をついて、三月一二日以降、赤松一党による京都攻撃がくり返される。そこで、かねて問題となっているのが、円心と正成の同盟をいかに検証するかということである。ただ、動乱の錯綜した情勢下、両者の直接の同盟を証明するには、やはり限界があるといわざるをえない。したがって元弘以前、悪党としての互恵的連携はさておき、反六波羅闘争における両者の同盟は大塔宮を司令塔として、その近臣たちが影武者となって仲介していたのである。

　元弘三年二月中下旬、良忠は円心の苔縄城に依拠して軍勢を催促し、中院定平は円心の策によって軍勢の建て直しを主導したことが市沢哲氏によって指摘されている〈『大平記を読む』〉。さらに同年二月二二日、左少将定恒が令旨を奉じて播磨太山寺《たいさんじ》衆徒に苔縄城への参陣を、三月六日にはやはり令旨を奉じて、備後因島《びんごいんのしま》々主幸賀に摂津摩耶《まや》城への参陣を催促したことが、森茂暁氏によって報告されている〈『中世日本の政治と文化』〉。

　かくして、南河内・和泉を中心とした畿南の反六波羅闘争は四条隆貞を介して楠木一党を核に展開され、播磨・摂津・山城を中心とした地域は中院定平や左少将定恒、殿法印良忠を介して赤松一党を核に展開されていた。その間、大塔宮は終始畿南山中に潜伏し、司令塔の役割に徹していたのである。

　大塔宮がひさびさに歴史の表舞台に姿を表すのは、六波羅討滅の直後、京都の新たな情勢に対応して、大和・河内の国境に位置する信貴山に楯籠ったときである。新たな情勢とは、一連の京都合戦の成果を上澄みして六波羅討滅に主導権を発揮し、武家政権の再構築をもくろむ足利高氏の動向である。

　後醍醐は同年六月五日に伯耆より帰京、復位のうえ年号を元弘に戻して親政を開始する。ところが一方で、高氏はそれ以前から独自の軍事機関として「奉行所」を設置し、在京人や西国御家人の着到を受け付けて武士勢力の結集をはかった。天皇が帰京するまでの一ヵ月間、京都は高氏の軍政下にあったのであろう。

　これに対抗して、大塔宮は信貴山を拠点に近畿各地の軍勢を召集するが、天皇は動乱再発を懸念して勅使を派遣し、大塔宮に帰洛のうえ梶井門跡《かじいもんせき》復帰を命じる。これに対し、高氏を戦功第一とする天皇の意図を見抜く大塔宮は、「足利治部大輔高氏、わずかに一戦の功を以て、その志を万人の上に立てんとす」と反駁し、今のうちに高氏を討たねば天下に禍根を残すと訴えて門跡復帰を拒否、征夷大将軍の宣下《せんげ》を要求する。天皇は高氏を討つ理由はないとしてこれを拒否するが、将軍宣下についてはこれを渋々承諾する〈『太平記』巻十二〉。

ただ、大塔宮はすでに六波羅滅亡直後から令旨に「将軍宮」「将軍家」を表明している〈森氏前掲書〉。高氏の奉行所が幕府樹立に連動することへの警戒心の表れであり、高氏との全面対決を宣言するものであった

将軍宣下の約諾によって大塔宮は帰京するが、その行粧《ぎょうそう》は一触即発を警戒して厳重を極めた。六月六日に信貴山を下った一行は七日間八幡《やわた》に滞陣、一三日にようやく入洛している。

『太平記』によると、行列の先陣は赤松円心率いる七千余騎、二番は殿法印良忠の七百余騎、三番は四条少将隆資《たかすけ》の五百余騎、四番は中院定平の八百余騎へとつづき、徒歩《かち》兵五百人のあと、金欄赤地の直垂《ひたたれ》に緋威《ひおどし》の鎧《よろい》を着した凛々しい騎乗の将軍宮、後乗には千余騎を擁した千種忠顕、後陣に三千余騎の国御家人勢、湯浅党、熊野勢等々、総勢二〇万余騎に及んだとある。

ただ近臣のうち、四条隆貞に相当する三番隊長を『太平記』は父隆資としており、『太平記』はここでも隆貞無視の作為をのぞかせている。左少将定恒の動静も不明なことから、近臣の隆貞・定恒は大塔宮の側近くから抹消され、良忠は狼藉者の首魁とされたことで、大塔宮の存在は矮小化されたのであろう。

なお、後乗の千種忠顕は出迎えの勅使であるとともに、非常事態を警戒しての警備隊長として、天皇が派遣していたのであろう。

さらに気がかりな点は、近臣・家人の大半が大塔宮に供奉していながら、楠木正成の姿が見当たらないことである。上洛途上の天皇を兵庫まで出迎えたにもかかわらず、である。おそらく正成は高氏の武家の棟梁《とうりょう》としての資質を高く評価し、大塔宮の麾下《きか》を離れていたのであろう。その後、正成が政権の枢要を占め、破格の恩賞として河内守と河内・和泉の守護職を得たことで、その立ち位置は決定づけられたといえよう。

四　大塔宮の鎌倉流罪と残党蜂起

建武政権下、大塔宮の将軍宮・将軍家としての地位はわずか三ヵ月余で途絶える。天皇が帰京して十一日目、綸旨《りんじ》万能主義にもとづく個別安堵法が公布され、翌七月下旬に北条旧領をのぞく諸国平均安堵法に改定されるが、いっぽうで動乱中に乱発された令旨の効力は否認され、大塔宮は八月末に将軍職・兵部卿《ひょうぶきょう》の地位を剥奪されるのである〈森氏前掲論文〉。

『太平記』によると、将軍職停任の背景に良忠配下の狼籍と諸国軍勢の召集が指摘されているが、尊氏による良忠配下二〇余人の処刑など、京都の治安をめぐって大塔宮との間に主導権争いがあったことは想像に難くない。これを受けて、尊氏は大塔宮謀反の嫌疑を奏上し、ついに翌建武元年一〇月二二日（太平記は建武二年五月五日）、大塔宮は武者所に拘禁され、翌月一五日に鎌倉へ配流される。注目されるのはこの間、大塔宮に供奉する候人三〇余人が密かに謀殺されていたことである。そこに近臣がふくまれるかどうかは知る由もないが、尊氏奉行所の治安対策の一環として断行されたことは明らかである。

つぎは、大塔宮とその配下の動向をめぐって、建武政権の対応を身延山《みのぶさん》に報告した法華僧日静《にちじょう》（日蓮孫弟子）の書状である〈藻原寺所蔵『金綱集裏文書』〉。

〈前欠〉然りと雖も、明春は必定急速参上致すべし。

一　二品親王御遠流定め披露候敷歟。御供奉召し籠められるの処、日記先度進めせしめ候間、御覧に備え候ぬらん。この人々今（十二）月十三日、六条河原に於いて切られ候。〈中略〉九日より京中以外（意外）騒動に候。阿□河（芥川）に朝敵充満し、山崎よりせめいり候間、宇□宮（宇都宮）、赤松入道打手を賜ひ、早速追い返し候ひ了んぬ。仍て仁定寺に城郭を構えて引籠もり候を、宇津宮つ□いて責め候。即ち昨日十五日打ち落とす頸其数持参せしめ候。是れ大塔殿御所為也。其の外、京中処々ニし□、日々召し取らる人数、言語に及び難く候。〈中略〉

十二月十六日　　僧日静（花押）

この書状の年代確定について、キーワードとなるのが傍線の語句である。

まず第一に遠流《おんる》の決定がなされた「二品親王」であるが、これを後醍醐の一宮尊良《たかよし》とする説〈榎原雅治氏『室町幕府と地方の社会』〉と三宮護良《もりよし》とみる説〈森茂暁『皇子たちの南北朝』〉がある。いずれも笠置山に籠っているが、笠置陥落後に尊良は捕捉されて翌年春に土佐へ配流、護良は逃亡して動乱の主役に踊り出る。

第二に二品親王の残党「朝敵」鎮圧に功をなした「宇都宮」と「赤松入道」について、これを公綱と円心とすることに異論はない。

二品親王を尊良とした場合、元弘二年（一三三二）三月の尊良の土佐配流を背景に、これに反発する「朝敵」を討伐した公綱と円心は在京する有力御家人として、幕府軍を指揮したことになる。公綱はまだしも、円心についてその立ち位置を傍証する史料は見出せない。さらに前年、尊良はすでに一品に叙せられている蓋然性が高い〈森氏前掲書、兵庫県立歴史博物館図録『赤松円心・則祐』〉。したがって、公綱と円心が共同で官軍を指揮するとなると建武政権下、この書状は建武元年（一三三四）年末に発信されたものであり、「二品親王」はその前月一五日に鎌倉へ配流された大塔宮護良ということになろう。

大塔宮供奉人に対する弾圧について、書状はその凄惨なありさまを遺感なく伝えている。建武元年一一月一五日の大塔宮配流《はいる》を背景に、一二月九日より京中は不穏な空気に覆われ、摂津芥川宿に「朝敵」が充満し、山崎より京都へ攻め入る事態をうけて、公綱と円心は官軍を率いてこれを撃退する。その後も「朝敵」は摂津忍頂寺に城郭を構えたことから、一五日に公綱がこれを攻め落とし、分捕った首を持ち帰ったという。日静はこの朝敵蜂起を「大塔殿所為《しわざ》」としており、大塔宮があらかじめ指示していたことは明らかである。

朝敵の鎮圧とはいえ、それを主導した大塔宮の旧臣円心の苦衷のほどが察せられる。その円心も昨年冬、播磨の守護職を解任されている〈前掲図録〉。大塔宮の将軍職剥奪に連座する処分であり、円心は「朝敵」を鎮圧することでその立場を試されたのであろう。

また、一二月一三日には六条河原で大塔宮供奉人の処刑が断行されており、大塔宮配下の「朝敵」がこれに反発して、忍頂寺の城に楯籠もったことは明らかである。処刑のありさまをつぶさに実見した日静はこれを「言語同断」「目もあてられず」と評しており、処刑される人々への同情の念を吐露している。その後も、京中で捕捉される朝敵の人数は「言語に及び難」しとあることから、大規模な残党狩りが展開されていたのである。

ちなみに、近臣の四条隆貞は『尊卑分脈』の傍注に「従四位下左少将、参議」、『久米田寺文書』に和泉の国務を担う「宰相入道」と表記されている。おそらく大塔宮の将軍宣下に対応して参議に叙され、その意を体して廟堂に列していたのであろう。ただ、その最期は「兵部卿（大塔宮）抵候打死」とある。六条河原で密かに処刑されたか、摂津で蜂起する「朝敵」を率いての討死ではなかったか。元弘元年以来、大塔宮の影武者に徹した隆貞に相応しい最期といえよう。

いずれにしても建武政権下、尊氏と大塔宮の軍政・治安をめぐる確執は政権基盤の脆弱《ぜいじゃく》を露呈するものであったが、一方で、畿内近国の国御家人や野伏勢力が変革への期待をこめて、いかに強固な連携を以て大塔宮のもとに結集していたかを、如実に物語るものであった。

『太平記』は尊氏による武家再興を歴史的必然とし、足利政権の安定を「太平」の世の到来とみる歴史観で貫かれている。大塔宮の存在と反抗は建武政権下、その阻害要因として矮小化する傾向がみられ、隆貞・定恒に代表される近臣たちはその煽《あお》りをうけて抹消される。日静の書状は第三者の立場で、事実をもって、大塔宮とその周辺を鮮明に炙《あぶ》り出したものといえよう。

ちなみに建武二年（一三三五）七月下旬、大塔宮は中先代の乱に際し、北条時行を迎撃するため鎌倉を進発する足利直義によって殺害されるが、父帝の後醍醐はおそらく延元々年（一三三六）か翌年、大塔宮に崇義院の尊号を追贈する。慰霊のための追号であったが、謀反の嫌疑および鎌倉流罪を悔いての措置であろう。

第一〇節　摂津湊川合戦と正成の首のゆくえ——史実と物語のはざまで——

一　湊川合戦の一次情報をめぐって

なおなお申せしめ候。和田と申候者、河内国守護、去（五）月の廿八日、同人（和田）を兵庫迄遣し候へば、晦日《みそか》（二九日）来り候念仏申し候者、楠判官（正成）廿五日申時、小家に火かけて自害仕《つかまつり》候を、足利（尊氏）殿の手に細川殿と申し候ふ同一属（族）頸を取候。兵庫陣に二日懸て候。判官の頸に治定仕り候て、魚御堂《うおみどう》と申し候僧所（葬所）へ所領五十丁の処を寄て、孝養をさせられ候ばやと申候。一属廿八人腸（腹）きり候き。その中に討たれて疵《きず》を被《こうむ》りながら、布ひきに候なんとうけ給ひ候とも、実説をしらず候。只今《いま》は北畠殿拾市（一）坐せられ候か。いかゞとせられらんするやらしらず候。〈中略〉楠判官并びに（宇礼志庄）地下庄官少々打たれ候の由、伝へ承り候とも分明ならず候の間、注進能はず候。委細の事は重ねて申し入るべく候。事の次第は、定使申せしむる事おわんぬ。毎事恐々謹言。

六月廿二日（二日）　　朝舜

禅南院殿御報

右は建武三年・延元々年（一三三六）六月二日、興福寺大乗院中綱の朝舜《ちょうしゅん》が発した書状を読み下したもので、湊川合戦の四日後に収集された情報を、その二日後に同寺禅南院に報告したものである〈横井清『中世日本文化史論考』所収〉。書状は「河内国宇礼志御庄所当雑事」の料紙に裏綴じされたもので、河内錦部郡の興福寺領宇《う》礼《れ》志庄《しのしょう》の荘官に正成とともに湊川で討死にした者のいたことが報告されている。

　合戦のわずか三日後、河内守護（正行か）が和田を名乗る人物を兵庫に派遣して合戦情報を探索させ、その翌日に陣僧とおぼしき念仏聖の言により収集された情報は、第一に正成は五月二日の夕刻に小家に籠って放火、自害したこと、第二に正成の首は足利一族の細川氏（定禅か）に分取られ、二日間にわたって尊氏の兵庫陣にさらし、首実検を経て直義の陣所魚御堂に埋葬されたこと、第三に正成の追善供養のため、尊氏が葬所の魚御堂に五〇町歩の所領を寄進したことなどが報告されている。

　また、正成とともに自害した楠木一族は二八人（太平記は「宗徒一六人」）、負傷した一族に山手の布引《ぬのびき》に避難した者があり、一一歳の北畠殿（顕能か）も布引にいるらしいが、安否のほどは不明と読み取れそうである。

　以上は湊川合戦直後の一次史料として、正成の討死と分取り、首さらしと首実検、さらには魚御堂における埋葬、所領寄進までを伝えており、合戦に立ち会った念仏聖の記憶を記録した直近情報である。

(1)（建武二年）十一月より、当今《とうぎん》と足利殿合戦始め、今に止《や》まず。同三年正月十日、（後醍醐）帝落ち給ひ山門（比叡山）に入御。同十六日日田（新田）殿京中に折（降）下り散々合戦。同廿六日、七日、晦日、三ヶ日の間、楠木判官（正成）大将計にて足利殿追落とし、西宮にて又合戦、兵庫にて追下し、足利兵庫より逃下る備後の土毛鞆まで。又同年五月廿日、兵庫へ責上《せめのぼ》りて、楠木判官討たれおわんぬ。

(2)同年六月一日、足利殿京都へ責登りて、当帝山門に引籠り給てこれを責む。

右は河内金剛寺の学僧、上乗房禅恵が筆録した聖教《しょうぎょう》の奥書二点である、〈金剛寺史料〉。(1)は延元々年五月二五日における楠木正成の兵庫討死を明記している。禅恵はその後の奥書二点にも正成討死を記録しており、衝撃の大きさを示して余りあろう。

注目されるのは、湊川合戦につづく(2)の記事が六月一日における尊氏の京都進攻と後醍醐の山門避難を記録していることである。ということは、(1)の奥書は六月一日以前に筆録されたものであり、おそらく湊川合戦の翌日か翌々日の二七日、金剛寺にもたらされた情報であろう。禅恵は先の朝舜書状よりもはやく、湊川合戦の最新情報を聖教の奥書に記載していたのである。

かくして、金剛寺が合戦情報を迅速かつ詳細に把握していることから、おそらく金剛寺は念仏聖を湊川へ派遣し、合戦情報を探索させていたのであろう。ただ、(1)は足利勢の西走を「備後鞆まで」としており、金剛寺の情報収集に一定の限界もみとめられる。

和泉国岸和田弥五郎治氏申す軍忠次第

一延元々年五月廿五日、兵庫湊川合戦の時、楠木一族神宮寺新判官正房并びに八木弥太郎入道法達、相共に合戦之忠功を抽すもの也。

一同六月十九日、同晦日、竹田河原・造路・六条河原等に於いて、合戦を（致し）、山門に馳せ参じ、同八月一日、大塔若宮（興良親王か）山門より御□□（出御）、御共仕り、八幡山に於いて連日祗候せしむるもの也。〈下略〉

右は、楠木一族の神宮寺正房と八木法達（元弘年間の和泉目代）を同所合戦輩《どうしょかっせんはい》として湊川に参陣し、翌年三月に一連の戦功を披露した岸和田《きしわだ》治氏《はるうじ》の軍忠状である〈和田文書〉。楠木一族・一党の生還を記録した貴重な史料であるが、別項に「楠木一族橋本九郎左衛門尉正茂」もみえることから、神宮寺氏と橋本氏を楠木一族と明記した唯一の一次史料でもある。治氏は楠木一族と戦陣を共にしたことに栄誉を感じており、岸和田氏を楠木一族とする伝承は否定されることになろう。

『太平記』は正成・正季（七郎正氏）兄弟のほか、楠木一族として橋本正員《まさかず》、宇佐美（佐備）正安、神宮寺正師《まさもろ》、和田正隆《まさたか》の自害を記述しているが、正隆が正成の舎弟五郎であることは既述の通りである。八郎左衛門尉正員は橋本九郎左衛門尉正茂の兄、太郎兵衛正師は神宮寺新判官正房の父か叔父と推定される。自身の決死の覚悟とは対照的に、一族温存に徹した正成の深謀遠慮が垣間みえる。

二　東寺・鳥羽合戦と竹田・造道合戦

『神皇正統記《じんのうしょうとうき》』によると、後醍醐天皇は湊川合戦二日後の五月二七日に神器を奉じて近江の東坂本へ避難し、禅恵の奥書によると六月一日、足利勢の京都進攻に押されて山門に引籠もったとある。

一方、尊氏・直義の足利勢は五月二九日に乙訓郡の宝積寺《ほうしゃくじ》に本陣をすすめ、ここを拠点に翌日から京都攻略戦を開始しており、後醍醐の山門避難はやはり六月一日のことであろう。ちなみに尊氏は同日、「河内国石川藤王丸并一族跡」を宝積寺に寄進している〈宝積寺文書〉。湊川合戦における石川氏の宮方参陣と戦後の没官《もっかん》措置を前提とする寄進である。

河内源氏の石川氏は当時、名字の地である石川郡から南に隣接する錦部郡の長野庄辺に拠点を移して錦部を名乗っており、錦部判官代義純父子は真先に笠置に参じて壮絶な戦死を遂げ〈太平記・尊卑分脈〉、その後継「石川判官代跡」は大塔宮の催促に応えて天王寺合戦に参陣している〈楠木合戦注文〉。石川（錦部）氏は元弘元年以来、楠木一党とともに河内宮方の一翼を担っていたのである。

ついで、京都攻略に一定の戦果を収めた尊氏は六月一四日、東寺に本陣を進め、翌日付で「正成跡」の河内国新開庄《しんかいのしょう》を同寺に寄進している〈東寺文書〉。正成所領の没官を前提に、京都攻略の拠点とされた東寺への補償措置であろう。

その後、足利直義の山門攻撃で千種忠顕《ちぐさただあき》は西坂本で、名和長年《なわながとし》は六月三〇日の上京の市街戦で討死にしているが、一方で宮方の反撃は京都南郊で果敢に展開されていた。すなわち、足利勢は京都攻略の過程で洛北の西坂本と洛南の鳥羽・竹田の二方面から宮方の攻撃にさらされていたのである。山門に拠点をおく宮方の反撃が後醍醐をとりまく武将たちによって展開されたのにたいし、京都南郊の宮方勢は楠木一党を主力に編成されていたのである。おそらく六月末日、上京の市街戦に勝利した足利勢は京都攻略をほぼ完了していたのであろう。

先に紹介した岸和田治氏の軍忠状によると、宮方の治氏は延元々年六月一九日と三〇日、竹田河原や鳥羽《とば》造《つくり》道《みち》における戦功を披露している。一方、武家方の田代市若丸（基綱嫡孫の顕綱）も六月一九日、西坂本における先駆けの戦功を披露しており、両日、洛南と洛北で同時に合戦が展開されていたのである〈田代文書〉。

実はここでも、六月一九日と三〇日の竹田合戦について、金剛寺の禅恵はつぎのような合戦記録を奥書に残している。宮・武家双方の当事者にくわえて、第三者の記録として、合戦情報の信憑性を高めるものと言えよう。

> 六月十九日、晦日、和泉・河内・紀伊国の（後醍醐）帝の御軍勢、東寺・鳥羽合戦。同卅日、和田の左衛門大将して合戦し、討たれおわんぬ。

六月三〇日の合戦で討死にする「和田左衛門」は河内守護代として、かつて正成の代官を務めた和田左衛門尉であり、さらに湊川合戦の情報収集のため、河内守護によって兵庫へ派遣された和田某の最期の記録であろう。治氏のいう合戦場「竹田河原・造道」が禅恵奥書の「東寺・鳥羽」に相当する表示であり、東寺に本陣を構える武家方に対し、鴨川の河原をはさんで竹田・鳥羽方面から宮方は攻撃をしかけ、敗北していたのである。

三〇日の最終戦において、上京の市街戦で名和長年が、洛南の鳥羽合戦で和田左衛門尉が戦死するなど、宮方の大将二人が討死にするほどの激戦が展開されていた。ここに宮方主力による京中・京辺の抵抗戦は終息し、七月上旬のうちに京都は足利勢によって制圧されたことになろう。

その後、尊氏は山門に逼塞する後醍醐を尻目に八月一五日に豊仁（光明天皇）践祚を強行し、一一月七日には建武式目を制定して武家政権の樹立を宣言する。一方でこの間、後醍醐は一〇月一〇日に下山して幽閉され、一一月二日に神器を武家方に譲渡するが、一二月二一日には京都を出奔して吉野へ逃れ、半世紀を超える両朝並立の内乱に突入する。

三．正成の首のゆくえ

湊川合戦後の情勢について、先々まで深追いしすぎたようである。そこで本題に立ち返り、編纂された二次史料を通して、その後の正成の首のゆくえを辿ってみたい。

○正成首送故郷事　湊川ニテ討レシ楠判官ガ首ヲバ、六条川原ニ懸ラレタリ。去ヌル春モアラヌ首ヲカケタリシカバ、是モ又サコソ有ラメト云者多カリケリ。「疑ハ人ニヨリテゾ残リケリ、マサシゲナルハ楠ガ頸」ト、狂歌ヲ札ニ書テゾ立タリケル。其後尊氏卿、楠ガ首ヲ召レテ、朝家私日久相馴シ旧好ノ程モ不便也。迹ノ妻子共、今一度空シキ貌《かお》ヲモサコソ見度思ラメトテ、遺跡へ被送ケル情ノ程コソ有難ケレ。

右は湊川合戦の直後、正成の首のゆくえを伝える『太平記』巻一六の一節である。

先の朝舜書状によると、正成の首は尊氏の兵庫陣で二日間さらし、首実検のうえ直義の陣所魚御堂に埋葬されたとあるが、『太平記』は六条河原にさらしたとある。ところが、その首に京童《きょうわらべ》は疑念をいだき、「うたがひは人によりてぞ残りける、まさしげなるは楠が頸」と風刺たっぷりの落書の札が立てられた。それもそのはず、今春の京都合戦後に正成の偽首《にせくび》が六条河原に懸けられ、かつて元弘動乱でも、正成の首は何度も懸けられている。しかも今回、時節はすでに夏の盛りであり、正成の首ではありえないとする風評である。

尊氏が東寺に本陣を据えたのが六月一四日、宮方を駆逐して京都を制圧するのが七月上旬である。ということは、湊川合戦からすでに一ヵ月以上が経過しており、『太平記』は世間が疑惑をいだくことへの懸念を落書に託し、あえて六条河原の首さらしを創作したのであろう。

さらに『太平記』には、慈悲深い尊氏が正成との公私にわたる旧誼により、その首を河内石川東条の遺族のもとへ送り届けさせたとある。先の朝舜書状にみえる魚御堂への所領寄進をモチーフとして、創作された物語であろう。正成は天皇の下命によって、なりゆきで尊氏と対戦することがあっても、個人的にはむしろ強固な信頼関係で結ばれていたことを『太平記』は強調しており、この記事はその結末を象徴する物語であろう。ただし、正成の首がその後どのように処理され、どこに埋葬されたかは不明である。その点を補って詳述するのが享保一八年（一七三三）、観心寺不動院の尭恵《ぎょうけい》法印によって編まれた『観心寺要録』である。

○判官正成〈中略〉其（正成）ノ骸《むくろ》ヲ廣厳寺ニ葬ル。同（延元元）年六月三日ニ尊氏卿瀬川入道有隣ヲ以テ其ノ首ヲ故郷千早ニ送ル。同ジク五日、楠妻後室、子正行、良従《りょうじゅう》和田・恩地等相議シテ、檜尾嶽《ひのおさん》観心寺ニ葬ル。其ノ碑ヲ石ニ剋《きざ》ミ、不朽ニ忠ヲ垂レテ今ニ厳然タリ。〈下略〉

これによると、正成の遺骸は湊川の山手に伽藍を構える廣厳寺《こうがんじ》に葬られ、その首は合戦の七日後、尊氏の命で河内石川東条に送り届けられ、さらに二日後、遺族や郎等の協議により観心寺に埋葬されたとある。正成との由緒を主張する観心寺の作為が垣間見えるが、首さらしの記事は見出せない。かくして、正成の首は観心寺に埋葬され、現在の正成首塚がその葬所であることを物語っている。はたして、観心寺の正成首塚はどこまで遡《さかのぼ》れるの

か、つぎの【表2】を通して検討してみたい

Aは湊川合戦の四十二年後、永和四年（一三七八）三月一四日に観心寺を参詣した僧賢耀《けんよう》の「伽藍巡拝記」を整理したものである〈『河内長野市史』第四巻所収〉。その五年前の長野合戦で宮方は惨敗を喫し、金剛寺に在住していた長慶天皇が再び西吉野へ逼塞した結果、観心寺をはじめ南河内一帯で北朝年号が定着しつつあり、賢耀はこれに倣ったのであろう。閼伽井《あかい》や鐘楼《しょうろう》、坊舎まで巡拝記に書き留める賢耀が、正成の首塚を書きもらすとは考えられず、首塚はいまだ造設されていなかったと推断せざるをえない。

Bは一五世紀前半の室町期作と推定される観心寺の境内図（実は寺内図）から、堂塔や寺内施設を抽出、整理したものであるが、正成の首塚はなお見出せない。

Cは延宝七年（一六七九）に刊行され、河内名所案内記の嚆矢《こうし》とされるものであるが、やはり境内絵図に正成の首塚は見当たらない。ということは享保一八年（一七三三）、『観心寺要録』の記事が観心寺における正成首塚の初見であり、延宝七年から享保一八年までの、約半世紀の間に首塚は造設されていたことになろう。

表2　巡礼記・境内図・各名所記にみえる観心寺の施設一覧

	資料	年代	観心寺の寺内施設
A	観心寺参詣諸堂巡礼記	永和四（1378）年	本堂・宝蔵・鎮守・閼伽井・鐘楼・大師御坊敷・御影堂・諸坊・三重宝塔・檜尾（実恵）墓所・拝殿・後村上法華三昧堂・後醍醐女御五輪塔
B	観心寺境内図	室町期（15C 前半か）	金堂・賀利帝（鎮守）・鎮守拝殿・（多宝）塔・鐘楼・経堂・高室院・御影堂・法華三昧堂・実恵墓所・本願院・後村上御陵
C	河内鑑名所記	延宝七（1679）年	観音堂（金堂）・かりも天（鎮守）・鎮守拝殿・一重塔・鐘楼・経堂？・大師堂（御影堂）・実恵石塔・本願院・後村上天皇御廟所
D	河内名所図会	享和元（1801）年	本堂・鎮守社・鎮守拝殿・（一重）塔・つりかね・井・経蔵・弁天社・御影堂・道興大師廟・後村上陵・大師堂（本願院）・正成塚
E	西国三十三所名所記	嘉永元（1848）年	本堂・カリテイモ・鎮守拝殿・建カケ塔・ショロ（鐘楼）・アカ井・経蔵・弁天祠・御影堂・行者堂・（実恵）上人墓・本願院・御霊舎・（後村上）陵・正成塔

その後、享和元年（一八〇一）刊行で名所案内の傑作とされるDには、伽藍南端の宝形造の建物に「正成塚」の押紙が添えられている。

さらに嘉永元年（一八四八）刊行のEによると、現在とほぼ同じ位置の宝塔とおぼしき石塔に「正成塔」の押紙が付され、宝形造の建物は「御霊舎《みたまや》」に変更されている。おそらく幕末の一九世紀前半、正成の首塚は開山実恵墓所の南に隣接する宝塔に変更され、さらに明治以降、五輪塔に取り替えられて大幅な改修が加えられたのであろう。

ちなみにDで正成塚とされ、Eで御霊舎と称された宝形造の建物は後村上天皇の法華三昧堂《ほっけさんまいどう》（表のA・B参照）を転用したものと推定されるが、現存していない。おそらく明治当初、陵墓の整備にともない撤去されたものと推測される。

ちなみに元禄二年（一六八九）二月、還暦を迎えた貝原益軒《かいばらえきけん》は高野山から吉野を漫遊しているが、復路の二〇日に金剛山頂の宿坊に投宿、翌日は下山途中の千早山近くで正成石塔（五輪塔）に詣でている。益軒の『己巳《きみ》紀行』によると、摂津湊川の「躯《からだ》塚」に対し、この石塔は石川若狭守の建立による正成の「首塚」とある。また、『河内名所図会』はこれを単に「正成が塔」とし、延宝八年（一六八〇）閏八月、石川総良の建立と記述している。ということは、正成の首塚は少なくとも元禄二年の時点で千早山近くにあり、その後、観心寺に首塚が造設された段階で供養塔のような扱いを受け、やがて正儀（正成三男）の墓塔に変更されて現在に至ったものであろう。

いずれにしろ、観心寺の首塚造設の時期はさらに絞りこまれ、おそらく元禄年間の一七世紀末のことと推測される。江戸初期に『太平記』流布本の版行が相次ぎ、太平記読みによる正成伝説が民間に流布するとともに、『太平記評判』や『太平記秘伝理尽鈔』によって正成の知謀や武勇が増幅、喧伝される世相を背景に、徳川光圀《みつくに》は元禄五年（一六九二）八月、摂津湊川に「嗚呼《ああ》忠臣楠子之墓」を建立する。これに対応するかたちで、観心寺の首塚は正成の慰霊を兼ねた顕彰碑として造設されたのであろう。

第一一節　楠木一党のもうひとつの本拠地――二上山城と楠木石切場をめぐって――

一．建武四年・延元二年十月の石川東条合戦

延元々年（一三三六）五月二五日の湊川合戦後、時代を画する最大の事件は同年末、足利政権が擁立した光《こう》明《みょう》天皇の北朝に対抗して、後醍醐天皇が大和吉野の金峯山寺《きんぷせんじ》に南朝を樹立したことである。これを機に、両朝並立の内乱に突入することはよく知られている。ところがその直後、足利一門の細川顕氏《あきうじ》が天王寺に本陣を据え、翌年三月に始まった楠木合戦が吉野攻略の前哨戦であるとともに、宮方の吉野防衛戦であるにもかかわらず、『太平記』はこれを全面的に捨象している。話題を北陸越前に転じたことにより、内乱当初の畿内情勢を時系列で追うことを困難にしている。

つぎは建武四年・延元二年一〇月、石川東条合戦に参加した武家方の在京人と、宮方国衆の軍忠状の一節である。

①田代豊前又次郎入道了賢（基綱）謹んで言上す、去（建武三）年十二月、惣大将天王寺御発より以来、御手を離れず、軍忠を致す子細の事、〈中略〉

一同（建武四年十月）十九日、楠木赤坂に御向ふの時、御敵数百人、山城の東岸の上に懸出るの処、その日の軍《いくさ》奉行椙田《すぎた》六郎、彼の凶徒等に馳せ向ひ、合戦を致すべきの由仰せを蒙り、一陣を進め、北方より搦手《からめて》に廻り、山城南城の凶徒を追落し、件の城を焼払ひ、東岸の後より攻寄せ、御敵等を責落すの条、〈中略〉

建武四年十一月四日

「承了（細川顕氏の花押）」

②田代豊前三郎顕綱申す、〈中略〉

同（建武四年十月）十九日、凶徒等籠居する所の石川里、之を焼払ひ、東条口山城においては、顕綱家人高岡兵衛三郎為綱、三宅左衛門次郎入道良円以下の輩、一陣を進めて御敵を追落し候の条、〈中略〉

建武四年十月廿七日

御奉行所

「承了（細川顕氏の花押）」

③河内国伊香賀郷地頭土屋孫次郎宗直申す、〈中略〉

同（建武四年十月）十八日、東条御退治のため（古市を）御発向の時、同じく（大将顕氏の）御手に属し、片山・古市・大塊（大黒）・壺井・坂田・西浦、罷向ふ所々これを焼払ひ、同十九日、東条へ御向ふの時、御手に加り山手に罷向ひ、飛鳥里を焼払ひ、春日・太子を打通り、山田山（二上山）城を焼払ひ、寛弘寺河原へ打出でおわんぬ。〈中略〉

建武四年十一月　日

「承了（細川顕氏の花押）」

④河内国高木八郎兵衛尉遠盛軍忠の事

一同（延元二年）十月五日、八尾城に押寄せ数刻合戦を致し、彼の城郭を焼払ひおわんぬ。同十九日、細川兵部大輔（顕氏）大将軍として所々の凶徒等を引率し、東条へ寄来るの間、山城口において随分合戦を致しおわんぬ。〈中略〉

延元二年十月　日

①②は武家方の田代基綱とその孫顕綱、③は同じ武家方の土屋宗直、④は宮方の河内国衆、高木遠盛《とおもり》の軍忠状である〈①②田代文書、③土屋文書、④和田文書《みきた》〉。軍忠状とは、合戦に参加した武士が個々に軍功を記録し、味方の大将の証判を得て後日の恩賞に備えるものであり、合戦記録として貴重な一次史料である。

武家方の大将は足利一族で、河内・和泉の守護職を兼務する細川顕氏である。麾下《きか》には田代・土屋のほか、宇佐美・酒匂《さかわ》・国嶋・渋谷《しぶや》・二宮をはじめ、河内や和泉に地頭職を有する在京人（東国御家人）が主力に組み込まれていた。ちなみに田代は和泉大鳥庄上条、土屋は河内伊香賀郷《いかがごう》、二宮は和泉塩穴郷《しあなごう》の地頭である。

これに対し、楠木一党の総帥は正成の後継で河内守護の正行《まさつら》であるが、当時若輩の正行に代わって、家督に準ずる一族の和田正興が合戦大将の任にあり、同じ楠木一族の橋本正茂や佐備《さび》正忠のほか、高木遠盛のような河内国衆が宮方軍勢を構成していた。

武家方は天王寺から八尾城、さらに古市に本陣を移し、古市西琳寺を拠点に建武四年・延元二年（一三三七）一〇月一九日、石川東条への総攻撃を展開した。

田代基綱・顕綱の軍忠状によると、武家方の主力は東条口の山城（古代の山代郷の伝統を引く地名で、城郭としての山城ではない）一帯の攻防で楠木一党と戦端を開き、激戦のすえ南城等を落として東条口は突破した模様である。ところがその後、赤坂本城に至る合戦に武家方は苦戦を強いられ、楠木一党の必死の防戦によって赤坂攻略を阻まれ、古市に引き上げている。この点は、武家方の田代顕綱が戦功を披露するのに合戦場を「東条口」に、宮方の高木遠盛も「山城口」に止めていることからも首肯されよう。

東条口の山城一帯は赤坂の本城に対し、いわば前衛をなす地域であり、山城を拠点にこれを名乗る坂戸《さかと》（文徳）源氏や楠木一族の大塚氏（大ヶ塚は名字の地）によって防御線が張られていたのであろう。武家方は石川東条を制圧したうえ、大和へ進攻する戦略をたてていたが、楠木一党の抵抗に阻まれ、水越峠を越えられなかった模様である。大将の細川顕氏も同月二三日まで古市西琳寺に滞陣し、京都へ引き上げている。

一方、南の錦部郡天野では一〇月一九日、和泉武家方（大将は細川顕氏の重臣、和泉守護代都築《つづき》量空《りょうくう》）が国境を突破して金剛寺に乱入し、和泉宮方（大将は楠木一族の和泉守護代大塚惟正《おおつかこれまさ》）を圧倒していた。武家方にとって、一九日は河内の大手と和泉の搦手とが示し合わせての総攻撃であったが、楠木赤坂の攻略は頓挫する。

二、二上山城をめぐる攻防

ここで注意を要するのは、同じ一〇月一九日の石川東条合戦でありながら、土屋宗直の攻撃目標が同じ武家方の田代基綱・顕綱の攻撃目標と明らかに異なることである。

前日の一八日、宗直は大将顕氏の手に属して石川両岸の村々（片山・古市・大塊・壺井・坂田・西浦）を焼き打ちしており、翌日の総攻撃に備えて、宮方の兵站《へいたん》および後方支援を断ち切るための前哨《ぜんしょう》作戦であろう。

一九日当日、宗直は山城および本城の赤坂攻撃に加わらず、飛鳥川沿いを山手へ駆け上って飛鳥里を焼き払い、春日・太子の集落を経由して、最終目標の山田山城を焼き打ちしている。しかも、宗直は大将顕氏に近仕して奮戦していることから、武家方が山田山城の攻略に重点をおいていたことは明らかである。

山田の背後に聳える山田山とは二上山のことであり、山田山城は二上山城の別称である。

東条合戦に先立って、武家方に焼き打ちされた村々は石川郡西条にくわえて、安宿・古市の両郡に及んでおり、楠木一党の広域にわたる支配圏を物語るものである。

一八・一九の両日、武家方は石川東条と周辺の村々を焼き打ちしているが、それによって住民は塗炭の苦難を強いられたことであろう。内乱期の大道は軍勢の移動ルートであり、路次合戦や焼き打ちによって沿道の住民は生活基盤を奪われる危機に瀕した。

宗直ら武家方の攻撃によって、二上山城が陥落したかどうかは判然としない。おそらく宮方は大和側か篠峯

（葛城山）の奥地へ逃れ、武家方が古市へ引き上げた時点で二上山城と山田を回復していたのであろう。実はその八日前、同月一一日にも二上山城と山田一帯で合戦が展開されていた。

⑤同（延元二年十月）十日、二上山城において、篝役《かがりやく》を勤仕せしめ、凶徒（武家方）を相待ち、同十一日山田荘において合戦を致しおわんぬ。

⑥今（建武四年十）月十一日、二上の御敵等（宮方）退散の処、同日、山田村凶徒等を追い払ひ、処々の在家に火を懸けおわんぬ。

⑤は宮方に属した摂津の国衆、安満了願《あまりょうがん》（芥川信貞とも）の軍忠状の一節である。同月一〇日の夜は武家方の夜討に備えて、篝《かがり》を焚いて二上山城の警固役につき、翌一一日には、山麓の山田で武家方と合戦に及んでいる〈紀伊続風土記〉。

⑥は武家方に属した出雲の国衆、伊藤義明の軍忠状の一節であるが、一一日は宮方勢を二上山城、ついで山田村からも追い払い、山麓一帯の在家に火を放っている〈萩藩閥閲録〉。双方の軍忠状あいまって、信頼に足る合戦記録といえよう。これによる限り、武家方が勝利したような印象を受けるが、わずか八日後、土屋宗直ら武家方は二上山城を再び焼き打ちしていることから、一一日の合戦直後に宮方は二上山城と山田を回復していたのであろう。

一一日の二上山の攻城は一九日の総攻撃に向けて、赤坂攻略に全軍を集中させるための前哨作戦である。ただ、武家方は一一日の合戦で二上山城を占拠し、山田を制圧したわけではない。したがって、一九日の総攻撃当日、武家方は別働隊を編成し、赤坂本城と二上山城の攻略をめざして、二方面作戦を余儀なくされていたのである。

一〇月一九日当日、一方で宮方の安満了願は金剛寺の警固に転じ、天野合戦で奮闘している〈紀伊続風土記〉。宮方は赤坂の本城防衛のため、和泉横山からの武家方進攻に備えて、金剛寺の防御に重点を移していたのであろう。

それにしても、敵方の大軍を味方の領域に引き込んでの多発蜂起は悪党の常套戦術であり、今回も楠木一党に引き継がれている。個々の局地戦に敗北することがあっても、石川東条合戦は総じて楠木一党の優勢のうちに推移していた。

かくして、二上山城を擁した山田一帯が楠木一党の軍事上の要衝であることが確認されたが、その後も東条合戦の一環として武家方の山田攻撃、山田合戦が展開されていた。

和泉国御家人淡輪彦太郎助重申す軍忠の間の事、〈中略〉今（貞和五）年三月十五日の河内国寺田合戦、同十八日の山田合戦、同十九日の佐尾谷合戦、同四月廿二日の日野・高岡（高向）合戦のとき、先陣に進み、身命を捨てて散々合戦を致すきざみ、分取り仕りおわんぬ。この条、土田九郎（高師泰の重臣で和泉守護代）見知せらるなり。然らば早く御證判を賜ひ、向後の亀鏡に備えるため、恐々言上くだんの如し。

貞和五年八月　日

「承了（高師泰の花押）」

右は四条畷合戦の翌年（一三四九）三月、河内石川東条の掃討作戦で奮闘する和泉の武家方国衆、淡輪助重《たんのわすけしげ》の軍忠状の一節である〈淡輪文書〉。大将は細川顕氏に替わって河内・和泉の守護職を兼帯し、幕府の侍所頭人《さむらいどころとうにん》を務める高師泰《こうのもろやす》（執事師直の弟）である。後村上天皇は昨年春以来金剛寺に潜伏していることから、武家方は金剛寺の攻略を最終目的に、事前に石川東条の掃討作戦の一環として山田を攻撃している。ここでも、楠木一党は武家方による金剛寺攻撃を逸《そら》すため、武家方軍勢を石川東条に誘《おび》き寄せ、多発蜂起を展開していたのである。

さらに注目されるのは、南北朝内乱も終盤にかかる天授五、六年（一三八〇）頃、信濃より畿内に帰還したばかりの宗良親王《むねよし》（後醍醐皇子、元天台座主尊澄）が、「河内山田といふ処」に居を構えていたことである〈『李花集』詞書、森茂暁『南朝全史』〉。東海・信濃・北陸を中心に南朝の起死回生を期して奮闘してきた宗良ではあったが、それも空しく、河内山田ついで西吉野に寓居《ぐうきょ》を定め、『新葉和歌集』の撰集に余生をつないでいる。二上山麓の山田が楠木一党の本拠地であることを示唆するものといえよう。

三　二上山城と楠木石切場

二上山は標高五一七mの雄岳と標高四七四mの雌岳で成り立っており、その南、竹内峠を丹比《たじひ》・当麻《たいま》大道（竹内街道）が通っている。山田は二上山直下の標高一五〇m前後にあって、大道を遮断する形で立地している。二上山の山頂部分を詰城《つめじろ》として、山田は本城として機能していたのであろう。

山田はその北に隣接する春日ともども、丹比・当麻大道と穴虫越えの大道の分岐点にあって、河内南部と大和盆地南部（横大路で八木・三輪・初瀬へ）とをむすぶ交通・物流の要衝である。石川郡東条を領域とする楠木一党にとって、二上山を擁する山田はもうひとつの本拠地にふさわしい地勢と歴史的条件を備えていたのである。

二上山雄岳の山頂部分は下の縄張図《なわばりず》のごとく東西一七〇m、二段築成の長大な曲輪《くるわ》を形作っている。山頂の東斜面は五段の曲輪、西斜面は空堀を隔てて七段の曲輪、さらに南斜面には三段の帯曲輪《おびぐるわ》が確認される。南の竹内峠側と西の河内側に防備の重点をおく構えである。

二上山城はその後、一五世紀末から一六世紀中葉の戦国期、河内・大和間の攻防（畠山合戦）のなかで国境の要害としてしばしば登場することから、現存する遺構は戦国期のものであろう。

なお、楠木氏の謎のひとつは、古来河内に根づく土豪といわれながら、その出自・名字にかかわる「楠木」の郷村名が河内に見当たらないことである。その点、領域支配よりも商業や流通を生業《なりわい》とする楠木氏ならではの特徴とされ、金剛・二上山麓に産する辰砂《しんしゃ》（水銀や赤色顔料の原料とされる硫化水銀）や金剛砂《こんごうしゃ》（水晶や瑪瑙の研磨材）を採取・販売する散所長者のような存在とされてきた。ところが近年、名字の地を駿河国入江庄（清水市）の「楠木村」に求め、その出自を関東御家人・得宗被官とする説が有力となりつつある。そこで次に、関東から河内に移貫した新興勢力として、楠木一党が二上山原産の鉱物資源を採掘、製品化、販売していたことを状況的に裏づける発掘事例を紹介したい。

二〇数年前、南阪奈道路の建設にともなう発掘調査によって、二上山麓の唐川上流域で、凝灰岩《ぎょうかいがん》の大規模な石切場と石塔（五輪塔・宝塔・相塔等）の製作場遺構が確認された〈大阪文化財研究センター調査報告書『楠木石切場跡』〉。

調査報告書によると、楠木石切場と称されるこの遺跡は、①二上山の西麓にあって凝灰岩の石材を掘割技法で切り出すとともに、五輪塔を中心とした墓塔・供養塔の製作場であること、②遺跡の時期は六世紀中葉～九世紀前半と一二世紀後半～一四世紀の二期に区分され、中世は古代に比して大規模に展開されていたこと、③五輪塔の未完成品や和泉式瓦器碗等出土遺物の分析によると、石切場の最盛期は一三～一四世紀であること、④石切場周辺の鹿合谷一帯は鎌倉後期に大規模な耕地開発が展開され、石工《いしく》集団の日常生活を支えるインフラ整備がなされていたと推測されている。

ということは、この楠木石切場の「楠木」こそが楠木一党の経営にかかわる石切場として定着した小字、という推測も成り立つ。が、名字（苗字）が先行して地字がのちに成立するとは考えがたく、なお検討の余地があろう。ただ、楠木石切場の最盛期は楠木一党の躍動期でもある。楠木一党の領域であるとともに赤坂とならぶ本拠地の二上山麓にあって、大規模な石切場の経営と石工集団の組織化に、はたして楠木氏以外の介在を想定することができるだろうか。

その他、二上山の北麓から西麓一帯には古代・中世の石切場跡が一〇ヶ所確認されており、とくに、楠木石切場の北側の鹿合谷と南側の飛鳥川源流域で一三〜一四世紀の石切場が確認されている〈大阪府教委『南河内における中世城館の調査』〉。中世の山田・春日一帯には、広域にわたって石切場兼石塔製作場が点在していたのである。

以上、楠木一党のもうひとつの本拠地、二上山を背景にもつ山田の歴史的位置を検討してきた。石切場の経営を第一義に、これを維持・防衛するための拠点づくりが二上（山田）山城の構築であることは明らかである。軍忠状に登場する二上山城は有事に対応する臨時の防御施設であり、その背景に石切場の経営にかかわる生産活動や石工たちの日常生活が営まれていたことを忘れてはならない。

第二節　大和三輪合戦と西阿の動向――楠木一党との関連で――

一．吉野をめぐる河内・和泉・大和の攻防

吉野の南朝に対する武家方の攻略戦は、とりもなおさず宮方による吉野防衛戦であり、吉野を核として南河内と和泉上方、大和盆地の南部で熾烈な合戦が展開されていた。

先ずは建武四年・延元二年（一三三七）三月、河内石川郡東条の楠木一党に対して、天王寺に本陣を据える武家方（大将は細川顕氏）の攻撃で戦端が開かれた〈田代文書〉。同年七月、武家方は天王寺から八尾城に本陣を進め、一〇月当初まで楠木一党の猛攻によって籠城を余儀なくされるものの、同中旬に古市西琳寺に本陣を移し、慌ただしく一九日の石川東条合戦に臨むことになる。

一方で翌四月中旬、河内に加えて和泉の守護職を兼帯していた顕氏の有力被官、都筑量空《つつきりょうくう》によって和泉横山

合戦の戦端が開かれ、一〇月中旬までの半年間、巻尾山（施福寺）を本陣とする宮方との間に一進一退の攻防が展開された〈和田文書〉。宮方の大将は楠木一族の大塚惟正《これまさ》であり、河内の大手に対し和泉は双方守護代が大将を務める搦手に位置づけられる。河内と和泉の合戦は統一された軍令によって展開され、とくに武家方は一〇月一九日の赤坂攻略にむけて、国境領域の制圧を天野山金剛寺の占拠に収斂させていた。その結果、一九日の天野合戦は武家方が金剛寺に乱入して宮方を圧倒したが、大手の赤坂攻略は楠木一党の反撃に阻まれ、水越峠を越えることができなかった。かくして、石川東条を制圧して大和へ進攻、吉野を攻略するという武家方の所期の戦略は頓挫したことになろう。

また、南都からの吉野攻略は足利直義《ただよし》が軍令を担い、建武四年八月に薩摩・大隅守護の島津貞久や佐々木貞氏〈道誉の兄〉、河内からの進攻が失敗した時点で貞久の嫡男宗久や吉川経久らにも大和下向が命ぜられた〈島津家・吉川家文書〉。

これに先立つ同年四月、西阿なる人物の討伐祈祷のため、光厳上皇の持明院御所で五壇法が修せられている〈五壇法記〉。かつて千早合戦の最中、武家方は楠木正成討伐の祈祷を何度か行っているが、それ以降、武家方が敵方調伏《ちょうぶく》の祈祷対象に挙げたのは西阿だけである。足利政権にとって、西阿一党の存在がいかに巨大な障壁になっていたかが窺えよう。

二　暦応四年・興国二年の三輪合戦

建武五年・延元三年（一三三八）五月、畿内宮方の劣勢を挽回すべく、奥州から大挙馳参していた北畠顕家《きたばたけあきいえ》が和泉石津合戦で大敗を喫して討死にする一方、翌月から七月にかけて、武家方は宮方が陣取る八幡《やわた》を攻撃し、閏七月には尊氏によって佐々木道誉に吉野攻撃が命じられている〈朽木文書〉。八幡の宮方主力は楠木一党であり、武家方は宮方の反撃に多方面作戦を余儀なくされたが、同月には越前の藤島合戦で新田義貞が討死にするなど、宮方の退勢は覆うべくもなかった。

翌延元四年八月一六日、後醍醐は京都回復の夢を果たせぬまま吉野で没し、その前日に践祚《せんそ》していた後村上はしばしの小康を得ていたが、翌暦応三年（一三四〇）冬、直義は仁木頼章《にきよりあき》に西阿討伐を命じ、これに対抗する西阿が興福寺領を押領したため、春日社が神木を入京させる事態に発展する〈中院一品記〉。興福寺は西阿の悪党行為を誘発した武家方に抗議して、神木を入京させたのであり、西阿の反撃が武家方の予想をはるかに超える規模で展開されていたことを物語っている。

建武四年（一三三七）三月以来、四度に及んだ西阿討伐戦は佐々木・島津・仁木らの諸将によって展開されていたが、暦応四年（一三四一）春以降は細川顕氏を主将に、在京人や摂河泉の国衆を総動員して展開された。

田代基綱は和泉国大鳥庄上条の地頭であるが、在京人として京都の屋敷で催促を受け、孫の顕綱とともに細川顕氏に供奉《ぐぶ》していた。五ヵ月余りに及ぶ合戦の間、基綱・顕綱の戦功を見届ける同所合戦輩《どうしょかっせんはい》は和泉守護代の都筑量空をはじめ、渋谷・俣野・長井・南部・成田・大井・天野等の在京人や河内・和泉の国衆たちであった。その他、顕氏配下には渡辺実や豊島十郎入道にくわえて、近江入道こと佐々木貞氏も一族・郎等を率いて参陣していることから、摂津の国衆や在京する守護クラスの大名も動員されていたのである。

幕府軍と西阿一党の攻防は大和盆地の南東、城上郡《しきのかみぐん》の三輪山麓を中心に展開されていることから、三輪合戦と呼ぶことにしよう。

先ずは暦応四年二月二八日、南都を発向した細川軍は大和盆地を南下し、翌日には高市《たけち》郡の安部山に本陣を敷いた。ということは西阿一党の領域たる城上郡を突破して、幕府軍は吉野を間近にひかえる山地に本陣を据えたことになり、両日にわたる幕府軍の南下に西阿一党は不意を突かれ、陣取りを許したのであろう。吉野攻略の橋《きょう》頭堡《とうほ》を確保した幕府軍に対し、西阿一党は二九日当日、一斉に安部山に押し寄せて激戦が展開された。ただ、吉野山を指呼の間におくとはいえ、背後に西阿一党の脅威を背負ったままの吉野攻撃は無謀であり、後顧の憂いを拭うため、西阿一党との合戦が大和盆地の南部で五ヵ月以上にわたって展開された。

幕府軍は三月中旬以降、西阿一党の城郭のうち最大規模を誇る河合城の攻撃に集中する。河合城は三輪の北西・広瀬郡にあって、大型前方後円墳（城山古墳か）を転用した城郭とみなされる。おそらく合戦当初、西阿一党と宮方勢は河合城に集結して幕府軍に対峙していたのであろう。田代基綱の軍忠状によると、三月中旬以降少なくとも三度におよぶ攻城で、子息の三位房や若党・旗差が弓射・石礫《つぶて》によって負傷している。河合城の攻防が終息するのは、二ヵ月後の閏四月中旬のことである。

ただ、河合城は広瀬郡の北端にあって、三輪地域から西にかなり隔たっている。そこで想起されるのが、大和盆地の南西部に蟠踞する笠目氏の動向である。笠目氏の本拠地は河合城の北、大和川を隔てて隣接している。笠目氏には元徳二年（一三三〇）九月、摂津長洲庄に打入った悪党の交名人に、大和から馳せ参じた「笠目定顕」が知られる〈東大寺宝珠院文書〉。この悪党蜂起は河内の平野将監入道を張本に数千人の勢力を誇るもので、交名に挙げられているのは摂津・河内・大和のいずれも在地の有力者である。笠目定顕の実力はやがて元弘動乱に遺憾なく発揮され、大和宮方の一翼を担って河合城を領域内に取り込んでいたのであろう。その後、同氏からは「笠目越中房」なる人物を輩出し、元弘の行賞で和泉の「向井（正吽《しょううん》）跡」を拝領している〈和田文書〉。おそらく、旗職を鮮明にしなかった正吽は宮方に所領を没官され、その跡職《あとしき》を勲功著しい越中房が拝領していたのであろう。その後、越中房は建武動乱で討死にしたため正吽は旧領を返付されるが、ここでも、笠目定顕から越中房（定顕の房名の可能性も）へと、悪党の反六波羅闘争への合流がみられることに注目したい。

河合城の陥落後、宮方は西阿の子息良円の本拠地、開地井（海知）城に籠城して一ヵ月を超える激戦が展開された。これには、紀伊南端の古座を本拠地とする小山実隆が足利直義の催促を受けていながら、開地井城には宮方として参陣している〈網野善彦『海と列島の文化』〉。三輪合戦が畿内ばかりか近国の国衆をも巻き込んで、大規模に展開されていたことを物語るものであろう。

さらに、西阿一党は六月下旬の竹（中八）城から七月三日の外鎌嶺《そとかまみね》城の最終戦にかけて、安房城・頸城・赤尾城・開地井逼《つめ》城に拠る多発蜂起で幕府軍を翻弄していた。いずれも三輪山麓に散在する方形居館や環濠集落を城郭に構えたものであり、西阿一党は城上郡一帯の当知行を基盤に、後詰作戦を交えた多発蜂起を展開していたのである。その結果、幕府軍が吉野川を渡った形跡はみとめられず、西阿一党の悪党まがいの陽動作戦に翻弄され、吉野攻略を断念していたのである。

三　西阿の名字と素性

ところで、吉野防衛の最前線を担い、大和宮方の柱石ともいうべき西阿とはいったい何ものか。その素性を洗ってみたい。

西阿の経歴等は伝承や物語に覆われ、その生涯は不明といわざるをえない。岩波書店『新版日本史年表』では、暦応三年・興国元年（一三四〇）一二月の記事として「興福寺領押妨の排除を求め、春日神木入京」、吉川弘文館の『日本史総合年表』でも同年月一九日の記事として、「玉井西阿による興福寺領押妨の排除を求め、春日神木入京」がみえるだけである。そこでつぎに、一次史料および『太平記』等の編纂史料に表記された西阿の多彩な名字を通して、その足跡を辿ってみたい【表3】。

Aは元弘三年の春、吉野で蜂起した大塔宮が和泉松尾寺に軍勢を催促し、これに応えて馳参した衆徒が同所合戦輩として披露した名字である。国名を冠した伊予房は侍身分の在地有力者であり、西阿のことと推定される。

Bは延元々年の年末、後醍醐の吉野潜幸に際し、楠木正行・正時らとともに天皇に供奉したときの名乗りであり、西阿の初見である。

Cは三輪合戦当初の建武四年一二月、島津宗久・吉川経久宛の足利直義催促状で誅伐の対象に挙げられた西阿の名乗りである。開住は現在「戒重」と表示され、西阿が居館を構える本拠地の苗字である。

Dは暦応三年・興国元年一一月、興福寺の寺領荘園を侵犯し、春日神木の入洛を誘発した悪党西阿の名乗りである。

Eは正平二年々末、吉野攻略のため河内に下向する高師直《こうのもろなお》・師泰《もろやす》に対抗して、楠木一党とともに吉野の行宮《あんぐう》に参内したときの名字であり、西阿が楠木を名乗る唯一の史料である。

Fは正平三年二月九日、吉野攻略から帰還途上の師直・師泰勢に対し、大和・河内の国境に位置する水越峠で待ち伏せ攻撃を仕掛けたときの名乗りであり、西阿の終見である。

以上、史料に表記される西阿の名字は三輪・開住・玉井・楠木と多彩である。領域の広大さを象徴するとともに、西阿のなぞを深める要因ともいえよう。大塔宮の吉野蜂起から後醍醐の吉野潜幸、さらに三輪合戦から水越合戦にいたる一五年間、西阿はつねに楠木一党と緊密に連携しており、そこに『太平記』の作為が潜んでいるとしても、西阿を楠木一族とみなす見解を完全に捨て去ることはできない。

表３　西阿の名字一覧

	名乗り	年代	典拠
A	三輪伊代房	元弘三年（1333）	松尾寺文書
B	三輪西阿	延元元年（1336）	太平記
C	開住西阿	建武四年（1337）	島津家文書
D	玉井西阿	興国元年（1340）	中院一本品記
E	楠将監西阿	正平二年（1347）	太平記
F	三輪入道西阿	正平三年（1348）	常楽記

四　四條畷合戦から吉野攻略へ

貞和三年（一三四七）七月、近江守護の佐々木氏頼は将軍家御教書を受けて、「東条・南方凶徒」を退治すべく、一族の朽木経氏《くつぎつねうじ》に南方下向を命じている〈朽木家文書〉。同年八月九日の足利直義の催促状によると、経氏は細川顕氏に供奉するよう命ぜられており、当任の河内・和泉守護顕氏を大将とする南方討伐戦である。さらに同年九月下旬、直義は南方退治のため、島津三郎左衛門尉に山名時氏《やまなときうじ》の手に加わるように命じている〈島津家文書〉。南方とは吉野を核として、その防波堤をなす大和の三輪一党と河内の楠木一党である。

貞和三年九月以降、細川顕氏・山名時氏は天王寺・住吉を拠点に南方討伐戦を展開するが、同年一一月二六日、正行以下の楠木一党は天王寺・住吉を急襲し、顕氏・時氏の両将は京都へ敗走する〈園太暦、師守記、和田文書〉。大和の三輪西阿といい、河内の楠木一党といい、顕氏の南方討伐はことごとく失敗し、顕氏は河内・和泉の守護職を解かれて失脚、侍所頭人《さむらいどころとうにん》の高師泰（将軍尊氏の執事師直の弟）がこれに取って替わる。その後、師直・師泰兄弟の南方攻略は電撃的に展開され、はやくも同年一二月末には南方に向けて京都を出陣する。師泰は山城淀を経て翌年正月二日に和泉堺に着陣、師直はしばし山城八幡《やわた》に滞陣して正月三日に河内讃良《ささら》郡の四条に布陣している〈太平記〉。

これに対し、楠木一党は正平二年（一三四七）一二月二七日、吉野の行宮に参内して中納言の四条隆資《たかすけ》を上将に迎え、堺から石川東条に迫る師泰勢と東高野街道（旧南海道）を南下する師直勢との挟撃を恐れて信貴・生駒山麓を北上し、翌年正月五日、武家方との決戦に臨んだ。世に言う四條畷合戦である。数万騎の武家方に対し数百騎を率いる正行の決死の覚悟は、湊川に臨む父正成の悲愴感を彷彿とさせるものである。しかも、寡勢《かせい》で敵陣に乗り込んでの合戦に悪党戦術は通用しない。

四條畷合戦で高師直・師泰は大勝を博し、捷報《しょうほう》を受けた足利直義は正月一二日の島津貞久宛書状に、「今（正）月五日、楠木帯刀《たてわき》（正行）・同弟次郎（正時）・和田新発意《しんぼち》・同舎弟新兵衛以下凶徒数百人、河州佐（讃）良の北の四条において討ち留むる所なり」としたためている〈島津家文書〉。『太平記』の記事もほぼ同じ内容だが、西源院本に「和田次郎」と表記された正時、大塚惟正をはじめ楠木一族一三人と西阿の子息良円の討死を伝えている。さらに直義の書状は、「この上、吉野退治の子細は存ずべからず」と書き止めており、吉野攻略が最終目的であることを示唆している。

四條畷合戦に圧勝した師直・師泰の軍勢は引きつづき東高野街道を南下、八日には石川東条の敵陣を焼き払い、一四日にかけて金剛山の「山攻」を展開している〈田代文書・和田文書〉。楠木一党を圧倒した武家方はやがて水越峠を越えて大和へ進攻、二六日は本陣の橘寺を発って吉野郡に入り、二八日には蔵王堂以下吉野の全山焼討ちを敢行している。

ここに二代一二年に及んだ吉野金峯山寺の行宮「吉野殿」は壊滅する。その直前、後村上天皇は南山奥地に逃れ、定説では西吉野の賀名生《あのう》に仮御所を定めたとされる。ところが、賀名生に潜幸するまでの一年余、後村上は河内錦部郡の天野山金剛寺に潜伏、反撃の機会をうかがっていたのである。

貞和五年・正平四年（一三四九）四月二六日、金剛寺の前衛をなす仁王山城をめぐって、南北の両雄が激突する合戦があった〈和田文書・淡輪《たんのわ》文書〉。営の金剛寺を防衛すべく仁王山に籠ったのは楠木正儀《まさのり》（正成三男、正行の後継）、これを高向《たこう》・日野から攻撃するのは高師泰である。両者とも河内・和泉の守護職を兼務する有力武将であり、合戦は摂河泉の国衆を二分して展開された。その背後には金剛寺の伽藍と七〇の坊舎が甍を競い、そこに後村上天皇が在住していなければ起こりえない合戦である。

賀名生は大峯山系を背負って熊野へ通じる要害ではあっても、京都回復のためには絶望的な辺地である。そこで、金剛寺は京都回復の中継基地として、その後、後村上の五年余と長慶の四年余を含めて延べ約一二年、三度にわたって宮方の行宮に位置づけられ、ときに寺辺一帯は武家方の攻撃によって凄惨な修羅場と化していた〈拙稿「南北朝内乱を彩る天野山金剛寺」『大阪春秋』一五一号〉。

ちなみに、前述した如く吉野陥落直後の二月九日、大和葛上郡と河内石川郡の境界をなす水越峠（標高五二〇m）で合戦があり、佐々木道誉は負傷して南都に逃れ、四男秀宗が討死にしている〈常楽記〉。吉野攻略の帰途、石川東条に再度乗り込もうとした師直・師泰勢に対し、西阿以下の三輪一党が待ち伏せ攻撃を仕掛けたのである。子息の良円はすでに四條畷で討死にしていたものの、西阿はなお大和宮方の柱石として健在ぶりを発揮していたのである。

第一三節　楠木正成の人となりについて――時代の制約と合理精神――

一．正成の花押と能書

花押《かおう》は書判《かきはん》ともいわれ、皇族・貴族から地方の武士僧侶にいたるまで、支配層の個人の証判として慣用されてきたもので、自署の草書体に起源をもち、自署の代わりに用いられる符号である。

【写真1~5（金剛寺文書）】は正成（写真1・2）と嫡男正行（写真3）、三男正儀（写真4・5）の花押であるが、とくに正成と正行の花押は武家風の素朴な書体で、類似性がきわだっている。その点、正儀は一時北朝に転じたこともあって、その花押は官途の昇進（左衛門少尉↓左馬頭↓北朝に転じて左兵衛督↓中務大輔↓南朝に復帰して参議）に応じて変遷し、ついには南朝の公卿に列して公家風（写真4）に改変されている。なによりも、正成・正行の花押とはかなり異なる書体であり、政治姿勢の転換の反映とみるのは穿ちすぎだろうか。

一方、正成は元弘の動乱中に兵衛尉から左衛門尉へと昇進し、建武政権の行賞で河内守に叙されていることから、花押に微妙な変化がみられる。筆者の主観にすぎないが、正成の躍動感がわずかに華やかさを覗かせているようである（写真1）。いずれも単純明快で重厚感をたたえており、気負いのない素朴な性格の反映といえよう。

元弘三年（一三三三）正月五日、正成は和泉の久米田寺に自筆の書状を発している。昨年来、楠木一党は和泉制圧をほぼ完了し、大塔宮の管領下、国務を担う四条隆貞が奉じた令旨《りょうじ》にくわえて、正成の書状は令旨の趣意を補強する副状として発せられている。その内容は、いまや宮方の支配下にはいった和泉において、久米田寺の庇護者たることを表明し、戦勝祈願の祈祷の代償に宮方官兵の寺内乱入・狼藉を禁ずるものであり、制札・禁制の機能を併せもつものである。令旨は三代長老の明智房盛誉に発給されているが、正成の書状は侍者宛に発せられている。

　ここで注目されるのは、正成の能書である。堂々たる筆致もさることながら、当時流行の宋風書体を会得していたともいわれ、教養のほどがうかがわれる。【写６】は赤坂落城の直前、金剛山千早城の攻防が熾烈を極めつつある元弘三年（一三三三）二月二三日、河内金剛寺の衆徒中に発せられた正成の自筆書状である。当時、正成は幕府の大軍相手に籠城戦を指揮しており、武家方が金剛寺に乱入して城郭を構えるとの風聞を受けて、徹底抗戦を呼びかけたものである。金剛寺は国境領域にあって、和泉宮方の中継基地に位置づけられており、正成はここでも大塔宮の権威に依拠して軍令を発している。武家方による金剛寺の占拠と戦線の拡大を警戒したものであったが、この書状も堂々たる筆致で力強く、正成の能書を代表する書状として重文に指定されている。

　また、河内観心寺にも正成の自筆書状が二点所蔵されており、日付

写真１　正成花押

写真２　正成花押

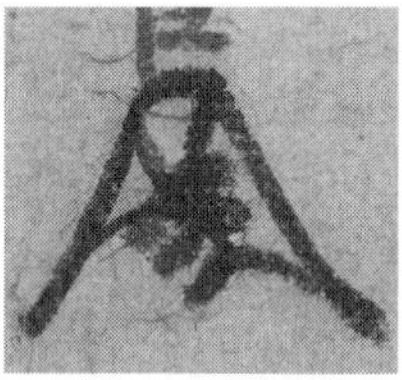
写真３　正行花押

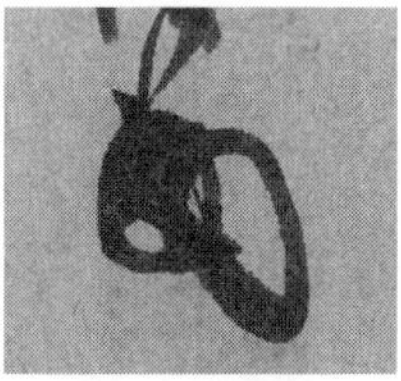
写真４　正儀花押

写真５　正儀花押

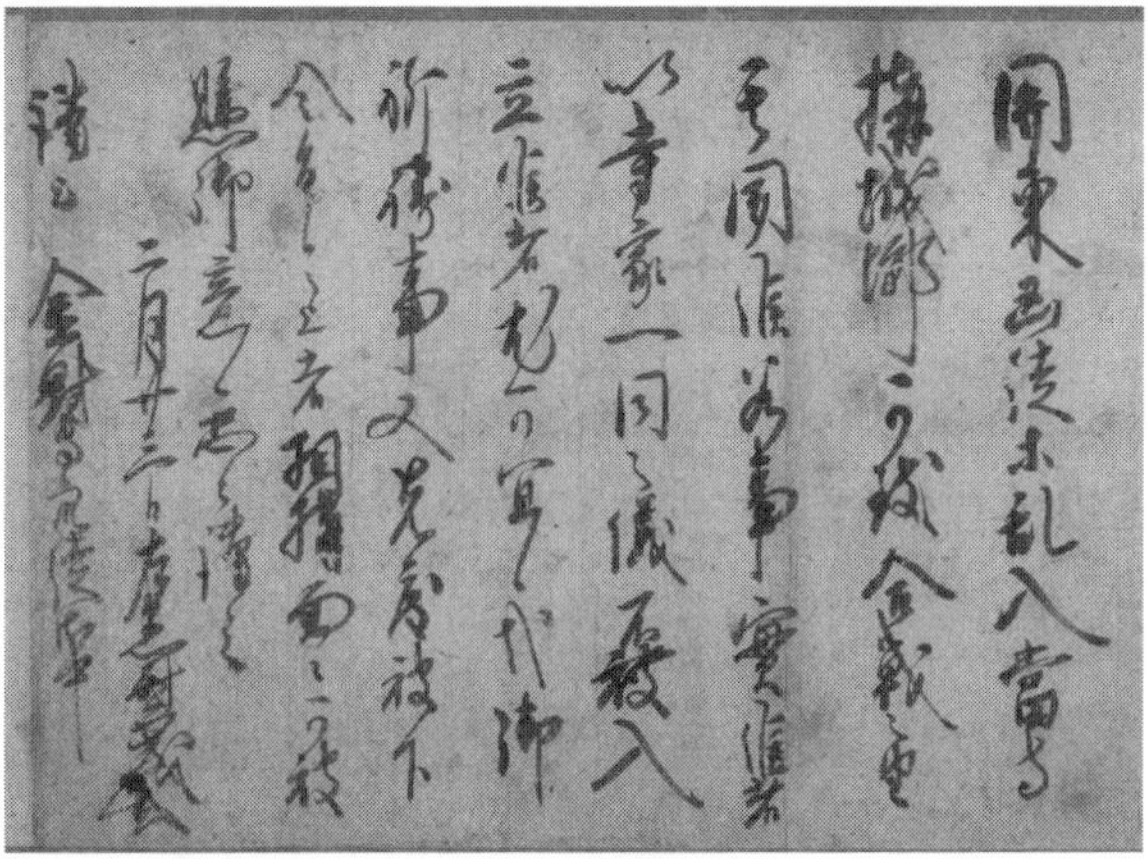
写真６　楠木正成自筆文書（金剛寺文書）

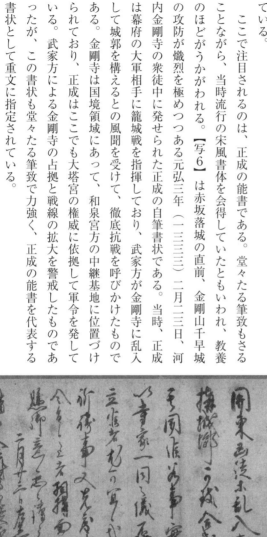

はいずれも元弘三年一〇月二六日である。先の久米田寺宛と金剛寺宛の書状は元弘動乱の最中、大塔宮の令旨を受けたものであったが、これは倒幕後の建武政権下、後醍醐の綸旨《りんじ》を受けて観心寺に発せられており、宮中祈祷のため空海作の不動明王像の譲渡を命じている。先の二点にはそれぞれ充所に「進上」「謹上」が冠せられ、正成の自署に「左衛門尉」が付されて丁重な対応がみられるが、この書状二点にはこれらがいずれも省かれている。筆致もやや乱雑であることから、河内守としての正成の威厳と心情を覗かせたものであろう。

そのうち一点は綸旨の副状というべきものであるが、他の一点、瀧覚房《りゅうがくぼう》宛の書状【写7】は正成個人の心情をこめつつも、一方で綸旨の権威に依拠して不動明王像の譲渡を執拗に迫っている。当時、後醍醐はみずからの権威構築のため重宝類の蒐集に熱中しており、正成は河内守としてその一端を担っていたのである。瀧覚房聖瑜《せいゆ》は同寺を代表する座主か三綱の一員と推定され、おそらく不動明王像の譲渡に異を唱えていたのであろう。旧知の間柄とはいえ、正成は瀧覚房の上洛を併せて命じており、強圧的姿勢が垣間見える。龍覚房を正成の学問上の師匠とする伝承もあるが、この書状からそれを感じ取ることはできない。ちなみに、この書状の花押は倒幕

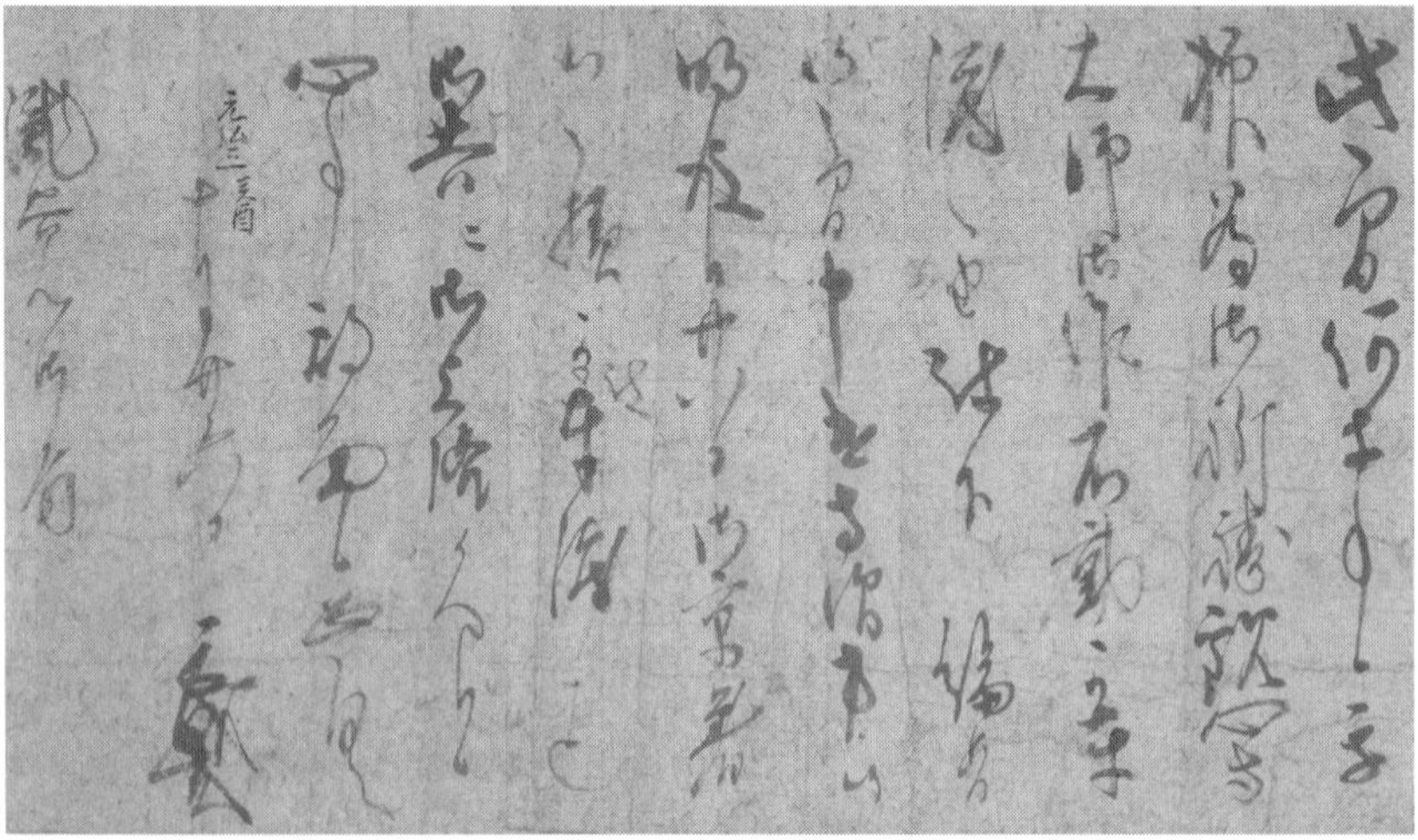

写真７　楠木正成自筆書状（観心寺文書）

以前からのものであり、副状のそれとは明らかに異なる。建武政権下、個人の書状と公的書状とで使い分けていたとも考えられる。

二　河内守正成の書状

正成の書状は先の四点のほか、金剛寺に二点所蔵され、『徴古雑抄松尾寺文書』にも二点収録されている。金剛寺の一点（他の一点は正成自身の祈祷要請に対する礼状）と松尾寺の二点は、いずれも大塔宮の祈祷要請に対する巻数《かんず》（祈祷目録）到来の執達・進覧・見参を報告したものであり、令旨の発給を前提とする書状である。いわば大塔宮の家人としての儀礼的書状にすぎない。その点、つぎの史料は正成の性向や心情を問う上で格好の書状である〈『鎌倉遺文』所収佚本和田文書、（　）は漢字変換〉。

和泉国みきたすりのすけ（和田修理亮）助家の事。去年元弘三四月三日、けうと（凶徒）をついたう（追討）すへきむね、りやうし（令旨）を給はるあひた、所々にしてくうちう（軍忠）をいたす。したかうて同二十八日、御かんのりやうし（感之令旨）をあつかり候て、同十二月二十七日にあんと（安堵）のりんし（綸旨）こくせん（国宣）のさた（沙汰）を給はり候ぬ。なかんつく（就中）に、たひたひはくたいのひやうらいまい（莫大之兵糧米）のさたをいたす。ちう（忠）のみあておこた（怠）りなし。こゝに、たうこくのもくたい（当国之目代）やきのいやたらうほうたつ（八木弥太郎法達）、助家か所りやうをけつ（厥）所にかきいれ候あひた、きのくに（紀伊国）あせかわのまこ六入たう（阿瀬河孫六入道）にあてをこな（宛行）はれ候よし、うけ給はりおよふてう、ふひんのしたい（不便之次第）なり。何事によりてけつ所になされ候やらん。およそ助家・助泰いけ（以下）のしんるいら、所々にして御方のくんちうをいたすあひた、をんしやう（恩賞）を申ところなり。かつう（且）はりんし（綸旨）こくせん（国宣）ひやうらいまいのうけとり

（兵糧米之請取）ふんみやう（分明）に候。かくのことくのしやうら（状等）をさしをいて、けつ所たるへきむね、かす（掠）め申てい、いはれなく候。はやくてうてう（等々）のちうせつ（忠節）にまかせて、ひふんのちうしん（非分之注進）をきえん（棄捐）せられ、あんとのりやうし（安堵之令旨）を申くたされ候やうに、とり（執）申さるへきよし、御い（意）□（懸か）候かし。

かうち（河内）守（花押）

まず書状の記主であるが、建武政権下の河内守といえば正成であり、その花押は正成のものと確認されている。つぎに、正成は和泉目代の不当措置（助家所領の没官）を排して、和田助家《みきた》に本領安堵の令旨を下賜するよう要請していることから、充所《あてどころ》は八木法達を目代にかかえる和泉国主の四条隆貞である。隆貞は和泉を管領する大塔宮の近臣であり、正成は令旨発給の執進を隆貞に要請しているのである。また、助家は元弘三年一二月二七日に本領安堵の綸旨と国宣を受けたとあることから、書状の日付は翌建武元年の春あたりと推測される。大塔宮は前年八月末にすでに将軍職を剥奪されているが、和泉の管領職と隆貞の国主の地位は留保されていたのであろう。

書状の内容は、①和田助家が元弘三年四月三日に六波羅追討を命ずる令旨をうけて軍忠をはたし、同二八日に感状令旨を、建武政権下の一二月二七日に本領安堵の綸旨・国宣を賜与され、度々莫大の兵糧米を供出して忠義に怠りがなかったにもかかわらず、②和泉目代の八木法達が助家所領を欠所地に書き入れ、これを湯浅党の阿瀬（弖）河孫六入道定仏に宛行《あてが》うのは助家にとって不憫である。さらに③助家・助康以下の和田一族がこの間の軍忠を根拠に恩賞を申請しているにもかかわらず、綸旨・国宣・兵糧米の請取状等を差しおいて助家所領を没官するのは不当であること、したがって、八木法達の非分の注進を破棄され、助家に本領安堵の令旨を下賜されるよう執りなしをお願いしたい、というものである。書面から読み取れる趣意は以上の通りであるが、正成はすでに大塔宮の麾下《きか》を離れて尊氏に信頼を寄せており、四条隆貞・八木法達との政治的隔絶を暗示する内容である。

ここで注目すべきは、法達が和田助家の本領を没収するにはそれなりの理由があったことである。すなわち、先の動乱において、和田助家は大塔宮の令旨によって宮方転身を催促され、これに応えて嫡男助康を赤松円心の山崎本陣に派遣し、一連の六波羅追討作戦に参加させていながら、自身は治病再発と偽って、次男助秀とともに千早の攻城に加わっていたのである。和泉宮方の柱石として、おそらく千早の籠城戦を指揮していたであろう八木法達にとって、助家が令旨受領後に武家方に加担するのは利敵行為のなにものでもなかった。和田一族の双方軍忠について、正成がまったく報らされていなかったとは考えがたく、むしろそれを承知の上で、助康の戦功や助家の兵糧米供出を高く評価していたのである。千早合戦が結果的に楠木一党の勝利に帰結するなかで、千早で武家方に与同したことよりも京都合戦における宮方参陣、千早城への度々の兵糧米搬入が宮方勝利に貢献したことを重くみていたのであろう。ある意味、大局的見地に立つ正成の戦略家としての合理精神の表れであり、和泉国衆たる和田氏への恩情と柔軟な政治姿勢を象徴する書状であり、動乱の重大局面で苦境を乗りきってきた助家への同情さえ感じさせる内容である。

三．湊川合戦と正成の対応

延元々年（一三三六）五月下旬、西海に逃れていた足利尊氏・直義が島津・少弐・大友らの九州大名を糾合して上洛してきたのに対し、後醍醐天皇は正成に新田義貞に合力すべく兵庫への下向を命じる。ところが『太平記』によると、正成は雲霞《うんか》のごとき足利勢に対抗するのに「あはれ、新田殿を京都に召され候ひて、前の如く山門（比叡山）へ臨幸成り候へかし。正成も河内に馳せ下り候ひて、畿内の兵をもって（神崎川の）川尻を差し塞いで、（河内と摂津の）両方より京都を攻め、兵糧を被《つか》らかす程ならば、敵は次第に落ち候ふとも、御方は日に随って多くなり候はんか。その時、新田殿は山門より寄せられ、正成搦手に廻り候はば、朝敵を一戦に亡ぼす事ありぬと覚え候ふ」と献策する。天皇は一応賛意を示すが、公卿僉議《せんぎ》は種々の理由をあげてこれを一蹴する。その結果、正成は「さては、大敵を欺き虐げ、勝軍を全くせんとの智謀、叡慮にてはなく、ただ無弐の戦士を大軍に充てられとばかりの仰せなれば、討死せよとの勅定ごさんなれ」と討死の覚悟を固め、わずか五百騎で兵庫へ下向する。

大軍に対抗するのに敵方を味方の領域に誘い込み、多発蜂起で勝機をみいだすのが悪党以来の常套戦術である。道理をつくした正成の献策にもかかわらず、メンツにこだわる公卿詮議がこれを拒否したことにより、勝利のための深謀遠慮を捨てて、正面から大軍に当たらせることは、正成に討死を命ずる勅定とみる。これは明らかに合理精神に基づく勅命への反発である。ここに封建身分制を前提として、忠節に殉ずる正成の覚悟を読み取るのは容易である。それはとりもなおさず、名分論を第一義とする『太平記』の歴史観であり、これを近代の戦意昂揚に援用することがいかに時代錯誤であるかは、今さら言及するまでもないだろう。

以上のような正成の合理精神は、『梅松論』において一層明快に描出されている。武家偏重の論旨に配慮しつつ検討をくわえてみたい。

湊川合戦に先立つ延元々年二月、摂津打出・豊島河原合戦で義貞・正成の軍勢に敗れた尊氏・直義が西海にむけて没落する際、正成は天皇に対し、「義貞ヲ誅伐セラレテ、尊氏卿ヲ召返サレ君臣和睦候ヘカシ、御使者ニヲイテハ、正成勤仕ヘシ」と奏上するが、諸卿はこれに嘲弄を浴びせる。それもそのはず、正成は西走する敗軍の将との和議を提案しているのである。正成はその理由として、第一に北条政権打倒における尊氏の戦功、第二に在京する武士が悉く尊氏に属していることを挙げ、「敗軍ノ武家（尊氏）ニハ元ヨリ在京ノ輩扈従シテ遠行セシム。君（天皇）ノ勝軍ヲ捨奉ル」と主張する。在京する武士たちは勝ちを収めた天皇を捨て、敗走する尊氏に付き従っていたのである。さらに正成は「武略ノ道ニヲイテハ、賤キ正成カ申状違フヘカラス」と、深謀遠慮に長けた武将としての自負を覗かせている。そして、尊氏追討のため、摂津尼崎に滞陣中の正成は京都に対しつぎのように主張する。

今度、君ノ軍、必破レヘシ。人心ヲ以テ其事ヲハカルニ、去元弘ノハシメ、密カニ勅命ヲ請テ心見ニ金剛山ノ城ニ籠リシ時、私ノ闘ニモテナシテ、国中ヲ憑テ其功ヲ成シタリキ。爰ニ知ヌ。皆人君ニ志ヲ通ハシ奉ル故也。今度ハ正成、和泉・河内ノ守トシテ勅命ヲ蒙リ軍勢ヲ催スニ、親類一族猶難渋ノ色アリ。何ニ況ヤ国人土民等ニヲイテヲヤ。是則天下君ヲ背奉ル故也。然間、正成存命無益、最前ニ命ヲ捨ヘキ由、申切タリシ最後ノ振舞ニ符合スル者歟。

元弘動乱では密かに勅命を受けて試みに金剛山に栖籠ったが、反乱軍としての私戦にもかかわらず、国中の支援によって功をなした。それには、国中の人々が天皇とこころざしを共有していたことが要因と指摘する。ところが、今度は公然たる勅命により、和泉・河内守として軍勢を催促したが、国人・土民はいうに及ばず、親類一族までもが難渋の色を示したという。これは何よりも、「天下」が天皇の意向に背いている証しであり、勅命と天下の板挟みに苦悩する正成は「存命無益」とみて、最前線での討死にを決意する。

ここで注目されるのは、合戦に臨む正成の対応を決定づけたのが「天下」であり、勅命を絶対的なものとみていないことである。一族親類・国人・土民の総意こそが「天下」であり、それに反する勅命が敗北に帰結するのは必定とみる歴史観である。その背景に、天皇親政への幻滅や批判があることはいうまでもないが、悪党以来の合理精神がここでも表明されており、天皇に対する信服の念は微塵も感じ取れない。むしろ「存命無益」と吐き捨てるなかに、天皇への決別宣言すら読み取れるのである。

『太平記』は「義を重んじ、死を顧みぬは、忠臣勇士の存ずる処なり」と、名分論による最期の決意を正成に語らせるが、正成とその一族は敵陣に切り込んで討死にを遂げたわけではない。勝ち目のない合戦での無益な族滅を避けて、一族・郎等の一部を河内や和泉へ帰還させ、一次史料の朝舜書状は一族二八人が小家に籠って放火、打ち揃って自害したことを伝えている。『太平記』西源院本は一族の宗徒一六人と郎等五〇余人の自害を、『梅松論』は討死三百余人のほか正成・正季以下一族の自害は五〇余人と記述している。足利の大軍に追い詰められた苦境とはいえ、壮絶な集団自決が敢行されていたのである。

第二章　楠木一族の名字をめぐって

はじめに

河内国石川郡東条を本拠地とする楠木氏は、南河内とその周辺に多くの一族を蟠踞させていたことが知られる。石川郡内に名字を残す神宮寺・平石・佐備・河野辺《かわのべ》・大塚（丹南郡か）、隣接する錦部郡の甲斐庄・須屋、和泉国日根郡の橋本、大和の三輪等が著名である。ただ、その多くは伝承や実名の通字「正」の共通性から類推したものに過ぎず、同時代の一次史料である軍忠状等によって一族の確証が得られるのは河内の大塚と神宮寺、和泉の橋本である。

もちろん、中世なかんずく在地有力層の一族規定は現代と異なり、庶子の分出や養子・猶子関係にくわえて、婚姻を取り結んだ妻女の実家をも含む広範なものであった。それにしても、その一族配置は紀伊の最有力御家人湯浅氏に匹敵するものであり、紀北五郡に一族が集中する湯浅に対し、国境を越えて和泉や大和にまで一族が散見される楠木の広域性は特筆に値しょう。湯浅が紀北地域の面的領域的支配に重点をおいて一族を配置していたのに対し、楠木の場合は石川東条を拠点とする流通・交通網を通して、周辺地域の要衝に点的支配を及ぼしていたことに特徴があろう。

小論は楠木氏の出自や系譜上の淵源を直接の課題とせず、生産基盤や職掌にかかわる小字「楠木」と「和田」「甲斐庄」の名字の検討を通して、『太平記』に描かれた内乱動向とは異なる視点から、石川・錦部両郡の中世地域史に楠木一族を位置づけてみたいと考えている。

第一節　「楠木」石切場の発見

楠木氏に関する最大のなぞは、名字の地「楠木」の所在と本貫地（先祖の地）をめぐる問題である。楠木を語る多くの一般書や論説は内乱期の本拠地石川郡はもちろんのこと、河内一帯に「楠木」の小字や郷村名が見当らないことを理由に、網野善彦氏以来の諸説をうけて近年は、先祖の地を東国に求める傾向が顕著である。いずれも二次史料を典拠とするが、建久元年（一一九〇）十一月に入洛した頼朝の後陣随兵に名を連ねる「楠木四郎」（武蔵国御家人か）〈『吾妻鏡』巻一〇〉に系譜上の淵源を求めたり、元亨二年（一三二二）八月の楠木正成に対する北条高時の保田庄司《やすだのしょうじ》（湯浅宗顕か）討伐命令〈『高野春秋編年輯録』巻第十〉を根拠に得宗被官からの転身を説くものがその代表例であろう。

楠木にかんする系譜上の淵源はさておき、石川郡東条の北端に位置する太子町の大字太子に「楠木」の小字があり、そこに注目すべき中世石切場跡の存在することが近年、大阪の考古学者によって確認された《河端智「五輪塔生産の石切場――楠木石切場跡の試掘調査から――」『大阪文化財研究』第二二号・井上智博「大阪府楠木石切場の調査」『日引』創刊号・大阪文化財調査研究センター調査報告書第三十七集『楠木石切場跡』》。もちろん、小字「楠木」の発見は南阪奈道建設にともなう試掘および発掘調査の副産物であり、当然のことながら、報告書は楠木氏との関わりには一切触れていない。先ずは報告書の概要を整理してみたい。

第一に楠木石切場跡は二上山西麓に位置し、凝灰岩の石材を掘割打法によって切り出すとともに、五輪塔を中心とした墓塔や供養塔を製作するための作業場であること。第二に採石の時期は、六世紀中葉～九世紀前半と十二世紀後半～十四世紀前半の二時期に区分されるが、古代に比して中世の採石はかなり大規模に展開されていた模様である。第三に、五輪塔の未完成品や和泉型瓦器椀等出土遺物の分析から、採石の中心的時期は十三世紀から十四世紀前半にかけての鎌倉後期と考えられる。第四に石切場周辺の鹿合谷一帯は鎌倉後期、大規模な耕地開発が展開されており、石工集団の日常生活を支える食料生産や居住地等の基盤整備がなされていたものと推測される。

状況資料としての限界をもつとはいえ、小論は以上の成果を踏まえて、この「楠木」石切場を楠木氏の名字との関わりで捉えようとする試みである。ただ、小輪はこの小字「楠木」を名字の地とはするものの、ここに楠木氏の本貫（先祖の地）を求めるものではない。すなわち、鎌倉後期における楠木一族の生産・流通活動に関わる場として、「楠木」の小字がここに定着したものと思われる。

楠木一族の生産・流通活動についてはこの間、中村直勝氏による「辰砂」の採掘と広域販売説〈『南北朝』大鎧閣一九二二〉。辰砂は朱砂・丹朱とも呼ばれ、水銀や赤色顔料の原料となる硫化水銀〉、そして林屋辰三郎氏による供御人《くごにん》としての散所長者説〈『南北朝』創元社一九五七〉等が知られ、非農業的生産や近畿一帯に及ぶ流通活動に注目されてきた。さらに、金剛山麓では「金剛砂」〈ガラス・水晶・瑠璃・琥珀等玉石の研磨材。また、禁中および行幸地でこれを敷いたことから、除災・魔除けの霊的機能をもったことが推測される〉の採取を目的とする「金剛砂御園」が設定され、状況資料とはいえ、これを楠木一族の経済基盤に位置づけようとする説が有力である。

ただ、「金剛砂《こんごうしゃの》御園《みその》」の存在を裏づける史料〈寛正二年（一四六一）蔵人所出納中原職豊訴状『東山文庫古記録』・『臥雲日件録抜尤』文明二年（一四七〇）一〇月一一日条〉はいずれも室町期の大和側山麓に関わるものであり、楠木一族の経済基盤としてのそれを直接証明するものではない。その点、鎌倉後期から末期にかけて、楠木一族が二上山西麓で五輪塔の石材たる凝灰岩を採掘していたとする小論の説も、基本的に上記諸説の延長上に位置づけられるものである。しかし、十三世紀から十四世紀前半にかけての楠木石切場における大規模な採石作業を勘案すれば、石工たちの労働力編成とこれを支える生活基盤の確保、そして何よりも、石造物や石材を畿内各地に搬送するための流通機能が不可欠となろう。とすると、同時期、石川東条に蟠踞する楠木一族の領主的支配が、これら諸条件を整備し機能させるための媒体となり核となったことが理解されよう。

一方、地域支配の問題で少し気がかりな点は、太子の西に隣接する壷井を先祖の地とし、通法寺を氏寺とする石川源氏の存在である。が、すでに平安末期、石川判官代の義基・義兼父子はその拠点を高野大道の要衝たる錦部郡長野庄辺に移しており、石川郡における楠木氏との競合関係にさほどの摩擦はなかったものと思われる。

さらに、楠木石切場周辺の鹿合谷は近世、水晶や瑠璃等玉石の研磨・細工材たる「金剛砂」の産地として知られ〈享和元年（一八〇一）『河内名所図会』には鹿合谷の金剛砂採取風景のなかに支流「菊水」が明記されており、楠木伝承を暗示か〉、そこに「楠木」の小字が確認されたことは、楠木氏とその経済基盤たる鉱物資源（凝灰岩・金剛砂・辰砂）との関係に新たな材料を提供したものといえよう。しかも、小字「楠木」や鹿合谷を含む山田庄は、大和盆地南部の要衝（高田・八木・三輪・長谷等）に通じる横大路や竹内越の大道（古代の丹比道）と斑鳩地方から南都に通じる穴虫越の大道との分岐点に位置し、大和と河内（古市経由で和泉堺や京都に至る）を結ぶ交通・物流の要衝である。楠木一族による都鄙間および畿内一帯の広域流通を示唆して余りあろう。

また、二上山西麓が石川東条の北端にあって、楠木一族の生産基盤であるとともに軍事拠点の一つでもあったことを証明するものに、内乱期二度にわたる合戦記録がある。初度は湊川合戦の翌年、延元二年（一三三七）十月、二上山城に陣取る南軍と山麓の北軍が対峙するなかで、南軍に属した摂津の安満了願《あまりょうがん》（芥河信貞）は同城篝役を勤めて「山田荘」〈安満了願軍忠状『紀伊続風土記』所収〉での合戦を披露している。これに対する北軍は、出雲の伊藤義明や河内の土屋宗直らが「山田村凶徒」〈伊藤義明軍忠状『萩藩閥閲録』所収〉を追い払って攻勢に転じたとある。次いで四条畷合戦の翌年、貞和五年（一三四九）三月にも北軍の淡輪助重が「山田合戦」〈淡輪助重軍忠状『淡輪文書』〉の軍功を披露しており、これらはいずれも、楠木石切場や鹿合谷を含む二上山西麓が、楠木一党にとって軍事・生産・流通のあらゆる面で重要拠点であったことを示唆するものといえよう。

第二節　観心寺庄七郷と寺元

檜尾山観心寺には中世を通じて「観心寺庄七郷」「観心寺七ヶ村」と呼ばれる寺辺領があり、その塔頭中院には楠木一族の菩提所とする伝承がある。七郷の初見は内乱期の正平二十一年（一三六六）前後と思われる記事「観心寺七郷棟別事」〈『観心寺文書』三八号。以下、観心寺文書は『寺文書』と略し、数字は大日本古文書の番号を示す〉であるが、すでに応長元年（一三一一）同文書〈一〇六号〉に「観心寺庄内小西見郷字楠（葛）野」とあり、建保六年（一二一八）四月の同文書〈一一一号〉にも僧延尊重代相伝の「観心寺庄下司職」とあることから、平安後期から鎌倉初頭にかけて、観心寺庄は成立していたものと思われる。七郷は近世の行政村で鳩原、太井、小深、石見川、小西見（鬼住）、上岩瀬、下岩瀬に相当するが、七郷とは別に、寺と一体を成す寺辺領として「寺元」があった。七郷のうち岩瀬と小西見には鎌倉後期の元亨二年（一三二二）十月、開発本主の系譜をひくと思われる下司職に「藤原氏遠」〈『寺文書』一二三号〉の名がみえる。

一方、石見川流域の鳩原郷には興国二年（一三四一）、「弁法眼隆賢」とその「嫡子橘康隆」が同郷内奥平の田地を談義料として観心寺に売却し、さらに半世紀後の応永元年（一三九四）、その末流とおもわれる「山城守橘康在」は観心寺庄下司職、「美作守橘康延」は同庄公文職の地位にあった〈『寺文書』一二六号〉。正平五年（一三五〇）にも「橘氏女」が私領たる観心寺御領内「字輪田（和田）」の田地一段を法華経田として同寺に寄進しており、寺元および鳩原の開発本主は、橘姓を冠して内乱期の下司職を代々世襲した国人である。その系譜は鎌倉前期まで遡及できそうで、僧延尊の後家大江氏女は建保六年（一二一八）四月、延尊重代相伝の観心寺庄下司職をその子息とおぼしき龍太丸に譲与しており〈『寺文書』一一一号〉、延尊と龍太丸とは橘姓で父子の関係にあったものと推測される。

寺元および鳩原は明らかに、岩瀬・小西見の本主たる藤原氏とは別姓の橘氏によって開発されており、時期確定は史料の制約で困難なものの、中世前期（院政期～鎌倉期）のうちに観心寺に寄進され、内乱期にはすでに、七郷を以て観心寺庄を構成していたものと推測される。おそらく寺元と鳩原に加え、石見川流域の太井・小深・石見川も橘一族によって開発され、寺元を根本領として漸次上流域に及んだのであろう。かくして中世観心寺の寺辺領とは、橘氏を本主として開発された石見川流域の寺元を含む五ヶ郷と藤原氏によって開発された小西見・岩瀬両郷のことである。

以上のような観心寺における寺辺領の成立事情は、平安末期の承安二年（一一七二）創建の天野山金剛寺でもみられ、河泉地域における一山寺院の経営基盤の形成を典型的に示したものといえよう。すなわち金剛寺々辺領の場合、本主たる三善氏によって境内地に隣接する天野から下里・高瀬へと開発が進展し、その系譜をひく三善貞弘によって治承四年（一一八〇）、三ヶ郷を一括「天野谷庄」〈『金剛寺文書』〉として寄進されたものであった。

ちなみに、観心寺庄の地頭職は建長元年（一二四九）十月、三善康尚から安達義景へと相博伝領されたことが知られ〈「将軍頼嗣袖判下文」『鎌倉遺文』七　一二一八〉、その後、義景の嫡子泰盛に相伝、弘安八年（一二八五）十一月の弘安合戦（霜月騒動）で没官されたものと推測される。三善への地頭職補任は承久の乱（一二二一）後と推測されるが、安達義景との相博を経て、弘安合戦後にだれが補任されたかは不明である。

最近、以上の史料を根拠に筧雅博氏は、第一に弘安合戦後の観心寺庄に得宗公文所の支配が及んだこと、第二に駿河国入江庄楠木村を本貫とする楠木氏が、正成の父祖の代に正地頭得宗の代官として観心寺庄の在地に入部した可能性の高いことを主張された〈日本の歴史一〇『蒙古襲来と徳政令』講談社・二〇〇一年八月刊〉。網野善彦氏以来の得宗被官説を踏襲するものではあるが、駿河国入江庄に楠木氏の痕跡はなく、弘安合戦後に得宗が観心寺庄の地頭職を獲得した形跡もみあたらない。三善康尚から安達義景への相博伝領以外、全く推測の域を出ないものといえよう。

第三節　橘姓和田氏と甲斐庄氏

『太平記』や軍忠状に登場する楠木一党のうち、和田氏は楠木嫡流にもっとも近い位置を占める一族である。ただ、紛らわしいのは、和田と表記して「わだ」と読む家と「みきた」ないしは「にぎた」と読ませる家とが、河泉両国に近接して存在することである。後者は「大中臣」を本姓、「助」を実名の通字に用いて和泉国大鳥郡和田《みきた》郷に本貫を据える一族である〈拙稿「和泉の国地頭について」『日本歴史』五七一号参照〉。六波羅滅亡に至る楠木合戦で当主の助家（正円）と次男助秀とが幕府軍に、嫡男助康は倒幕軍に身を投じるなど〈『和田文書』〉、楠木一族としての片鱗は窺えない。その後の内乱期、楠木勢にその姿が瞥見されることはあっても、それは楠木正行・正儀管下の国人として催促に応じた結果にすぎない。

これに対して、前者は南河内を本拠地として本姓に「橘」、実名には正遠・正隆・正興・正武・正忠のごとく「正」の通字を用い、楠木嫡流に近侍して内乱を生き抜くなど、一族としての動向が顕著である。建武政権下の河内守兼守護であった正成が発した建武二年（一三三五）八月の庁宣〈『石清水文書』〉は、守護代とおぼしき「和田左衛門尉殿」を充所に下達され、次いで湊川合戦直後の建武三年六月三十日、正成に代わる合戦大将「和田ノ左衛門」〈禅恵筆金剛寺聖教奥書〉は東寺・鳥羽合戦で討死したことが知られる。正成以下楠木嫡流はいずれも、河泉両国の守護代に一族を配置しており、この和田左衛門尉はその先蹤と言えよう。その後の内乱期、軍忠状に加判者や証人として登場する和田氏はいずれも、記主たる国人を配下にもつ合戦大将ないしは奉行人であり、『太平記』等の編纂物でも和田氏は正行・正儀に侯して重要局面に登場するなど、一族中の最高位を示唆するものであろう。ただ、残念なことは、『河内長野市史』第一巻下をはじめ南河内地区の自治体史〈『羽曳野市史』第一巻・『美原町史』第一巻・『藤井寺市史』第四巻等〉で、未だに楠木一族の和田《わだ》氏と和泉の大中臣姓和田《みきた》氏とが混同されていることである。河泉両国の南北朝内乱を地域に即して叙述する上で、両氏の峻別は不可欠の課題といえよう。なお、『尊卑分脉』によると正成の弟正氏（正季か）は「和田七郎」を称したとあるが、楠木嫡流と和田氏との系譜関係については多くの伝承に覆われ、確たる史料・系図もみあたらない。小論ではこれ以上立ち入らないこととする。

以上の分析から、楠木一族の和田氏は嫡家の本拠地たる石川東条に近接して名字の地が想定されるが、この間の「楠木」同様、「和田」の名字も不明と言わざるを得ない。ところが、石川東条の南に隣接する錦部郡にあって、観心寺々辺領の寺元に「和田（輪田）」「向和田」「小和田」〈椋本進氏作成の「明治十八年寺元村絵図」トレース版。「観心寺々辺領寺元の中世的景観」参照〉、鳩原に「西和田」〈正平六年（一三五一）『寺文書』三〇五号〉・「東和田山」〈延元二年（一三三七）『寺文書』二九二号・正平四年（一三四九）『寺文書』三〇〇号〉、寺元の東端、鳩原との境界領域に「七郷寄進年貢山」に位置づけられる「和田山」〈寛文九年（一六六九）『寺文書』五五六号〉等々、寺元の東部一帯には「和田」にちなんだ小字が密集している。鎌倉から南北朝内乱にかけて、観心寺庄の下司職を世襲したのが橘を本姓とする国人であることは前述の通りである。観心寺直属の寺辺領寺元・鳩原の本主が楠木嫡流と同じ本姓「橘」を称し、そこに「和田」「向和田」「小和田」「和田山」「西和田」「東和田山」の小字が散存していることから、開発本主の橘一族が「和田」の名字を用いた可能性は高い。中世前期にこれを証明する史料は見当たらないが内乱期の正平五年（一三五〇）二月に橘氏女は私領たる寺領内（寺元）「字輪田（和田）」の田地一段を観心寺に寄進していること〈『寺文書』三〇一号〉、さらに時代は下るが戦国期の大永七年（一五二七）、近在の「和田大夫三郎五郎」〈『寺文書』三七七、三七八号〉が観心寺の日佛供料を負担していることなど、これを傍証するものといえよう。

ただ、気がかりな点は、この橘氏が和田の名字を名乗ったとしても、内乱期に用いた実名の通字は康隆・康在・康延のごとく「康」であり、楠木特有の「正」を採用していないことである。全く推測の域を出ないが、おそらくは観心寺庄を本貫とする橘姓和田氏の一流が、婚姻や養子関係を通じて楠木一族に組み込まれたのを機に石川東条に分出、鎌倉末期から内乱期にかけて「正」の通字を採用したのであろう。錦部郡の和田氏が従前からの通字を世襲して寺辺領経営に勤しんだのに対し、石川郡東条に分出した和田氏は楠木一族として、『太平記』や軍忠状に華々しい足跡を残したものと思われる。

内乱後の和田氏については、石川郡内の下水分社（美具久留御魂社《みぐくるみたましゃ》）の祭祀頭役に足跡をとどめており〈下水分社頭役差状『志喜宮文書』〉、石川東条に拠点を移した楠木一族と推測される。頭役の差配は応永二十九年（一四二二）から永正年間（一五〇四～二一）までが判明しており、五年毎に九膳を供する「頭代」と七膳の「上黒衆」が配され、その間の三年間は毎年五膳を供する「半頭」によってローテーションが組まれていた。注目されるのは、上黒衆と半頭が百姓名であるのに対し、頭代は「政所殿」「畑殿」「平石殿」「和田殿」「中村殿」の殿原で表記されていることである。畿内宮座の階層構成を典型的に示すものであり、畑・平石・中村はいずれも石川郡内に名字が確認され、和田・平石は楠木一族の系譜に連なるものであろう。かつて康暦元年（一三七九）以前、石川・錦部両郡に蟠踞する和田・隅屋（須屋）・甲斐庄の「楠家党」は北朝の国大将畠山義深の軍門に降り〈津川本畠山系図〉、河内における内乱は事実上終結した。その後、須屋・甲斐庄は錦部郡を本拠としつつ畠山の有力被官として各地を転戦、和田・平石は村落領主として在地に根づいていったものと思われる。

また、和田氏の本貫を観心寺庄寺元とする小論の説は、寺元の西に隣接する甲斐庄本郷とここを本貫とする甲斐庄氏の存在によって傍証が得られそうである。甲斐庄は平安中期以来の石清水八幡宮領であり、錦部郡の谷あいに点在する散在型荘園であったが、平安後期から鎌倉期にかけて本郷（河合寺から葛野口にかけての大道筋と甲斐庄谷一帯）と山郷（天見・流谷地区）の二ケ所にほぼ一円化される。寺元の西にひろがる甲斐庄は本郷にあたり、ここを開発したのが楠木一族の橘姓甲斐庄氏である。

室町初頭の永享四年（一四三二）二月、橘姓の甲斐庄盛正は本領たる錦部郡甲斐庄本郷東山の山林を観心寺に寄進しており〈『寺文書』三二四号〉、寺元・鳩原の和田氏ともども観心寺を経済的に支えた国人領主である。おそらくは橘姓の同族として、開発地の名字を名乗って和田・甲斐庄に分かれたのであろう。その後の戦国期、畠山義就・基家配下にあっては常に奉行人クラスの処遇を受け〈『大乗院寺社雑事記』・『蔭涼軒日録』等〉、天文年間（一五三二～五五）の隆成が烏帽子形城主として畠山定国の攻撃にさらされたのをはじめ〈甲斐庄楠木系図〉、河内の覇権をめぐる畠山合戦での動向が注目される。

甲斐庄の旧地を観心寺庄の西隣に求める点については、先の盛正寄進の東山山林（金胎寺山の南隣か）の四至に「南ハ甘南備堺」とあり、石川郡甘南備と境界を接していたことで理解されよう。さらに寛文九年（一六六九）、長野村との境目相論の際、寺元側の論拠として引用された太閤検地の山奉行、帥法印歓仲の折紙に寺元の西限は「荒田峯より西ハ論所之山（中略）字「甲斐庄山と申候」〈『寺文書』五五六号〉とあり、両村の境界に「甲斐庄山」が存在したことは明らかである。甲斐庄山の位置は明らかではないが、おそらくは寺元の西限に位置する標高二三二メートルの高地、笠松稲荷のあたりと推定される。寺元の東限に聳える「和田山」（標高三三四メートル）とともに、観心寺と楠木一族との緊密な関係を象徴する境界領域と言えよう。

むすびにかえて

以上、楠木一族の名字をめぐって、その足跡を石川・錦部両郡の地域史のなかに位置づけてみた。楠木正成に関する評価は時代の波に翻弄され、未だ定まったとは言い難い。戦前、皇国史観や修身教育のなかで正成は「最も正しき日本人」とされ、正成・正行の「忠孝」に倣うことで多大の犠牲を内外に強いたことは、今なお歴史の教訓として銘記されるべきであろう。戦後、悪党説や散所長者説によって一定の再検討がなされたが、これらは社会的存在としての位置づけであり、歴史事象としての分析結果である。評価以前の問題として、正成および楠木一族を可能な限り一次史料にもとづき、地域史のなかに客観的に位置づけることが重要である。

正成に代表される楠木嫡流の性格や動向は、地域に根づく広範な一族関係に規定され、さらにその周縁に、摂河泉を中心とした畿内の在地勢力や悪党を位置づけることが不可欠となろう〈拙稿「楠木一党と大鳥庄悪党をめぐって」『ヒストリア』第一四六号参照〉。小論は、楠木一族の名字の検討を通して、その基礎的作業の一端を披露したものに過ぎない。大方のご批判をお願いする次第である。以下に要点を整理し、結びにかえたい。

第一に、石川東条の北端に位置する太子町で小字「楠木」が確認され、そこが鎌倉後期を中心とする大規模な凝灰岩の石切場であるとともに、五輪塔を中心とした墓塔や供養塔の製作場であったこと。

第二に、この楠木石切場こそ楠木一族の生産・流通活動や領域支配に関わる拠点であり、その歴史的な営みのなかで小字「楠木」が地域に定着、辰砂・金剛砂とともに楠木一族と鉱物資源との関係に新たな材料を提供したことになろう。

第三に、楠木一族の名字を代表する「和田」の小字は観心寺々辺領の寺元・鳩原に、「甲斐庄」の庄号は寺元の西隣にあって、これらを名字とする橘姓楠木一族によって石見川沿いの観心寺庄や甲斐庄は開発され、観心寺中院を楠木の菩提所とする伝承の歴史的背景をなしたものと思われる。

第三章　楠木合戦と石川源氏・坂戸源氏――壺井・山城氏は石川源氏にあらず――

はじめに

国名を冠した源氏には畿内で摂津源氏、河内源氏、大和源氏等が知られ、その多くは清和源氏である。ところが、その影に隠れて存在感は薄いが、たとえば摂津には嵯峨源氏の渡辺党や豊島氏、河内には文徳源氏の坂戸氏が蟠踞し、古代末から中世にかけて地域史や中央政局にかかわって歴史を紡いできた。嫡流が京都に本拠地を移して王家や摂関家に仕え、靫負尉を経て諸国受領を歴任する事例は枚挙にいとまがないが、一方で庶流の多くは在地の名字を名乗って領主化する傾向がみられる。摂津源氏の多田氏や能勢氏、河内源氏の石川氏、大和源氏の宇野氏などはその典型といえよう。

小論は鎌倉末期から南北朝内乱当初、楠木合戦における河内源氏の石川氏と坂戸氏について、その役割を内乱の地域的展開のなかに位置づけるこころみである。

第一節　元弘三年正月・天王寺合戦と宮方の面々

元弘元年（一三三一）秋の笠置合戦で捕捉された後醍醐が翌年三月に隠岐に配流されたのを受けて、大塔宮と楠木正成を中心に反六波羅闘争が本格化する。赤坂の籠城戦に敗退したものの、同年々末に正成は奇策を弄して赤坂城を奪還、翌元弘三年（武家方の正慶二年）正月中旬には河内・和泉を制圧し、これに対抗すべく天王寺に布陣する六波羅軍との合戦に臨むことになる〈『楠木合戦注文』〉。『太平記』は正成の赤坂城奪還を元弘二年四月三日、天王寺合戦を直後の五月中旬とするが、同年十一月の大塔宮の吉野蜂起との連携や六波羅の対応等、『楠木合戦注文』の記事との矛盾は明らかである。『太平記』の記事は正成の巧みな戦術と機動性を強調する作為であろう。

（外題）「楠木合戦注文　正慶二年分」〈中　略〉
一　自京都天王寺下向武士交名人等、
両六波羅一方竹井／一方有賀、縫殿将監、伊賀筑後守、〈中　略〉中条、厳島神主、芥河。此外地頭・御家人五十騎、天王寺構城郭、
一　同（正慶二年）正月十九日巳／時　寄来天王寺致合戦交名人等、
大将軍四条少将隆貞中納言隆亮子、楠木一族、同舎弟七郎、石河判官代跡代百余人、判官代五郎、同松山并子息等、平野但馬前司子息四人四郎天王寺ニテ打死ス。平石、山城五郎、切判官代平家、春日地同、八田、村上、渡辺孫六、河野、湯浅党一人、其勢五百余騎、其外雑兵不知数、自十九日巳時一日合戦、戌宛時子時追落、楠木渡辺ニ責下、御米少々押取、同廿二日申時、葛城引帰、
一　同廿三日、宇津宮（宇都宮）五百余騎、天王寺ニ寄来、宇津宮家子ニ左近蔵人并大井左衛門以下十二人、楠木（赤坂）城打入被生捕畢、

天王寺に城郭を構える六波羅勢は両探題の代官以下、在京人や篝屋役の地頭・御家人を含めてもおそらく、一〇〇騎前後に過ぎなかったと推測される。これに対する宮方勢は四条隆貞を総大将として、正成・正季以下の楠

木一族、石川判官代跡代の百余人、その他在庁大を主力に五〇〇余騎におよんだ。おそらく、雑兵を含めて千数百人で急襲したのであろう。さらに主力の一翼を担う「平野但馬前司子息四人」とはかつて元徳二年（一三三〇）九月、東大寺領摂津長洲庄に数千人で討ち入った悪党張本の「河内国平野将監入道・同舎弟次郎蔵人・同孫四郎」である〈拙稿「楠木合戦と摂河泉の在地動向（上）」『立命館文学』第六一七号〉。三郎の去就は不明だが、孫四郎は天王寺合戦で討死にしたとあり、嫡男の将監入道は元弘三年（一三三三）二月の赤坂合戦で宮方大将を務めて捕捉される人物である〈『太平記』巻六〉。鎌倉末期の悪党張本が、楠木合戦の反六波羅闘争に主力として合流したことを裏づける新知見である。天王寺合戦に参加した「切（キレ）判官代平家」もおそらく、やはり長洲庄の悪党交名人「木礼（キレ）成心」および元徳二年の大鳥庄悪党与同人「河内キレ住人輔房」の一族であり、その本拠地は将監入道の河内国平野の南に隣接する喜連（キレ）である。

天王寺合戦の宮方主将を務めた左近少将四条隆貞とは、大塔宮護良の近臣である。楠木一党が主力を構成していたとはいえ、天王寺合戦は大塔宮を司令塔に展開されていた。『太平記』よると正平三年（一三四八）正月の四条畷合戦の宮方大将は隆貞の父で中納言の四条隆資、文中二年（一三七三）八月の長野合戦における宮方主将は隆員舎弟の隆俊である〈『後愚昧記』応安六年八月十三日条〉。隆貞は大塔宮に殉じたとされるが〈『尊卑分脉』第三篇・魚名三男末次流〉、その後も四条一族は宮方公卿であるとともに軍事指揮官として活躍する。六波羅滅亡以前の楠木合戦については大塔宮を司令塔と位置づけ、その近臣（四条隆貞・中院定平等）を介した正成・円心の連携作戦を通してその動向を追うことが重要であろう。

第二節　石川源氏と坂戸源氏

天王寺合戦において、楠木正成や平野将監入道とともに宮方の主力を構成する「石河判官代跡代百余人」とはいかなる勢力か、検討をくわえてみたい。

　河内石川源氏と楠木氏との関係は、元弘元年（一三三一）以降、河内における内乱の地域的展開を探るうえで不可欠の課題である。石川氏は平安後期以降、少なくとも南河内の在地を代表する最大勢力である。新参の楠木氏との間に取り結んだ政治的関係は、未だ謎につつまれている。その点、天王寺合戦における両者の連携は希有な事例である。ここで「石河判官代」と称されたのは、かつて元弘元年秋の笠置合戦に子息・郎等を率いて参陣し、陥落寸前の笠置門前で六波羅軍の矢面にたって討死にする石川義純と推測される。『尊卑分脈』の義純傍注に「元弘元、笠置遷幸之時、自最初参候皇居、官軍敗破之時、於門前父子自害畢」とあり、『太平記』巻三はこれを「（錦部判官代）父子二人并に郎等十三人、各腹かき切って、同枕に伏て死にけり」と表現している。平安末期の義基以来、石川一族はその本拠地を河内南端の錦部郡に移しており、石川義純は錦部判官代を名乗っていたのであろう〈拙稿「河内源氏・石川氏の長野進出――錦部氏の動向をめぐって――」河内長野の歴史と地域を語る会『歴史と地域』第四号〉。すなわち、笠置落城の一年四ヵ月後、義純跡の石川一族は一〇〇余人の軍勢で宮方主力の一翼を担い、四条隆貞配下で楠木一族や平野将監兄弟とほぼ対等の位置を占めていたのである。合戦の華々しい主役を正成に演じさせる『太平記』の記事に惑わされず、史料を冷静に読み取って勢力関係を分析することが必要である。正月十九日の天王寺合戦は多勢を誇る宮方が圧勝し、天王寺を追われた六波羅勢は渡辺津に敗退、京都へ逃げ帰ったようである。宮方勢も二十二日には石川東条に引き返すが、これはどうやら六波羅勢の後方支援に駆けつけた東使、宇都宮公綱の五百余騎に対抗する戦術であり、宮方勢を追って赤坂に打ち入ったその一党十二人は楠木勢に生け捕られている。寡勢の敵方には果敢に攻め込むが、多勢相手の合戦には敵方を御《み》方《かた》のエリアにおびき寄せ、多角的籠城によって敵方を翻弄する悪党合戦の本領が発揮されており、翌年二月当初に勃発する千早合戦にもその戦術は引き継がれている。楠木・石川・平野の主力につづいて「平石」「河野（河野辺ヵ）」の楠木庶流、「春日地」「湯浅党一人」の楠木配下、和泉大鳥庄悪党の系譜をひく「八田（助房ヵ）」や摂津渡辺党の「渡辺孫六」などが瞥見されるが、ひとり気がかりな人物として「山城五郎」に注目したい。

（袖判）

河内国坂田福正名最浄光院領大覚寺／宮庁管領分当年所務事、令契約候上者、更不可有相違之由、候所也、仍執達如件。

興国六年三月十日　　　小（少）尉成実奉

山城五郎左衛門尉殿

右は建武政権が崩壊して八年目の興国六年（一三四五）三月、「山城五郎左衛門尉」なる人物が参議左大弁家の御教書により、河内国坂田福正名の所務を安堵されたことを示すものである〈興国六年三月十日「坂田領家（参議左大弁家）御教書」『壺井八幡宮文書』。以下同文書はいずれも『羽曳野市史』第四巻所収〉。福正名の領家たる参議左大弁家は当年正月に後村上の綸旨によって同名を兵粮料所として宛行われており〈興国六年正月廿六日「後村上天皇綸旨」『壺井八幡宮文書』〉、山城五郎左衛門尉は宮方公卿の家人として兵粮料所の実質支配を任されていたのであろう。この山城五郎左衛門尉が『楠木合戦注文』の山城五郎であることはほぼ間違いない。山城五郎が所務を任された坂田福正名は古市郡尺度郷にあった荘園の名田であるが、かつて正安元年（一二九九）七月、坂田庄の年貢和与と預所の得分について領家の裁定が下された際、その充所は預所の「壺井五郎左衛門入道」であった〈正安元年カ七月十日「坂田領家御教書（左兵衛尉忠藤奉書）」『壺井八幡宮文書』〉。壺井五郎はその直後に領家御教書によって同庄恒光名の預所職を安堵されており、通称と宛行地の類似から、山城五郎と壺井五郎に系譜上の連続性が想定される。「壺井」の名字は石川河原をはさんで古市郡坂田の対岸であり、「山城」も壺井の南三キロメートルに位置する石川郡東条口の地字である。ところで、石川郡の東条口山城を本拠地に天王寺合戦に参加し、壺井五郎の系譜をひくと推定される山城五郎とはいったい何者か、検討を加えてみたい。

○壺井系図〈高木清二氏所蔵〉

義時―義基―義清―宗義―通延―義通―通秀―山城守資倫―忠秀―壺井五郎資宗―山城七郎見阿―倫秀―義秀―光忠―守純―山城五郎忠久―壺井五郎義忠―忠資―通澄―壺井五郎忠澄―山城五郎延澄―壺井五郎正忠

（下　略）

○河内源氏松原塩野系譜〈塩野俊一氏所蔵〉

義時―義基―義清―宗義―通延―通秀―山城守資倫―壺井五郎資宗―壺井義秀―壺井五郎光忠―山城五郎良忠―山城五郎忠久―壺井五郎義忠―壺井大膳忠資―壺井三郎通澄―山城五郎忠澄―山城五郎延澄―壺井兵部正忠（下　略）

右の系図はおそらく、壺井八幡・通法寺にまつわる石川源氏の伝承とともに近世に編纂されたものであり、いずれも清和系の石川源氏に系譜上の淵源を求めている〈『羽曳野市史』第四巻所収。系図系線の長短は両系図で共通する実名を符合させたことによる〉。義基の子とされる義清は『河内源氏詞之伝』によると義基舎弟の義資の改名によるものであり〈高木清二氏所蔵、『羽曳野市史』第四巻所収〉、義基の猶子となって河内源氏の一流を形成したとされる。天和三年（一六八三）編『元弘以来世々続伝之写』によると、壺井五郎光忠の笠置における皇居警衛を契機に、その子山城五郎良忠以下の宮方忠功が披露されている〈塩野俊一氏所蔵、『羽曳野市史』第四巻〉。石川源氏の一流として壺井・山城の宮方戦功を顕彰する内容になっているが、『尊卑分脈』清和源氏石川流の義資子孫に上系図と一致する実名は見出せず、壺井・山城に石川源氏の流れや面影を読み取ることは困難である。ただし、両系図によると資宗以降に「壺井」、忠久以降に「山城」の名乗りが定着するとともに、壺井系図の「壺井五郎忠澄」は塩野系譜で「山城五郎忠澄」と表記されていることから、壺井と山城はいずれも本拠地の名乗りとして同一氏族で併用され、それ以前の系譜に石川源氏の流れが創作されたのであろう。

そこで注目されるのが、壺井氏を坂戸源氏とする次の史料である。やはり編纂史料であるが、応仁元年（一四六七）正月に戦端がひらかれた応仁・文明の大乱において、京都御霊林の合戦で先制攻撃に打って出た義就方の動向に次のような記事がみえる（『羽曳野資料叢書1』所収『畠山家記（乾）』）。

〈上　略〉義就ノ先陣河内国ノ住人、文徳天皇ノ御末ト名乗ル坂戸源氏坪（壺）井ヲ始メ、多ク射殺ル、又遊佐カ手ニモ手負共六百人ニ余リケル、〈下　略〉

家記・軍記特有の脚色ともとれるが、ここに文徳末の坂戸源氏が坪井（壺井）を名乗って先陣を務め、討ち死にしたとある。平安末期の遅くとも義基以降、石川源氏は石川の名字を背負ったまま錦部郡長野庄辺の三日市に本拠地を移しており、やがて元弘以降、錦部を名乗る者も登場する。したがって、石川氏のかつての本拠地たる壺井八幡の祭祀や通法寺の経営は坂戸氏に引き継がれ、新たに「壺井」さらに「山城」を名乗ったものと推測される。右系図でも先ず「壺井」が登場し、やがて「山城」の名字が定着していることから、坂戸源氏の勢力圏の拡大と推移を象徴するものであろう。すなわち、楠木一党や石川一族とともに天王寺合戦に参加した「山城五郎」は坂戸源氏であり、塩野系譜にみえる「山城五郎良忠」あたりに相当する人物であろう。推測の域をでるものではないが、おそらく壺井八幡の祭祀と通法寺の経営権を継承するための条件整備として、坂戸源氏の壺井・山城氏は清和源氏の系統に組み込まれたのであろう。上の系図二点はこれを伝承するものであるが、今なお『羽曳野市史』第一巻や『日本城郭大系十二』等がこれを踏襲し、事実として記述しているのは論外である。

第三節　延元二年・建武四年の東条口山城合戦

「山城」は千早（東条）川が石川に合流する直前の右岸に位置し、石川郡の東条口にあって、古代から中世にかけて山代郷と表記された。山城五郎はこれを名乗ったものであり、壺井とともに「楠木赤坂」の前衛に位置づけられる坂戸源氏の本拠地であろう。内乱当初の延元二年・建武四年（一三三七）十月、「山城」の地勢と役割を象徴する合戦に注目したい。

《A》田代豊前三郎顕綱申、今（十）月十三日、河内国高安郡御共仕、発向于教興寺、同十九日凶徒等所籠居石河里、焼払之、東条口於山城者、顕綱家人高岡兵衛三郎為綱、三宅左衛門次郎入道良円以下之輩、進一陣追落御敵候条、傍輩皆所見及候之上者、早賜証判、可備後証之由相存知候、以此旨可有御披露候、恐惶謹言、

建武四年十月廿七日　　　　源（田代）顕綱

御奉行所　／「承了（顕氏花押）」

《B》田代豊前又次郎入道了賢（基綱）謹言上、

去年十二月、惣大将天王寺自御発以来、不離御手、致軍忠子細事、

一去（十）月五日、凶徒等依押寄河内国八尾城、大将御向之時、御共仕、致軍忠畢、

〈中　略〉

一同（十月）十九日、楠木赤坂御向之時、御敵数百人、山城東岸上懸出之処、其日軍奉行以楫田六郎馳向彼凶徒等、可致合戦之由蒙仰、勧（進）一陣、自北方廻搦手、追落山城南城之凶徒、焼払件城（南

城）、自東岸之後押寄、責落御敵等之条、宇佐美三郎左衛門尉賜錦御旗指之并河匂三郎右衛門尉・国嶋
八郎見及候畢、
一於松崎・赤坂、致随分之合戦之条、渋谷十郎左衛門尉并二宮左衛門太郎見及候畢、
然早為軍忠抜郡（群）之上者、賜御証判、為備向後亀鏡、恐々言上如件、
建武四年十一月四日　／「承了（顕氏花押）」

《C》河内国伊香賀郷地頭土屋孫次郎宗直申、
去十月五日、東条凶徒等寄来八尾城、打巻四方、城内之堂舎仏閣矢蔵役所等、以火矢殊被焼失、〈中略〉同十八日、為東条御退治御発向之時、同属御手、片山・古市・大塊（黒ヵ）・壺井・坂田・西浦、罷向所々焼払之、同十九日、御向于東条之時、加御手罷向山手、焼払飛鳥里、打通春日・太子、焼払山田（二上）山城、打出寛弘寺河原畢、其後至同月廿三日、御逗留西琳寺之間、昼夜之宿直抽忠功畢、此条御存知之上者、非御不審限歟、然早賜御証判為備後證、言上如件、
建武四年十一月　日　／「承了（顕氏花押）」

《D》河内国高木八郎兵衛尉遠盛軍忠事
〈中略〉
一同（延元二年）十月五日、押寄八尾城致数刻合戦、焼払彼城郭畢、同十九日、為細川兵部少輔大将軍引率所々凶徒等、寄来東条之間、於山城口致随分合戦畢、
一今年三月八日、属和田左兵衛尉正興之手、相向丹下城、及数日致合戦畢、
〈中略〉
右度々軍忠次第、面々同所合戦之上者、無其隠者也、然者早賜御証判、為向後亀鏡言上如件、
延元三年十月　日

右四点のうち《A》は武家方に属した田代顕綱、《B》はその祖父了賢（基綱）、《C》は土屋宗直の軍忠状である〈建武四年十月廿七日「田代顕綱軍忠状」・同年十一月四日「田代了賢軍忠状」『田代文書』、建武四年十一月日「土屋宗直軍忠状」『土屋文書』〉。田代は和泉国大島庄上条、土屋は河内国伊香賀郷の地頭であるが、いずれも在京人である。両国守護を兼帯する細川顕氏の催促をうけて、京都から戦場に臨んだのであろう。一方、《D》は宮方に属した高木遠盛の軍忠状である〈延元三年十月日「高木遠盛軍忠状写」『和田文書』〉。遠盛は丹北郡高木庄を本貫とする国人であり、宮方守護と推定される正行の催促によって石川東条に馳参したのである。《B》と《C》で十月五日の八尾籠城、《D》で同日の八尾攻城を披露し、四人はいずれも延元二年・建武四年（一三三七）十月十九日の「東条口山城」、東条「山城目」での軍忠を披露していることから、双方の軍忠状相俟って信頼に足る合戦記録といえよう。

一連の合戦の背景には、昨年十二月末の後醍醐天皇の吉野潜幸による両朝並立があり、翌延元二年秋には大和と河内・和泉で武家方による吉野攻略戦、宮方の吉野防衛戦が展開されていた〈拙稿「三輪合戦と三輪（開住）西阿」『歴史と地域』第二十九号〉。大和では足利直義の軍令によって八月に島津・佐々木等の西国諸将が下向するが、三輪（開住）西阿の抵抗に遭って吉野攻略に失敗している。西阿一党の奮戦は正平三年（一三四八）正月下旬の吉野陥落後、高師直を相手とする水越合戦でも継続しており、楠木一党との緊密な連携作戦や『太平記』巻二十六にみえる「楠将監西阿」の表記から、西阿を楠木一族とする俗説もあながち捨て去ることができない。

一方、河内からの吉野攻略は細川顕氏が主将を担い、これに対する吉野防衛は楠木正行一党が担う構図がみられた。すでに二月の段階で古市や丹下城、壺井河原で局地的な合戦はみられたが、秋以降に東高野街道を南下した細川顕氏は八尾城から教興寺に陣をすすめ、楠木一党の反撃にてこずりながらも十月十三日、ようやく古市西琳寺の本陣に到着する。この間、和泉では半年にわたって横山合戦が展開され、武家方の都筑量空（顕氏の重臣で和泉守護代）が大塚惟正（楠木一族の和泉守護代）率いる宮方を圧倒して河内金剛寺に乱入するのは、山城合戦当日の十月十九日である。すなわち、和泉横山からの金剛寺攻撃は大手の東条口山城合戦に呼応する搦手の合戦であり、いずれも吉野攻略を最終目的とする武家方の戦略上に位置づけられる作戦であった。河内でも武家方は東条攻撃に失敗し、吉野攻略を断念した模様である。十月十九日の山城合戦について、田代基綱の軍忠状を基本に検討してみたい。

古市西琳寺の本陣を発した細川顕氏以下の武家方は、これに対抗する宮方の村々を焼き打ちしつつ東条口の山城に迫るが、焼き打ちされた村々に坂戸源氏の本拠地、古市郡の坂田と石川郡の壺井が含まれていることに注目したい。石川の両岸に沿って南下した武家方はおそらく、壺井・坂田を焼き払ったあと石川・天満川の合流点あたりで合隊し、千早（東条）川東岸を溯って河岸段丘上に構築された宮方城郭の攻撃を開始する。

合戦はまず、山城東面の切岸に現れた数百人の宮方との戦闘ではじまり、山城を焼き払った武家方が南方に一陣をすすめ、さらに「山城南城」を南からの搦手で攻め、宮方勢を追い払って南城をも焼き払ったとある。ここでいう山城は地字であり村名である。注目されるのは山城の城郭化にくわえて、その奥に「南城」が構築されていたことである。『日本城郭大系一二』は山城の城郭を「石川源氏一族である山城氏」の拠る「大宝寺城」と位置づけ、そこに「口の城」「中の城」「奥の城」の地字を確認している。山城氏が石川源氏でないことは既述の通りだが、山城一帯が前城・本城・奥城の惣構えをとっていたことを裏づけるものであろう。十九日の合戦場を《A》は「東条口」と称していることから、山城は石川郡の東条と西条の境界に位置していたことになる〈ちなみに楠木一党の本拠地、石川東条の領域については明確な定説をみていない。山城・大ヶ塚あたりを東条・西条の境界とした場合、壺井と山城のほぼ中間点の石川に「西条井堰」「西条橋」があり、その東岸に富田林市西条町が立地することから、石川西条は石川西岸一帯にくわえて東岸域の大国郷（現羽曳野市）や新居・科長両郷（現太子町）に及んだものと推測される。したがって、石川東条の領域は石川東岸域のうち山城・大ヶ塚以南の山代、佐備、紺口等の諸郷ということになろう〉。

その後、宮方勢を東条の奥地に追いやった武家方は果たして、楠木の本拠地「楠木赤坂」の攻略に成功したのだろうか。《C》の土屋宗直は山田合戦後に寛弘寺河原の合戦を、《B》の田代基綱は山城合戦後に松崎・赤坂での軍忠を披露するが、赤坂を制圧して水越峠を越えた形跡は見出せない。《C》によると、細川顕氏は二十三日まで西琳寺に逗留したとあることから、武家方は赤坂城を攻めきれず、二十四日には古市の本陣を引き払って京都へ帰還したのであろう。

かくして、宮方・楠木一党は石川東条口の山城一帯で防戦に努めたが、その戦術は少なくとも前（口）城・本（中）城・奥（南）城に依拠した籠城戦であり、三城郭全体として赤坂本城の前衛を担っていたことになろう。三城郭のそれぞれの位置は確定しがたいが、おそらく大ヶ塚を含めて、東条口の山城を本拠地とする坂戸源氏の山城氏が主力を担い、元弘以来の楠木一党との連携を堅持していたことは想像に難くない。

ちなみに、田代基綱の同所合戦輩には河内・和泉のいずれかに地頭職をもつ渋谷・宇佐美・二宮・大内・酒匂等が散見されることから、武家方の主力は両国守護を兼帯する細川顕氏によって召集された在京人であろう。また、《B》によると山城合戦で基綱と戦陣をともにした宇佐美二郎左衛門尉は「賜錦御旗指之」とあり、武家方が北朝の官軍として吉野攻略を最終目標としていたことの大義を表徴するものであろう。

一〇年余り後の正平三年・貞和四年（一三四八）正月五日、四條畷合戦に勝利した高師直・師泰は東高野街道（旧南海道）を南下して石川東条の掃討作戦を展開するが、このときの合戦もやはり古市から東条口山城を経て赤坂に攻め込むものであった。金剛山中に逃げ込んだ楠木残党を尻目に、師直・師泰一党は水越峠を越えて大和に侵攻し、高市郡の橘寺に本陣を据えて同月二十八日には吉野金峰山寺を陥落させている。京都から東高野街道を経由して石川東条を攻略する場合、古市・高屋を本陣とする武家方にあっては、山城・大ヶ塚を突破して赤坂に攻め込むルートが定着していたのであろう。ところが、『大阪府史』第三巻の第三章第二節によると、先の延元二年・建武四年十月十九日の東条口山城合戦について、山城を龍泉寺（嶽山）城、南城を金胎寺城と推定し、細川顕氏による東条攻略のルートを千早川の西を流れる佐備川沿いに設定している。これでは、龍泉寺・金胎寺の両山城を落としても赤坂城は遠ざかるばかりである。「山城」を城郭の形状と誤認し、東条口の地字と見抜けなかったことによる失考であろう。しかも、この合戦を局地的な東条合戦に限定し、吉野攻略に向けた武家方の戦略上に位置づけられなかったことにも問題があろう。ここでも、個々の合戦を双方の戦略ないし内乱の脈絡に織りこむことの重要性が指摘されよう。

むすびにかえて

以上、元弘三年（一三三三）正月の天王寺合戦において、宮方の一翼を担う「山城五郎」が文徳系の坂戸源氏であることがほぼ検証された。一次史料による裏づけはとれなかったが、『楠木合戦注文』や『壺井八幡文書』に登場する山城・壺井氏を、近世以降の系図・伝承を根拠に石川源氏とすることはもはや許されないであろう。

中世前期、坂戸源氏は大県郡の雁多尾畑を本拠としたが、石川源氏との関係を深めるなかでその拠点を壺井・山城にひろげ、石川源氏に系譜上吸収されることになったともいえよう。すなわち、坂戸源氏山城氏の名乗りは石川東条口の「山城」によるものであり、その城郭群は「楠木赤坂」の前衛を担うとともに、延元二年（一三三七）十月十九日の山城合戦では吉野防衛の最前線に位置づけられていた。城郭史家の多くが「赤坂城塞群」の分析対象を上赤坂から国見・千早に至る尾根筋に限定した結果、東条口「山城」の城塞はその対象から除外されてきた〈村田修三編『図説中世城郭事典』同執筆「赤坂城塞群」等〉。そこには、『太平記』の山岳戦や堺市立博物館所蔵「河州千早城之図」のイメージを前提に、楠木一党の城郭を金剛山系に限定してきたことの誤りが指摘されよう。ここでも同時代の合戦記録として、双方の軍忠状を通して楠木合戦の実相に迫ることが肝要である。

そこで注目されるのが、土屋宗直の《C》にみえる山田（二上）山城の焼き打ちである。武家方によって焼き打ちされた村々は古市・石川両郡から安宿郡に及ぶが、楠木一党の基本戦術として金剛山と二上山の山岳戦が想定されており、その西麓に位置する赤坂と山田は楠木一党の二大拠点に位置づけられよう。摂津宮方の安満了願は十月十九日の金剛寺における軍忠を披露しているが、その直前に二上山城の「篝役」を勤仕している〈『紀伊続風土記』所収「性応寺文書」〉。一方、武家方でも十月十九日、先の土屋宗直や出雲の伊藤義明等によって山田山城が焼き討ちされている〈『萩藩閥閲録』所収「伊藤義明軍忠状」〉。二上山西麓の山田と春日は竹之内越えと穴虫越えの分岐点に位置し、河内と大和を結ぶ交通の要衝である。細川顕氏は山城合戦当日、土屋や伊藤の一隊を山田に派遣し、竹之内越えで大和侵攻を試みたのであろう。ところが、ここでも宮方勢の抵抗に阻まれ、武家方は峠を越えることができなかった模様である。

その後、貞和五年（一三四九）三月、武家方の淡輪助重は「山田合戦」の軍功を披露し〈貞和五年八月日「淡輪助重軍忠状」〉、天授五、六年（一三八〇）頃に信濃より帰還した宗良親王も「河内国山田といふ処」に居を構えたとされる〈森茂暁『南朝全史』の『新葉和歌集』詞書の分析による〉。石川郡の北端に位置する山田には二上山を背後に据えて、宮方・楠木一党の一大拠点が構築されていたのであろう。石川東条における楠木一党の当知行には既定の枠組みをはるかに超えて、石川郡全域におよぶ多角的分析がもとめられよう。

ちなみに、南河内の郡絵図にはいずれも金剛山系の中世城塞群が詳細に描出されている。国絵図の下図とされたものもあるが、多くは細見図や名所図絵の体裁をとり、伝承地や痕跡をとどめる城跡を南北朝から戦国期まで交錯させているのが特徴である〈『羽曳野市史』史料編別巻（古絵図別図）〉。その原型とされたのが、近世初頭の作とされる「河州千早城之図」であり、ほぼ同じパターンの絵図が江戸中期以降の楠木伝承の広がりとともに地域一帯に流布している。そのうち江戸中期作と推定される「南河内六郡絵図」によると、葛城山篠峯の山麓にあって「大ヶ塚」と「山城」の間に城跡が描かれ、そこに城主と伝承される「楠家福塚某」の注記がみえる

〈『紀伊続風土記』所収「性応寺文書」〉。また、これより古態の「石川・古市・安宿三郡絵図」によると、同地は七本の道筋が合流する都市的な場として描かれ、赤坂に至る道筋の大ヶ塚の南隣に「山城出屋敷」がみえる〈『紀伊続風土記』所収「性応寺文書」〉。いずれも、中世以来の城郭の痕跡や伝承を図示したものであろう。

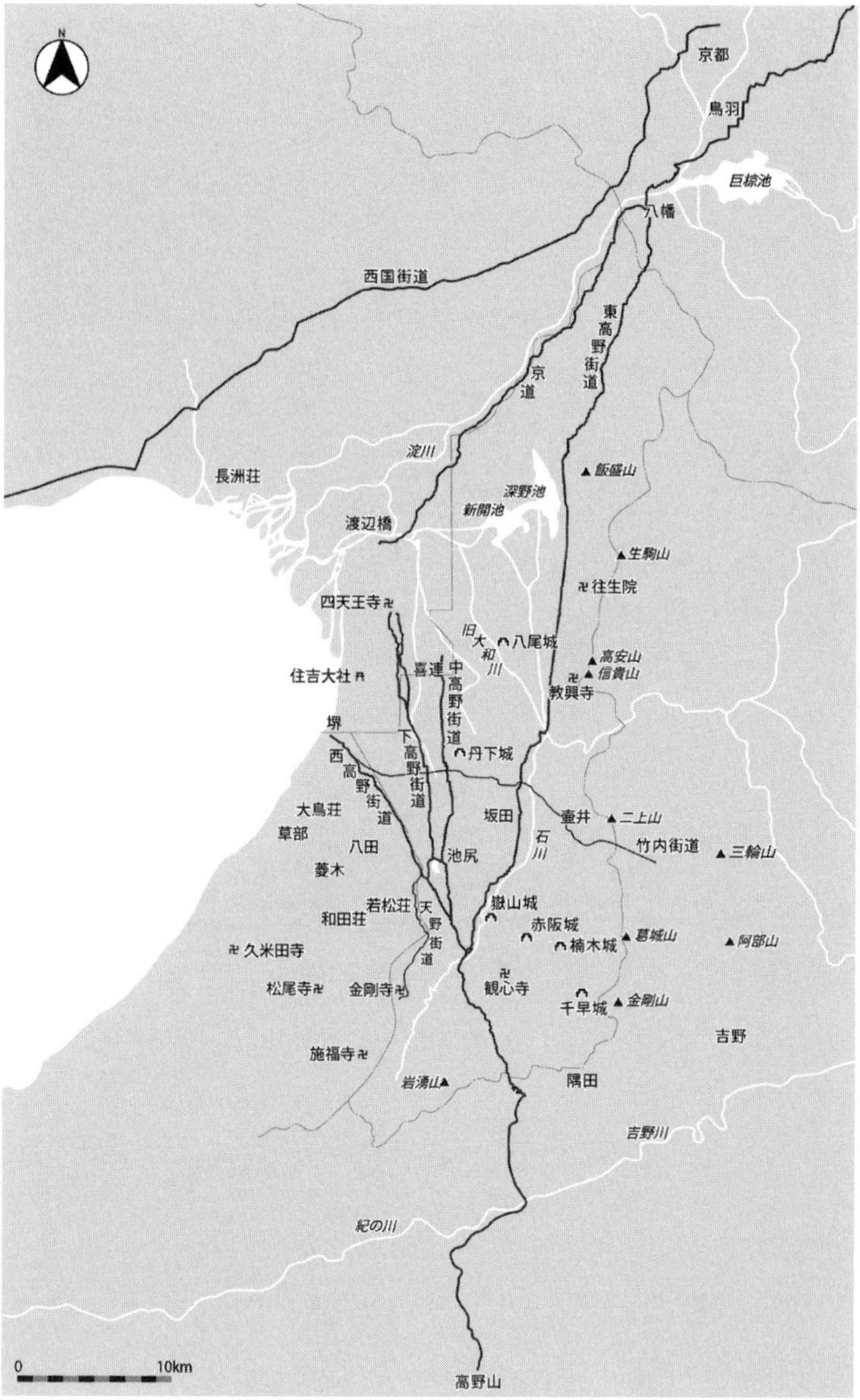

第一部関係地図（山﨑和子作図）

第二部

中世寺院考

続　河内金剛寺の中世世界

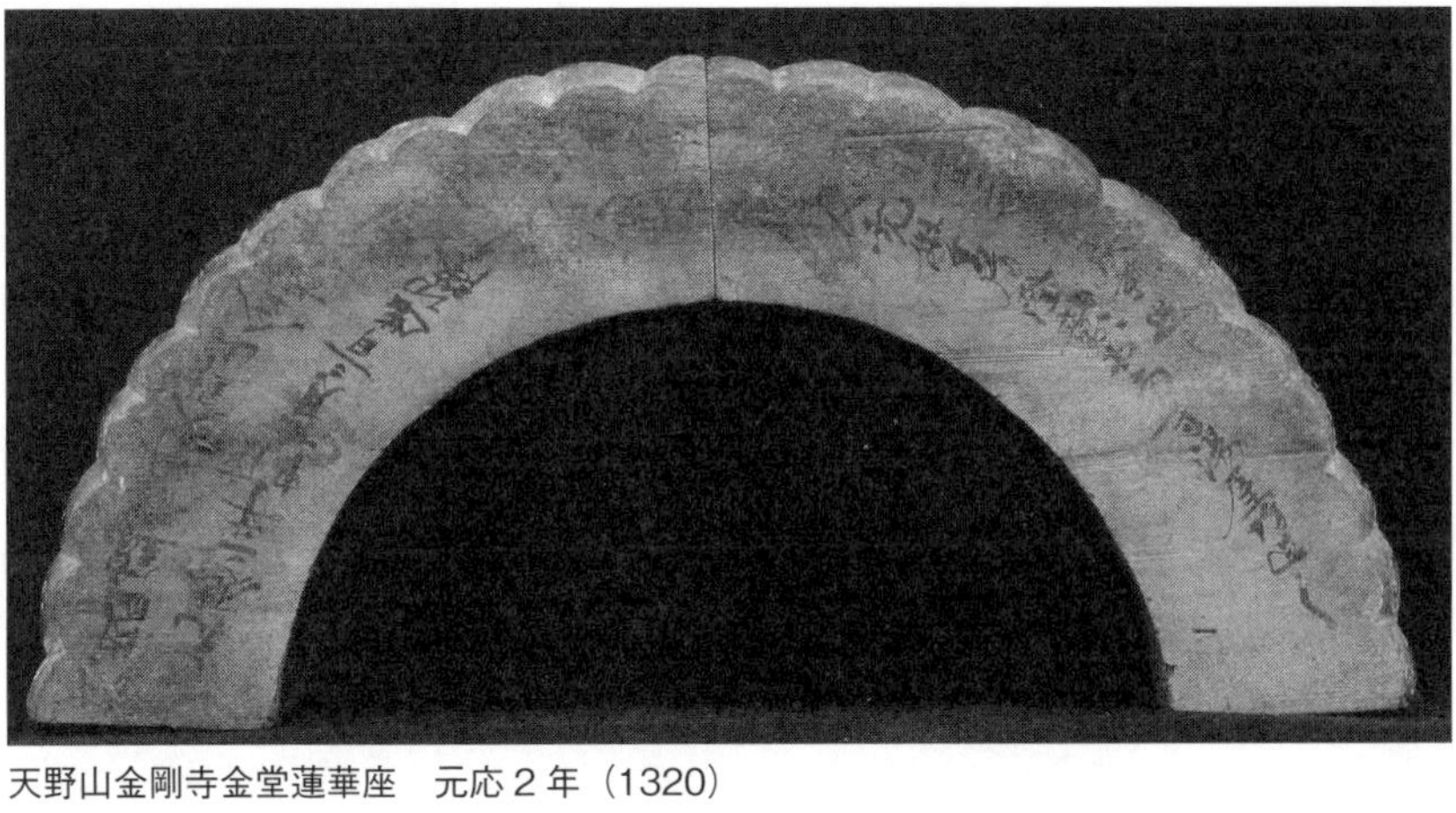

天野山金剛寺金堂蓮華座　元応２年（1320）

第一章　八条院祈願所金剛寺の性格と位置

はじめに

二〇一二年一一月二二日から三日間、文化庁の「ふるさと文化財の森システム推進事業」の一環として、伽藍修理中の金剛寺で特別公開が開催された。著者は最終日に「金剛寺の空間構成――伽藍・寺内・境内――」のテーマで講演を担当したが、三人の方から金剛寺が八条院祈願所に指定された手順とその意味についての質問がだされた。著者はこの間、八条院祈願所（祈祷所）たる金剛寺の位置づけについて、自明のこととして検証を怠ってきた。そこで、小論では八条院をはじめ代々の女院祈願所に指定された金剛寺について、改めて指定の経緯や手順を確認し、その政治的位置を検めて指定の経緯や手順を確認し、その政治的位置を検討してみたい。

第一節　金剛寺の八条院寄進

平安後期の院政期、王家の祈願寺は最盛期をむかえる。白河院政期、白河天皇の法勝寺を嚆矢として堀河天皇の尊勝寺、鳥羽天皇の最勝寺、崇徳天皇の成勝寺、近衛天皇の延勝寺等、京都白河の六勝寺がよく知られている。その後、鳥羽上皇によって、鳥羽離宮内に勝光明院や安楽寿院、金剛心院等が建立され、寺辺一帯の都市的展開によって院政期、東山々麓の白河と洛南の鳥羽は副都としての様相を呈していった。

一方、女院の祈願寺も美福門院の歓喜光院や金剛勝院をはじめ白河一帯に多く造営され、鳥羽院と美福門院の間の皇女である八条院は父母の寵愛を一身に受けて安楽寿院、歓喜光院、知恵光院、弘誓院《ぐぜいいん》、蓮華心院等の御願《ごがん》寺《じ》を院領荘園とともに伝領し、院政期最大の「八条院領」を成立させた。

安元二年（一一七六）二月の八条院領目録によると、八条院領は先の安楽寿院等の「御願寺領」六三ヵ所と八条院庁が直轄する「院庁領」四一ヶ所で構成されていた〈内閣文庫蔵『山科家文書』・『高山寺文書』〉。河内錦部郡の高向庄は安楽寿院領、丹南郡の高松庄や和泉北郡の宇多庄も八条院であり、鎌倉末期にはいずれも大覚寺統に伝領される。

ただ、注意を要するのは、以上の祈願寺はいずれも王家の人々を願主・施主とする権門寺院であるということである。いわば王家の人々が自らの菩提や王家の繁栄を祈願し、自らの意思で造営したものであり、在地の有力寺院で一山寺院たる金剛寺が八条院祈願所（祈祷所）になった経緯とは明らかな違いがみられる。

左は建久二年（一一九一）一〇月、太政官が金剛寺に下した官宣旨案である〈『河内長野市史』第五巻所収・『大日本古文書　金剛寺文書』三二号〉。草創以来の金剛寺の霊験と尊卑を問わない帰依を背景に「治承年中、寄進八条院御祈願所」とあって、「望請鴻恩」ともあるように、治承年間（一一七七〜八一）に金剛寺の側から八条院に金剛寺の寄進を申請し、それに応える形で八条院庁が金剛寺を祈願所に指定したことになろう。在地の一山寺院たる金剛寺が権威を募る形式で祈願所を申請し、これを受けて八条院庁が指定する手順をふんだものと考えられる。ここで八条院の権威を借りるのは、金剛寺が国衙公権の押さえ込みを期待し、その代償に八条院の長寿や栄華を祈願する責務を負うことになろう。

左弁官下す　河内国金剛寺
応に院庁下文并びに国司庁宣の状に任せ、当寺四至内田畠山野等の所当官物并びに臨時雑事、兼ねて殺生

禁断、大法師阿観門跡相伝領掌すべき事
右、彼の寺住僧等去る七月八日の奏状を得るに曰く、謹んで案内を検ずるに、当寺は建立以後、年暦久しく移り、霊効遥か遐迩を被り、帰依普く尊卑に及ぶ、況や去る治承年中、八条院御祈願所に寄進し、不退の御願を鎮勤し、無窮の仙算を祈り奉る、行業不退、薫修いよいよ積み、而して立錐の地寺領に非らざるの間、仏聖灯油尚以てその用途無きの上、事を左右に寄せ、国衙使ややもすれば乱入、仍て住侶の歎きを止めて涉年、〈中略〉早く院庁御下文并びに国司庁宣に任せ、当寺四至内田畠山野永く所当已下官物国役臨時雑事を免除し、就中寺境の内は殺生を禁断す、若し制法に拘らずんば、厳刑を加えらるべし、兼ねて又僧阿観門跡を以て、相伝領掌せしむべくの由、宣旨を下さる、鴻恩を望み請い、申請に任せて宣下せらるるは、増長宝寿の御願を祈り奉り、いよいよ仏法の勝計を廻り興隆せしめんと欲すてへり、権中納言藤原朝臣兼光勅を奉じて宣す、請に依らば国宜しく承知、宣に依りこれを行へ、

建久二年十月十六日　大史小槻宿禰

右少弁藤原朝臣（資実）在判

さらに注目すべきは、金剛寺を八条院に寄進することをだれが、いかなる要因によって阿観以下の寺家に提案したのか、という問題である。金剛寺による八条院への奏請までは史料で確認できるが、それ以前の経緯は不明といわざるをえない。そこで想起されるのが、治承四年（一一八〇）に先祖相伝の天野谷を金剛寺に寄進した在地領主、長野庄下司の三善《みよし》（源）貞弘《さだひろ》の存在である。貞弘は河内国衙を預かる目代から「長野武者殿」と称されるほどの人物であり、院の武者所に仕える右馬允《うまのじょう》である〈欠年四月十二日「留守所目代僧某書状」『金剛寺文書』〉。おそらくは鳥羽院政から後白河院政にかけて、院御所の警固や行幸の供奉を務めていたのであろう。それにはおそらく、父祖の時代の長承元年（一一三二）十月、鳥羽本院による初の高野仙幸（近世の西高野街道に相

当する河内路経由）に多大の奉仕をしたことが背景にあったものと思われる。いずれにしても、院御所に仕える貞弘（金剛寺開基）の豊かな財源と人脈、情報を糧に八条院祈願所の奏請が金剛寺に提案されていたのであろう。

また、八条院祈願所金剛寺への公的支援を象徴するものに、同寺の修理別当職《しゅりべっとうしき》がある。おそらく八条院から異母兄の後白河院を介して、河内国衙（守源光輔《みつすけ》）に伽藍整備に関する支援が指示されていたのであろう。開山阿《あ》観《かん》によって有力在庁人の高屋憲貞《のりさだ》が修理別当職に補任され、子孫への世襲が命じられている。国衙の全面的支援のもと、金剛寺は草創期を乗り切ったものと推測される。

第二節　祈願所指定と双務契約

先の官宣旨と同趣旨の記事は、同年の八条院令旨案に「往年御祈祷所に寄進し、久しく不退の御願を勤むと雖も」、建久六年七月九日の八条院庁下文案では開山阿観の解状《げじょう》を引いて「去る治承二年の比、住僧等御祈願所に寄進の後、不退の御願を鎮勤、無窮の仙算を祈り奉る」とあることから、治承二年（一一七八）に開山阿観以下の住僧によって金剛寺が八条院に寄進されたことが知られる〈「紛失状」『金剛寺文書』〉。治承二年といえば、八条院・後白河院の指示による国衙の支援によって金堂（七間四方の現金堂の前身か）と多宝塔が建立され、草創期の伽藍が整備された年代に相当する。

金剛寺の寄進行為は一見形式的に処理されたようにみえるが、先の官宣旨案によると、金剛寺が後白河院庁下文や国司庁宣によって、四至内（境内）田畠山野等の「所当官物并国役・臨時雑事」の免除特権を確保するために寄進したのであり、八条院は権門の立場から金剛寺を支援する手立てとして河内国衙の妨害を阻止し、その代償として同寺に「不退之御願」「祈祷精誠」の義務を負わせたことになろう。建久二年（一一九一）、八条院の尽力によって金剛寺が獲得した所当官物以下の免税特権（一円不輪）こそ、金剛寺が一山寺院として真に自立・自営するための法的根拠であった。その背景には中世社会が神仏に覆われ、祈祷の役割がきわめて重大であったことが指摘されよう。権門・一山を問わず、寺院の祈祷が宗教機能の大半を占めていたといっても過言ではない。なお、中世前期における金剛寺の最高位は院主職である。そこで注目されるのは、初代学頭《がくとう》で院主職を兼ねていた聖地房《しょうちぼう》阿観が建久八年（一一九七）七月、一円不輸《いちえんふゆ》の特権を獲得するうえで多大の支援をなした八条院の恩に報いるため、女院の手足となって奔走した女房の大弐局浄覚に院主職を譲与し、やがて浄覚も妹の六条局覚阿《かくあ》に譲与していることである〈「阿観上人門跡寺務相論大概案」『金剛寺文書』〉。院主職は寺外の俗官であり、在京のまま金剛寺からは得分（内実は不明）を得ていたはずであり、金剛寺は祈祷以外に八条院女房に院主職の得分を支給する義務を負うことになる。すなわち、ここに八条院と金剛寺の間に、ある種の双務契約が成立していることになり、権門・一山の隔たりを越えて、中世が双務契約の時代であることを象徴するものといえよう。かくして、金剛寺は八条院祈願所に指定されることで多大の権益を獲得したが、一方で八条院女房を院主職に迎え入れたことで、女院女房による寺務への介入を許すことになる。院主職譲与が阿観の善意によるものとはいえ、阿観没後の金剛寺（二代学頭覚心の時代）に一大騒擾の渦を巻き起こし、院主覚阿と三善貞実の結託による寺家への干渉・侵害に連動したことは明らかである。

ちなみに、金剛寺の院主職は覚阿のあと、浄覚の姪でやはり女院女房の朱雀局浄阿《じょうあ》、そのまた姪で中納言局悟入《ごにゅう》へと相伝された。さらに注目されるのは鎌倉後期の弘安年間（一二七八〜八八）、女院女房にかわって興福寺の大乗院門跡が金剛寺の院主職を兼帯することになり、九条家の尊信《そんしん》・隆信《りゅうしん》、一条家の慈信《じしん》・尋覚《じんかく》・聖信《しょうしん》と五人六代にわたって相伝されたことである。金剛寺にとって、摂家氏寺の権威を募ることは在地での勢威を高めることにつながるが、一方でその政治的介入を許すことにもなろう。その契機となったのは、隣接する和泉国大鳥郡和田《みきた》庄の領掌《りょうしょう》をめぐって、興福寺との四〇年に及ぶ相論が決着をみた弘安年間のことである。金剛寺が所務沙《しょむさ》汰《た》を含む領家職《りょうけしき》を得たのに対し、本家職《ほんけしき》を獲得した興福寺がその得分を確保するため、当時無実化していた院主

職を復興、大乗院門跡に兼帯させたものと推測される。さらに鎌倉末期、大乗院が院主代官を送り込んだことを
みても、金剛寺とその寺辺領の権益獲得を目論んでいたことは明らかであろう。

第三節　女院祈願所から女人高野へ

以上、八条院の祈願所指定を裏づける史料を通してその歴史的意味を検討してきた。当然のことながら、金剛寺の寄進状は金剛寺に伝わっていない。が、祈願所指定の前提に、金剛寺による八条院庁への寄進奏請があったことは明らかである。このように、女院祈願所には権門たる女院を願主・施主として建立されるものと、金剛寺のような一山寺院の側からの寄進・奏請によって成立するものとの二系統があったことが理解されよう。

嘉陽門院庁下す　河内国金剛寺所司等
早く寄進状に任せ、御祈願所たるべき事
右、去年十二月日解（寄進）状に曰く、件の山寺則ち河内国錦部郡内に在り、一堂殿有り、五間四面、金剛界大日丈六像并びに両界曼荼羅〈中略〉を安置し奉る、并びに宝塔一基、金剛界大日等身像を安置し奉る、右、草創以後数年の比、夢想の告有るに依り、承安年中、寺家別院として、高野大師御影《みえ》を渡し奉る、御影堂御影第三伝、并びに丹生・高野両明神を勧請し奉り、爰に霊験四隣に漏れ、奇瑞万邦に振う、〈中略〉仍て望み請う、殊に鴻恩を蒙りて裁許せられ、則ちいよいよ精誠を励み、偏に玉躰安穏、宝寿長遠、無辺御願の決定円満を祈り奉るてへり、寄進状に任せ、御祈祷所として御願を祈り奉るの状、（嘉陽門院）仰せの所件のごとし、（金剛寺）所司宜しく承知、違失すべからず、故に下す、
建保三年七月　日

〈別当以下院司六名略〉

右は建保三年（一二一五）七月、金剛寺に下された嘉陽門院庁の下文である〈大日本古文書『金剛寺文書』・『河内長野市史』第五巻〉。嘉陽門院《かようもんいん》礼子《れいし》は後鳥羽院と坊門局（父は坊門信清）との間の皇女であるが、やはり金剛寺の寄進・奏請を受けて祈祷所に指定されたことが知られる。

金剛寺摩尼院旧蔵の永正本「金剛寺結縁過去帳」によると、八条院のほか生母の美福門院得子《びふくもんいんとくし》や妹の高松院《たかまついん》姝子《しゅうし》、後鳥羽院中宮の宜秋門院任子《ぎしゅうもんいんにんし》やその皇女、春華門院昇子《しゅんかもんいんしょうし》（嘉陽門院の異母姉、八条院猶子として八条院領相続）も収録されており、美福門院を除くその大半は八条院に倣って金剛寺を祈願所に指定していたものと推測される。

かくして、八条院から嘉陽門院にいたる女院祈願所の伝統は、やがて裾野を広げて在京する貴顕や在庁官人の妻女・尼僧たちの参詣を誘い、結縁《けちえん》を通して金剛寺に女人高野のイメージを定着させていったのであろう。

第二章　金剛寺「坊舎」の性格と展開――観心寺との対比で――

はじめに

中世の天野山金剛寺は河内・和泉で最大の一山寺院として知られ、その自立・自営の基盤をなすのが伽藍を囲繞する坊舎（子院・坊院とも）群と寺内・寺中の周囲に展開する寺辺領である。金剛寺の寺辺領は治承四年に寺辺領主の三善貞弘が寄進した天野谷（天野・下里・高瀬）であることはよく知られているが、坊舎群（坊中）についてては未だ十分に解明されたとは言い難い。

小論の目的は観心寺との対比を通して、金剛寺の坊舎および坊舎群の成立から展開、歴史的役割等を検討し、寺辺一帯の中世地域史にこれを位置づけることである。

第一節　僧房から坊舎へ

古代寺院における寺僧の生活は修行であれ日常生活であれ、すべてが集団的規制の下にあった。したがって伽藍における修行・学問等の宗教活動は当然として、就寝・炊事・食事等の日常生活も共同生活を原則とし、その中心的な場は長屋風の共同住宅「僧房」であった。

古代の代表的寺院である法隆寺、薬師寺の伽藍図と四天王寺の伽藍・僧房絵図からその形態が垣間見れる。中門と回廊によって囲繞され、金堂と塔を基本施設とする伽藍の外側に僧房（大房・小子房・東室・西室）は配置され、いずれも長大な構造をとっている。伽藍の背後と両側に配置されることから、三面僧房とも呼ばれる。「一遍上人絵伝」に描かれた四天王寺の僧房は伽藍の北側、六時堂の東西両側に配置され、三間向拝・縁廊付の萱葺切妻で桁行三間、梁行十間の構造である。

左は、開創から半世紀余り後の観心寺の建造物と寺領・資財等を記録し、国衙に報告された資財帳（国宝）の冒頭部分である〈元慶七年（八八三）九月「観心寺勘録縁起資財帳」大日本古文書六『観心寺文書』〉。

観心寺勘録縁起資財帳事
寺壹院　在河内国錦部郡以南山中〈中略〉
一　三間桧皮葺如法堂〈中略〉
一　五間桧皮葺講堂〈中略〉
一　六間桧皮葺房　北端為経蔵
一　桧皮葺宝蔵一宇
一　僧房　桧皮葺五間室一間　在東西庇
萱葺七間室一間　在三面庇
萱葺九間室一間　在東西庇
一　太衆院　板葺五間食堂一間
桧皮葺神殿一間
萱葺六間厨舎（南北）一間
板葺七間炊屋一間

萱葺四間臼屋一間
萱葺六間稲屋一間
萱葺三間馬屋一間
萱葺三間牛屋一間
板葺三間湯屋一間　〈下略〉

当時の伽藍は如法堂と称される本堂と講堂、経蔵等によって構成され、その周辺に桧皮葺一棟と萱葺二棟の僧房が配置されていた。

僧房はいずれも間仕切りのない「室一間」で二面ないし三面に庇をもち、おそらく桁行五間、七間、九間の長大な建造物であり、共同就寝の場であったと推測される。その他、寺僧たちの炊事・食事・入浴・食材貯蔵等のためのエリアを太衆院と称し、食堂・神殿・厨舎・炊屋・臼屋と稲蔵、馬牛小屋、湯屋等によって構成されていた。僧房と太衆院はおそらく、伽藍の下段平場に設営されていたのであろう。弘仁年間（八一〇〜二四）開創の定額寺《じょうがくじ》である観心寺が、古代の山岳寺院から中世の一山寺院として自立する過程で不可欠の条件は、寺辺領（観心寺庄七ヶ郷村）の安定経営と僧房の個別分散化による坊舎群の成立である。

時代は随分下るが、室町期の観心寺々内と門前の景観を精緻に描出したのが、「観心寺境内図」である。観心寺は、金剛寺のごとく伽藍と坊舎群とが築地塀によって隔絶されていない。弘仁期の山岳寺院の伝統をひく観心寺ならではの景観である。したがって中門の内側にも坊舎群が展開しており、金堂・多宝塔を中心とする伽藍と西宮鎮守の下段一帯に造営された萱葺坊舎の総数は五四坊である。なお、南北朝内乱期の観心寺伽藍はその空間構成ゆえに何度か焼き打ちされており、境内図は内乱後の安定期を描いたものであろう。ここに、資財帳に記録された長大な僧房はその遺構を全くとどめていない。中世後期とはいえ、古代的僧房にかわる坊舎群の成立、一山寺院の中世的転生を象徴する境内図である。このような僧房の推移について、高橋慎一朗氏は「伽藍僧坊から独立僧坊へ」のテーマで説明しており〈「中世寺院における僧坊の展開」小野・五味・萩原編『中世寺院暴力と景観』所収〉、十一世紀後半以降、権門・一山を問わず寺内構造に中世的転成が生じていたのであろう。

平安末期の承安二年（一一七二）に開創された金剛寺は当然のことながら、草創当初より中世の一山寺院として登場する。したがって伽藍とは隔絶された形で坊舎が漸次造営され、南北朝内乱期に七〇坊、戦国期には一〇〇余の坊舎群に発展していた。治承四年に寺辺の根本領主、三善貞弘が寺辺領天野谷を寄進するとともに兄弟二人を入山させたのを嚆矢として、河内・和泉の在地領主や村落上層による坊舎造営、子弟の入室を通して金剛寺は発展する。その意味で、金剛寺の寺辺領と坊舎群は中世的一山寺院の成立と構造を典型的に示すものといえよう。

ちなみに古代的僧房から中世的坊舎への転生について、その淵源を訪ねてみたい。通説では一〇世紀前半、仁和寺における宇多院の私僧房「南御室」が嚆矢とされ、下って一〇世紀後半に興福寺別当の定昭《じょうしょう》によって同寺に一乗院が創建され、一一世紀末以降に高野山でも白河院三子覚法《かくほう》が勝蓮華院、同五子聖恵《しょうえ》が引摂院《いんじょういん》、関白忠実《ただざね》が金剛心院を開創するなど、権門僧や貴顕によって私僧房が造営されるようになった〈『國史大辞典』『岩波日本史辞典』・拙著『河内金剛寺の中世的世界』八章〉。

いずれも権門寺院における王家・摂関家の造営であり、貴顕による権益確保や拠点づくりの一環として展開されたのであろう。以上のような権門寺院における私僧房は一般衆徒の僧房と併置して運営されていたが、権門寺院による在地寺院の末寺化が進展するなかで、一山寺院における一般衆徒の居住空間は私僧房や坊舎群に吸収され、公的僧房の機能停止や廃絶に連動していったものと推測される。その背景には在地領主や村落上層の台頭があり、彼らの権益拡大や拠点づくりの一環として坊舎造営、子弟入室が広汎に展開されていたのであろう。

第二節　坊舎の構造と坊領

坊舎の構造を検討する前提として、金剛寺における坊舎群の位置を確認しておきたい。金剛寺に代表される一山寺院の空間構成は基本的に、伽藍を核にその周辺に坊舎が造営されて坊舎群が成立する。金剛寺では坊舎群をとくに「坊中」と称し、伽藍と坊中で寺内・寺中を構成している。一山寺院固有の領域として寺内の周囲に寺辺領が展開するが、寺辺領の四至（東西南北の境界）をもって境内を画定している。したがって、寺辺領を没収されて坊舎群の経営基盤をうしなった近世以降、一山寺院の境内は寺内に圧縮されることになり、現代の境内イメージに連続している。

つぎに坊舎の構造であるが、戦国の全盛期における金剛寺を俯瞰図法で描いた「金剛寺境内図を通して検討してみたい。観心寺の場合のごとく、境内図の多くは精緻な堂塔伽藍に対し、坊舎は概念的イメージで粗雑に描写されることが多く、その内部構造までは窺い知れない。ところが、金剛寺の坊舎は北谷坊舎群で明らかなように、各坊舎内外の構造が具体的かつ精緻に描かれている。後述するごとく、外構面で築地塀・四足門と柴垣・冠木門の坊舎間格差は歴然としている。内部は二、三棟の建造物で構成されているが、その配置・方位等いずれも具体的かつ個性豊かに描出されている。これをさらに裏づけるものとして、つぎに東谷坊舎群の南端に位置する無量寿院に注目したい。

無量寿院といえば南北朝期の学頭禅恵《ぜんね》の住房で、正平年間に文観房殊音《もんかんぼうしゅおん》が同宿していたことで知られる。その位置や坊名に変更がないとして、境内図に描かれた戦国期の無量寿院と、江戸後期の無量寿院との間に構造上の類似点がみられる。他の坊舎にみられない無量寿院の顕著な特徴は、天野川に架かる橋（現在は石橋）を渡って四足門をくぐると広場があり、その真正面に持仏堂を据え、左手に寝殿（住坊）と雑舎（倉庫）を配置していることである。幾度かの再建・改築を経て、現在なおその遺構は厳格に受け継がれている。中世の金剛寺坊舎の多くが持仏堂を構えず、住坊の一角に仏間をしつらえる程度であることをみれば、伽藍に隣接した有力坊舎ならではの構造といえよう。

次に鎌倉中期の一次史料を通して、金剛寺坊舎の構造を検討してみたい〈寛元四年十月十四日「学頭阿鑁申文」『金剛寺文書』〉。

金剛寺学頭阿闍梨法橋上人位阿鑁、誠恐謹言、
　特に先師故覚心上人の遺跡を処分せられんことを請う、
一　房舎二宇　五間寝殿・六間雑舎
一　房領田地二段　字室谷（宝谷ヵ）
　河内国錦部郡金剛寺に在り、
右、謹んで案内を検ずるに、去る嘉禄年中（一二二五～二七）先師覚心上人早世、未だ処分せざる間、遺弟評量分配せしめ、小田等遺跡の房舎・房領、本尊・正（聖）教等は阿鑁いやしくも入室として、瀉瓶として、上足として、かたがたその仁に当たるの由、評議に任せ点領せしめ、今に遺命を守り、遺命に背かず、
〈中　略〉
　寛元四年（一二四六）十月十四日
　　　　学頭阿闍梨法橋上人位阿鑁　申文
　〈以下、先師遺弟五人・三綱・公文の証判略す〉

法仏房覚心《ほうぶつぼうかくしん》の坊舎名は明らかでないが、その遺弟で五代学頭の聖密房阿鑁《しょうみつぼうあばん》が相伝した坊舎の構造は桁行五間の寝殿（住坊）と六間の雑舎（倉庫）であった。先師覚心の遺産は遺弟六人の評議により分配されたが、筆頭弟子の阿鑁が相続したのは坊舎と坊領二段、本尊仏・聖教等である。おそらく、本尊は寝殿の一室の仏間に安置されていたのであろう。坊舎の構造は寝殿と雑舎の二棟にすぎないが、それぞれ五間と六間の広大な建造物（梁行三間か）であること、さらに坊舎の経営基盤として坊領が付属していることに注目したい。

阿鑁が相続した坊領二段は寺内の南西、宝谷にあることから坊舎の門田として自作されていたのであろう。面積は比較的狭小であるが、他に阿鑁以外の遺弟に分配されていた可能性もある。のちに詳述するごとく、中世も戦国期になると坊舎間の格差もひろがり、一町歩を超える坊領を所有する坊舎が存在する一方で、作人として有力坊舎の坊領を請作する坊舎も登場する。長期にわたる内乱と飢饉が蔓延するなかで坊舎間の浮沈は繰り返され、寺内坊舎といえども世俗の波を免れることはなかった。

以上、坊舎の内部は住坊と雑舎を基本に持仏堂を含め二、三棟で構成されており、その経営基盤として坊領が寺内・寺辺に点在していたのである。坊舎の敷地（坊敷）面積は明らかでないが、住坊・雑舎の桁行が五、六間であることをみれば、築地塀や四足門によって区画された坊舎の構造は、中世の在地小領主や村落上層の屋敷を彷彿とさせるものがある。

第三節　坊舎の住持規制をめぐって

金剛寺の坊舎は寺内にあるかぎり、学頭・三綱《さんごう》以下寺家の統制下にあった。坊舎の安定経営こそが、寺家および伽藍を維持するための不可欠の要件であり、坊舎が一山寺院たる金剛寺の基礎単位として、その規制の対象に位置づけられるのは当然である。とくに金剛寺の場合、天野越えの和泉道や蔵王越えの紀伊道が寺内を縦貫し、坊舎に依拠する寺僧たちの出身地住人としての在地性の強さから、俗世間との交流が活発に展開される金剛寺ならではの規制もみられる。

つぎは、草創から僅か二〇年足らずの建久二年（一一九一）、はやくも坊舎の住持規制を打ち出しだした開山阿観の置文である〈『金剛寺文書』、筆者読み下し〉。

定　金剛寺条々置文事

①一　専ら本宗、他宗と交わるべからず事
右真言密教、即身成仏の径路、諸教最頂の秘術、故に偏に高祖（空海）遺記を仰ぎ、違失すべからざるものなり、

②一　入峯修行を禁ずべき事
右修行は専ら斗藪行（山岳修行）、軽ろんじて山縁に住む、故に和合せざるのこと、定めし出来か、仍て制止すべきものなり、

③一　寺僧にあらずして坊舎を住持すべからざる事
右寺僧にあらずして坊室を管領せしめば、定めし寺家衰微、異類繁昌のものか、尤も東寺の例に任せ、堅くこの旨を守るべきものなり、

④一　若衆無理に諸坊を打つべからざる事
右金剛寺の内、自今以後、大衆発向すべからず、ただし児女（児童ヵ）沙汰においては、上の仰せを蒙り発向すべきなり、

⑤一　児童は諸坊に安置せしむべき事
右児童は、仏家の柱石、僧徒の寿命なり、専ら東寺の先蹤、その沙汰をいたすべきものなり、

右、定め置くところの状、件の如し、

建久二年六月一日　　金剛資阿観（花押）

条項①は、空海以来の真言密教の純粋培養を期して寺僧たちの他宗派との交流を禁じ、条項②で山岳修行を旨とする葛城修験への参加を禁じている。入峯や山伏道義の禁制は観心寺の置文《おきぶみ》にもみられることから、中世における葛城修験の盛行を逆に裏づける禁制といえよう。

つぎに、条項③④⑤で坊舎の本質にかかわる規定がみられる。③は坊舎の住持規制であるが、寺家衰微・異類繁昌を防止するため寺僧以外の坊舎管領を禁じている。この規制はその後、五代学頭阿鑁の申文にもみられ、坊舎住持の原則を厳格に規定したものといえるが、それだけに坊舎の内実は学頭以下寺家の期待に反したものになっていたのであろう。

④は大衆・若衆の坊舎打壊しを原則として禁じた規定であるが、「児童沙汰」に関してはおそらく寺家の仰せにより、大衆・若衆の蜂起は例外事項としている。寺僧の後継たる児童（稚児）の入室や養育をめぐって坊舎間の軋轢が絶えず、坊舎間で児童の争奪が頻繁に展開されていたのだろう。この点について、⑤の規定は児童沙汰の意味を明快に説いている。すなわち児童は「仏家の柱石」「僧徒の寿命」であり、坊舎における児童の安定した養育は寺家を維持するための生命線ということになろう。大衆発向による児童擁護にしろ、児童安置による後継の養成にしろ、坊舎は寺家の基礎単位としてその期待をすべて背負っていたことになる。したがって、内乱期における大衆蜂起も坊舎を拠点に展開され、坊舎を単位に小部隊が編成されていたことは言うまでもない。

先に第二節で紹介した寛元四年の学頭阿鑁の申文によると、阿鑁はその後段で自己を正当化する論拠として、養和二年（一一八二）の開山阿観の置文を次のように引用している。

〈上　略〉去る養和二年二月廿二日の本願（阿観）置文の状に云く、今この（金剛寺領の）田地山野は、或いは檀主（三善貞弘）所領、或いは住侶（寺僧）私地なり、しかるに永代を限り、金剛寺に施入し奉る所なり、ただし住僧施入の田地は、門弟相続領知すべし、もし師跡絶える所は、無縁の住僧領掌すべきなり、もしまた沽却を欲すれば、住僧中において沽却すべし、他所に（売却を）致すべからず、たとへ兄弟骨肉の間、入室瀉瓶弟子といえども、住僧にあらざれば領知すべからず、三宝物の虚用はこれ無間罪人なり、治罰を加ふべし、〈下　略〉

右は金剛寺の寺領に関する規定であるが、寺領は・三善貞弘が金剛寺に寄進した寺辺領天野谷の「檀主所領」と、寺僧が個々に金剛寺に寄進した「住侶（住僧）私地」によって構成されていた。「住侶（住僧）私地」はおもに寺僧の入山・入室に際し坊舎に寄進された坊領のことであろう。その坊領の相続について、先ず第一に師弟間で相続すること、第二に師弟関係が途絶えた場合はたとえ無縁であっても住僧が相続すること、第三に売却する場合はたとえ買主が肉親や入室瀉瓶《にゅうしつしゃびょう》の弟子であっても寺外居住者への売却は許されず、坊領の売却は住僧に限るというものである。坊領は坊舎の経営基盤であり、規定は坊舎の相続・売却に準用されたと推測される。坊領の知行・所務を寺内の住僧間で確保しようとする開山以来の規制を明示したものといえよう。

以上のような坊舎・坊領規制は中世を通して寺家の期待を示すものであったが、近世初頭の明暦四年（一六五八）においてなお、開山阿観や覚心の置文に準拠した規制がみられる〈仁和寺蔵『金剛寺文書』、筆者読み下し〉。

金剛寺式　／　合十七箇条　〈中　略〉

①　一　房舎を破却せしむべからず事

夫れ罪科の寺僧あり、山門を追放せしむる時、住房を破却すべからず、衆徒の評議により、余僧を住

まわせしむべし、

② 一　山臥・異類僧は居住せしむべからず事

夫れ本願（阿観）上人の仰せ、大師（空海）の遺記、異類の僧徒を交住せしめず云々、将にまた、建保年中の院主覚心申し置くの状、その趣定めし思い入れあるべきの由、違背すべからず、〈下略〉

条項①は、罪科により寺外追放となった寺僧の坊舎破壊を禁じたものであるが、中世以来の触穢による破却の伝統を禁じたものであろう。条項②は草創以来の寺家の苦衷のほどを露呈したものであり、修験者や他宗僧徒の坊舎居住を禁じたものである。真言密教の勝地たる金剛寺にとって、この両者を寺内から排除することは悲願であったが、葛城山系を背負うとともに国境領域の要衝にあって、和泉・紀伊への大道を寺内に取り込んだことで人的交流、都市的展開は避けられず、寺家の期待に反した現実を反映したものといわざるを得ない。

寺家にとって厳しい現実を示す記録のひとつに、つぎのような売券がある〈「僧明覚悟売券」『金剛寺文書』〉。

売り渡す金剛寺坊敷の事

合壹所は　四至を限る、東南坊領 南大道　西大門坂　北ツイジ（築地）

右、件の坊敷は先祖相伝の私領なり、しかして今要用によって、永代を限り、直銭四百文を宛て、八田道一に売り渡すこと明白の実なり、後々代々子々孫々と雖も、違乱の妨げあるべからざるものなり、よって後日支証のための状件の如し、

応永廿一年甲／午　十一月十五日　　明覚（花押）

明覚が内乱直後の応永二一年（一四一四）、先祖相伝の坊舎敷地を八田道一に売却するというものである。四

至のうち東南に坊領と大道、西に大門坂、北に築地塀とあることから、坊敷は和泉横山に通じる大門坂に近い宝谷にあったものと推測される。坊敷は寺内寺領の一部であり、買主の八田道一は和泉国八田郷庄の在地有力者と推定されることから、開山阿観の養和二年（一一八二）と建久二年（一一九一）の置文、それ以降の住持規制に違背することは明らかである。俗人への坊敷売券はこの一点にすぎないが、南北朝から戦国の激動期に寺家の住持規制は無実化し、俗人の坊舎買得・居住もかなり進展していたものと思われる。

第四節　坊舎間の格差と系列化

次の【表】は、天正一一年（一五八三）十月の「天野山検地名寄帳」の一部を抽出・整理したものである〈『河内長野市史第六巻所容〉。名寄帳《なよせちょう》は平均三段六畝の坊領を所有する二四坊を収録しているが、中世の雰囲気を色濃く残しており、坊舎間の格差や名主《みょうしゅ》・作人《さくにん》関係を伝える史料として注目される。

俗人による坊舎住持の問題で注目されるのは、有力坊舎の名主に対し、その坊領を請作する作人のなかに「里人」の傍注が付された坊舎が存在することである。表中◆印に注目したい。二四坊中最大の名田を所有する摩尼院の一段二二六歩を請作する中ノ坊と、これに次ぐ不動院の二筆一段一〇八歩を請作する竹ノ坊にはいずれも「里人」の傍注がみえる。おそらく、寺辺領農民による坊舎居住、寺僧との混住が進展していたのであろう。坊舎は寺家を運営するための基礎単位である。寺家上層を構成する学頭・三綱・公文《くもん》や評定衆を輩出するとともに、伽藍の経営や年中仏事の運営基盤でもある。ところが一方、坊舎で構成される寺内坊中は僧房都市と呼ばれるごとく、寺辺領をふくめて地域一帯の生産と消費の一大拠点であり、都市的機能を高めていくのは必定である。その機能を具体的に担ったのが坊舎であり、生産および営業上の権益（年貢公事《くじ》の免除等）を求めて広汎な商工業者が寺内坊舎に拠点を構えるのも時代の趨勢といえよう。

名主	作人	地目・面積
山本坊	禅秀	高瀬 一所
	禅秀	同畠 72 歩
	手作（自作）	236 歩
	◇手作→篠本坊	田 1段 144 歩
	◇手作→篠本坊	畠 36 歩
	福嶋坊	1 段
	計	3段 128 歩
摩尼院	◇小法師→菊蔵院	田 1 段 180 歩
	◇新四郎→菊蔵院	田 144 歩
	◇新四郎→菊蔵院	田 72 歩
	観舜	1 段 72 歩
	◇藤ノ坊	180 歩
	五郎	1 段
	清二郎	畠 一所
	◇槙ノ坊	講田 1 段 46 歩
	手作	1 段 252 歩
	道かん（里人）	1 段
	◆中ノ坊（里人）	226 歩
	◆中ノ坊（里人）	1 段
	新四郎（里人）	1 段 262 歩
	手作	畠 108 歩
	又三郎（里人）	畠 72 歩
	次郎四郎（里人）	屋敷 一所
	源五郎（里人）	72 歩
	◇奥ノ坊	72 歩
	円秀（里人）	36 歩
	与次郎	82 歩
	や二郎	36 歩
	小法師	72 歩
	計	1 町 3 段 184 歩
脇之坊	新二郎	82 歩
	手作	1 段 180 歩
	栄宗	262 歩
	◇新蔵坊	92 歩
	助太郎	118 歩
	弥四郎	118 歩
	手作	108 歩
	手作	108 歩
	手作	畠 154 歩
	手作	一所
	新五郎	畠 46 歩
	◇新蔵坊	（1斗6升）
	藤谷うけまい	（1斗5升）
	弥四郎	154 歩
	計	4 段 224 歩

名主	作人	地目・面積
不動院	良賢	講田 1 段
	良賢	1 段 82 歩
	◆良舜（里人）→竹ノ坊	180 歩
	良賢（里人）	252 歩
	良賢	1 段 20 歩
	◇満福院	288 歩
	◆竹ノ坊（里人）	288 歩
	◇蓮蔵院	118 歩
	道賀（里人）	92 歩
	総次郎（里人）	92 歩
	さ衛門四郎（里人）	272 歩
	左衛門四郎（里人）	180 歩
	新四郎（里人）	田 72 歩
	道賀（里人）	むしろ屋敷 72 歩
	五郎三郎（里人）	20 歩
	源二郎（里人）	72 歩
	助太郎（里人）	一所
	与太郎（里人）	36 歩
	与四郎（里人）	72 歩
	与四郎（里人）	36 歩
	与四郎（里人）	108 歩
	禅良（里人）	236 歩
	計	1 町 86 歩
満蔵院	善覚	1 段
	賢舜	田 164 歩
	賢舜	田 144 歩
	◇蓮花院	72 歩
	柿池屋敷	144 歩
	?	288 歩
	計	3 段 92 歩
槙本坊	手作	1 段 56 歩
	講田	1 段
	彼岸講	1 段 72 歩
	手作（里人）	164 歩
	左衛門九郎（里人）	154 歩
	手作	1 段
	◇宝積院	108 歩
	手作（里人）	2 段 324 歩
	計	8 段 158 歩

表　名寄帳

たとえば鎌倉末期の元応二年（一三二〇）、湯屋坊の坊主と推定される尭学房隆意《ぎょうがくぼうりゅうい》は金堂南柱の蓮座木《れんげざぼく》を寄進しているが、その墨書銘に隆意はみずからの立ち位置を「当（河内）国金太郷住人」と「当（金剛）寺住侶」を併記している〈『歴史と地域』第二三号〉。また、南北朝期の上乗房禅恵は寺僧・学頭として活躍する一方で、生誕地の和泉多治米《たじめ》の氏寺（安楽寺）や道場（無量寿寺）の修造に多大の功をなしている〈第六章第七節〉。どうやら金剛寺の寺僧には、在地と寺内の双方に基盤を確保し、頻繁に往来することで世俗の風が容易に寺内にもちこまれていたのであろう。寺官のトップに学頭を仰ぐ談義所《だんぎしょ》ならでは開放性を象徴するものといえるが、これが寺内の都市化に拍車をかける要因となることは必定である。

なお、先の湯屋坊が大道を往還する商人や巡礼者のみならず、寺僧相手の商売として湯屋を経営していたことに注目したい。やはり鎌倉末期の乾元二年（一三〇三）二月二九日、金剛寺院主代官所の公文と推定される順智房了範は脚力《きゃくりき》の観蓮とともに湯屋を利用したが、その代金「銭湯」は二人で一六文とある〈同年三月五日了範作「用途注文」『金剛寺文書』〉。湯屋は先の境内図で明らかなように、和泉道沿いの近世「風呂屋」の前身と推定され、寺内の都市機能の一翼を担っていたのであろう。そして何よりも、寺内の都市化が房舎間に格差をもたらし、寺僧間の階層分化を促す要因となったことはいうまでもない。検地帳に収録された二四坊中、摩尼院以下六坊が弱小の一一坊に坊領を請作させていたのである。なかでも山本坊は坊領の実に七〇％を篠本・福嶋両坊に、最大名主の摩尼院は菊蔵院と藤ノ・槇ノ・奥ノの三坊に、不動院は満福・蓮蔵両院に、脇之坊は蓮華院に、槙本坊は宝積院に請作させており、それぞれに地主・小作関係が成立していたことになろう。おそらく作人坊舎は公事・仏事《ぶつじ》の寺役負担に耐えかねて名主坊舎の坊領を請作し、ひいてはその支配下に入ったものと推測される。

なお、先の金剛寺境内図で注目されるのは、一〇〇余の坊舎間で外構上の相異点が鮮明に描出されていることである。一〇五坊中六八坊（六五％）は築地塀と四足門の構えをとるが、残りの三七坊は柴垣と冠木門の質素な外構である。先の無量寿院や観蔵院、摩尼院は前者、無量寿院の南に隣接する湯屋坊が後者であることから前者を「院」、後者を「坊」と格差を視覚的に明示していたものと推察される。その他、一つの門構えに三軒分の坊敷もみられることから、坊舎の分立や系列化を示唆するものであろう。坊舎間の支配・被支配の関係は、観心寺でより鮮明な形で確認することができる。

　寛文九年（一六六九）、観心寺は次のような「寺役坊舎法式」を定めた〈『観心寺文書』〉。

河内国錦部郡観心寺伽藍寺役僧坊法式控

〈中　略〉

一山四十六坊のうち、三十七軒は学侶寺役坊と申し、毎月十度に出仕、毎朝二人宛輪番に諸堂七座の勤行御座候、その外臨時の法事共、年中に都合六百度余の出仕勤行御座候、

一残り九坊は客僧年貢坊と申し、屋敷より年貢を取り申し候、若し学侶坊より学侶弟子取り立て入れ申し候へば、学侶寺と成り寺役配当仕り、年貢取り立て申さず候、往古千坊と申し候故、右の外、坊舎取り立て申すべきと望み候へば、相応の屋敷■をひらき候ても渡し申す寺法に御座候、

一破壊の坊舎屋敷、一山へ上げ申し候へば、惣中の支配の面々拘わり置き、寺役を勤め申し候へば、あき(空き)屋敷にても、その人々の支配に仕り候事

〈中　略〉

一秋之坊　岩本坊　桜本坊　峙之坊　釈迦院

以上五軒惣中支配

一善光院ノ支配　東之坊　奥谷坊

〈中　略〉

一蓮蔵院ノ支配　中之坊　梅本坊

一持明院ノ支配　惣持院
〈中　略〉
一宝寿院ノ支配　常住院
一金剛院ノ支配　大門坊
一中院ノ支配　林蔵院　梅之坊　明王院　西蔵院　竹中坊
一不動院ノ支配　極楽坊
一地蔵院ノ支配　山之坊
一槇本院ノ支配　松之坊　幸蔵院　上之坊　林之坊　北之坊　西之坊　吉祥院
〈中　略〉
一真福院ノ支配　万福院　南之坊　福聚院
〈下　略〉

一七紀後半とはいえ、今なお戦国の名残をとどめる記録である。これは、中世観心寺の坊数「一山四六坊」の根拠とされる史料であるが、最盛時五〇余坊を数えたことは既述の通りである。太閤検地によって寺辺領の七ヶ村（鳩原・太井・小深・石見川・鬼住・上下岩瀬）を没収された結果、財政基盤を失った観心寺の坊舎は減少の一途をたどった。最盛時一〇〇余坊を誇った金剛寺も、元禄二年（一六八九）には六〇坊に減少していたのである〈貝原益軒『南遊紀行』〉。

右法式によると観心寺四六坊中三七坊が学侶《がくりょ》方で、寺家への年貢を免除されるかわりに種々の出仕・勤行《ごんぎょう》・法事が課せられる寺役坊である。残余の九坊は客僧坊と呼ばれ、屋敷に年貢が課せられる年貢坊でもある。以上の差別化にくわえて注目されるのは、四六坊のうち槇本院（現本坊）が松之・上之・林之・北之・西之の五坊と幸蔵・吉祥両院を、中院が林蔵・明王・西蔵の三院と梅之・竹中両坊を支配下においたのをはじめ一〇院が二四坊舎を、さらに門前の寺元惣中が五軒の坊舎を支配下においていたことである。四六坊中一〇坊が支配坊であることから、単一の独立坊舎は七坊にすぎず、実に全坊舎の六三％に相当する二九坊が有力坊舎と惣中に支配されていたことになる。支配関係の具体的内容は詳らかでないが、金剛寺でみられた名主・作人関係のような経済格差が背景にあったことは想像に難くない。戦国の波乱を乗り越えるなかで坊舎は浮沈をくり返し、坊舎間で凄まじいまでの階層分化が進展していたのである。

第三章　金剛寺の湯屋坊をめぐって

はじめに

天野山金剛寺の寺内（寺中）は、伽藍とこれを囲む坊舎群で構成されている。坊舎は寺辺領（天野谷天野・下里・高瀬の三ヶ村）とともに、一山寺院たる金剛寺の経営をささえる基盤であり、河内南部から和泉上方にかけての在地領主や有力農民層を檀越に造営されていたものと考えられる。坊数は時代とともに変動し、内乱期の焼き打ちやその後の復興、坊名変更もみられるが、南北朝内乱期の坊数は七〇、戦国の全盛期には一〇〇余坊に達していた。

本章の目的は、以下に紹介する墨書銘で確認された「湯屋坊」をめぐって、その変遷と経営の実態を通して金剛寺の性格を検討し、併せて湯屋の意味を探ることである。

第一節　「湯屋坊」の再発見

一九七三年に刊行された『河内長野市史』第一〇巻（別編二・建築美術工芸）によると、金剛寺の金堂を解説した一節に、内陣向かって右手の曼荼羅を掲げた柱の裾を飾る柱根巻蓮華座（蓮座木とも）裏面墨書銘として、次の翻刻文が収録されている。

河内国錦部郡天野山金剛寺東曼荼羅南柱
元応二年庚/申　七月三日造功終了作者当国金
為現当二世悉地成就造之
太郷住人堯学房隆意於当寺湯屋坊造之
当寺住侶隆意□
右志者為二親成仏得道矣

墨書銘は鎌倉末期の元応二年（一三二〇）七月三日、「太郷住人」であるとともに「当（金剛）寺住侶」でもある堯学房隆意が「為現当二世悉地成就」と「為二親成仏得道」の意趣をもって、金剛寺金堂東曼荼羅南柱の蓮座木を湯屋坊において製作寄進したというものである。ところが、墨書銘の翻刻文に意味不明な部分がみられる。二行目の「作者当国金為現当二世」は理解不能、つづく河内国「太郷」は所在不明である。市史では翻刻文のみが紹介され、墨書銘の写真や釈文が掲載されていないため、墨書銘それ自体を再検討する余地はなかった。ところが、今次大修理にともなう墨書銘の確認作業によって、翻刻文に錯簡のあることが判明し、翻刻文の意味不明が氷解することになった。（正しくは二行目「当国金」の後四行目「太郷住人」とつづく。編者注）

さらに注目されるのは、同市史における墨書銘の分析で「元応二年七月三日」の造功年紀をもって金堂の再建年代としていることである。元応二年はたんに隆意が蓮座木を造功した年代にすぎず、墨書銘の誤認による過大評価といわざるを得ない。

第二節　金太郷住人隆意と金剛寺住侶隆意

蓮座木の造功主である堯学房隆意はおそらく、湯屋坊の坊主であろう。ただ、隆意は自らの拠ってたつ基盤を「河内国金太郷住人」とする一方で、「金剛寺住侶」と表記している。同一史料における中世人の自称としては、異例といわざるを得ない。隆意の本貫、金太郷《かなたごう》といえば河内国八上郡《やかみぐん》にあって、河内と大和を連絡する丹比道《たじひみち》(竹之内街道)に沿う交通・物流の要衝であり、現在の堺市金岡(旧金田村)に相当する。河内の有力在庁人高屋氏の流れをひく金太氏の本拠地として知られ、古市高屋と金太とは丹比道で直結している。

注目されるのは、かつて建久二年(一一九一)一二月、金剛寺開山の聖地房阿観が伽藍造営の修理別当に高屋憲貞を補任しているが、二代別当を継いだ嫡男憲清《のりきよ》が「北(金太)刑部丞」「金太北憲清」を名乗り、さらに三代修理別当の「薩摩前司憲俊」、「伊賀前司憲延」とつづく金太系譜を成立させていることである〈『和田文書《みきた》』〉。開発・買得の何れによるのかは明らかでないが、新たな権益を象徴する名字として、憲清以降の高屋氏は「金太」を名乗ったのであろう。隆意の俗姓は不明だが、中世において郷村名を冠した「住人」表記や自称は在地における領主的立場を標榜したものである。墨書銘の堂々たる筆致や二ヵ所に付された花押をみれば、隆意が河内金田郷の在地を代表する領主、金太一族である蓋然性はきわめて高い。推測の限りだが、丹南郡狭山郷や八上郡金田郷は河内鋳物師の集住地であり、金太氏が彼らを支配下において湯釜や湯船の鋳造を管掌していた可能性は高く、湯屋坊の経営者にふさわしい在地基盤に立脚していたものといえよう。修理別当以来の伝統にもとづき、隆意は湯屋坊を拠点として金剛寺に一定の地歩を確保していたものと推測される。とはいっても、隆意は湯屋坊を経営するだけの住僧ではない。具足戒を受けたれっきとした得度僧であり、学僧としての研鑽を怠らなかった。その成果の一端を示すのが次の史料である〈興国元年五月廿八日「金剛寺々務定書写」仁和寺所蔵『金剛

寺文書』〉

金剛寺　定置寺務等事

右当寺寺務事、自　故崇義院、下賜五箇条御事書之處、重可固守彼旨之由、下賜　綸旨者也、彼事書下

之所詮永停院主之儀、諸事可為寺家之計云々、

〈五箇条略〉

興国元年歳次／庚辰五月廿八日

法印賢祐　阿闍梨祐賢　阿闍梨定円　法眼源智　律師教尊　阿闍梨為詮　阿闍梨頼秀

伝灯大法師教弘　伝灯大法師　経賢　阿闍梨堯尊　阿闍梨貞弁　阿闍梨快実　伝灯大法師禅恵

伝灯大法師　隆意　伝灯大法師快心　僧源誉　僧貞賢　僧頼覚　僧頼智

〈以下五一名略〉

つぎは先の墨書銘から二〇年後の興国元年（一三四〇）五月、金剛寺がかつて崇義院（大塔宮）から下賜された事書《ことがき》五箇条を後村上の綸旨によって追認されたのを受けて、学頭賢祐《けんゆう》・三綱以下七〇名の連署によって新たな寺家体制の樹立を宣言した定書《さだめがき》であり、本寺の仁和寺に提出されたものである。当時の金剛寺坊舎は七〇前後であることから、連署したのは坊舎を代表する坊主たちであろう。

筆頭の法印賢祐は一一代学頭の順園房《じゅんえんぼう》、つづく四名は権学頭と三綱（教尊《きょうそん》は一二代学頭）、そして隆意は伝灯大法師の僧位にあって第一四席を占める位置にあった。第一一席の貞弁《じょうべん》は寺伝によると一五代学頭、第一三席の上乗房《じょうじょうぼう》禅恵は一三代学頭、隆意の直下に位次する修園房快心《しゅうえんぼうかいしん》はやがて一四代学頭に就任する。ということは、隆意は三綱ばかりか学頭にもなりうる位置を占めていたことになろう。

その前年の延元四年一一月、金剛寺結縁灌頂の役僧のひとりに「伝灯大法師隆意」がみえる〈同年月十二日「結縁灌頂役僧廻請」『金剛寺文書』〉。貞弁・教弘以下役僧九名のうち、隆意は唯一「記録」を担当しており、能筆の才を買われた役務であろう。かくして元応二年以来、三〇年にわたる隆意の事績をたどることができ、学頭以外の住僧では希有な存在である。

第三節　温室・風呂の寺内規制

つぎに、鎌倉末期を初見とする金剛寺の湯屋について、その始源をたずねてみたい。元応二年の墨書銘にみえる「湯屋坊」を初見とすると、それ以前は不明といわざるを得ない。ところが、ほぼ一〇〇年前の建暦元年（一二一一）の定書に湯屋の存在を示唆する記事がみえる〈建暦六年五月日「金剛寺定書」『金剛寺文書』〉。

金剛寺定住僧等謹請条々起請事

（中　略）

①一堂前等庭草相催、三日之内可掃除、若過結日致懈怠者、其過怠一日温室可勤仕也、

②一牛馬狼藉可停止事

任狩飼次第、无狼藉可勤仕者也、若背此旨□堂者辺房中乱入者、付其主人一日温室可勤仕也、

③一大温室屋間事

右付温室番次第閉戸、雑人等狼藉可停止、一大温若背此旨被懈怠者、其過代米一升可弁進也、

（中　略）

建暦元年五月　日

金剛寺の定書は養和二年（一一八二）に九ヶ条で制定されているが、その内容はおもに寺領や講田の領知、寺僧の生活規範、寺官の役割等を取り決めたものであり、規制に対する違反には「天神地祇五類天等」の治罰を掲げるのどかさがみられた。ところが、右に掲げた建暦元年の定書は寺内仏事や住僧の日常生活など細々とした規制二六ヶ条におよび、その違背者には過料・過代として米の弁進《べんしん》や苦役《くえき》が規定されている。史料中の「温室勤仕」の罰則規定も過代としての苦役のひとつであろう。

草創以来、半世紀も経たないうちに金剛寺の寺内および寺僧生活に深刻な変質が生じていたのであろう。規制強化の背景に、それとは裏腹の現実を想定することが重要である。金剛寺は河内の南端にあって和泉との国境領域に位置し、天野越えや蔵王越えの大道を寺内に取り込んだこと、そして寺辺領主の子弟が寺内坊舎に入室したことで、開山阿観が懸念したごとく「寺家衰微、異類繁昌」の事態に陥っていたのであろう〈建久二年六月一日「本願阿観置文」『金剛寺文書』〉。大道とその分岐点を寺内に取り込む構造は強勢を誇る根来寺にもみられず、その後の町場形成の基盤となるものであった。定書三ヵ条にみえる「温室」こそ、湯屋の一施設またはその前身ではなかったか。

①は伽藍の除草作業において、三日間の結日を経て懈怠に及んだ場合、過怠として「一日温室」勤仕を科すというもの。②は牛馬の飼育に関して「狩飼次第」によって勤仕すべきところ、これに違背して牛馬が坊中に乱入するなどの狼藉におよんだ場合、その飼主は「一日温室」勤仕を科せられること。③は意味不明な部分もあるが、どうやら温室の番次第によって「閉戸」すなわち門限があるにもかかわらず、雑人等が門限を無視して狼藉をはたらき、温室の管理責任者と推定される「一大温」がそれを制止できなかった場合、一大温には過代として米一升の弁進が科せられるというものであろう。①②にみえる過代の「一日温室」勤仕とは、温室を運営するた

めの水汲み、薪の確保、竈焚き、清掃等の労役に一日従事するというものであり、寺僧たちにとって苦役に相当するものであった。また、③で「雑人等」による狼藉が想定されていることから、温室は寺僧のみならず寺内大道の往還人や行商人、寺辺住人にもひろく開放されていたのであろう。

もちろん、建暦の「温室」が元応の「湯屋坊」の前身であることを決定づける史料は見出せない。何よりも温室は「番次第」によって運営され、その勤仕が寺家の定書によって罰則として規定されていることから、寺家の管轄下にあった可能性が高い。それに対し、湯屋坊は寺家と一線を画して経営されており、一世紀を経過するなかで寺内商売に転化していたとも考えられる。なお、湯屋は蒸風呂の小風呂（屋形風呂・戸棚風呂）と湯浴用の大風呂によって構成され、湯を沸かす竈屋と水を汲み上げる井戸が付属していたと考えられる。ちなみに乾元二年（一三〇三）二月二七日、金剛寺の順智房了範と観蓮の二人は湯屋を利用しているが、了範の用途注文によると二人分の銭湯として一六文を支出している〈同年三月五日「僧了模用途注文」『金剛寺文書』〉。住僧であっても湯屋の利用には銭湯を要し、湯屋坊の湯屋が営利目的で経営されていたことを示す記録である。

時代は下って戦国期の永正一四年（一五一七）閏十月、金剛寺の若衆方によって次のような置文が制定されている〈同年月二十日「金剛寺若衆方置文写」仁和寺所蔵『金剛寺文書・拾遺』・筆者読み下し〉。

若衆方置文条々事

〈一二ヶ条略〉

①一風呂入るべき時剋の事、宿老分・番頭衆は、四より九迄、九ツより後、番頭より下入らるべく候、但し急用有テ五人三人時刻相違有らば、通届有るべきなり、同じく小風呂内の雑談、戸の開閉、出入、涯分穏便有るべき儀、然るべく候、〈一ヶ条中略〉

②一上風呂の日限、本願并先師、先法印忌日、両度布薩、二季講演、廿一日一向禁制す、将に又大晦日、正

月四日、先規のごとく卯時より八ッ迄、衆徒方入らるべく候、已上

永正十四年丁／丑閏十月廿日

引頭所普賢院　圓海在判

竹内（坊）良空在判

宝珠院　智海在判

置文は全一五ヶ条に及ぶが、戦国期における若衆方の台頭を象徴する置文である。若衆方の主導で寺内秩序の再構築を図ったものであるが、その一環として風呂の規律ある運営が不可欠であることを物語るものであろう。規定①によると、風呂利用の時限について宿老・番頭衆は午前一〇時からの二時間、それ以下の住僧は午後からと制限し、併せて小風呂内での雑談や出入りの際の扉の開閉は分相応に穏便を期すべしとしている。きめ細かな配慮というよりは寺内秩序を維持するための些細な規制であり、その背景に厳しい社会環境と若衆方の無秩序な対応があったものと推測される。

さらに規定②によると、「上風呂」の利用が厳格に禁止されている仏事日程（開山・先師・前法印の忌日、布薩、二季講演、御影供《みえく》）のほか、とくに大晦日と正月四日間午後二時までの衆徒方利用を定めており、上風呂は明らかに、通常の風呂と区別して若衆方の利用を禁じており、利用可能な日限によって衆徒と若衆の差別化を図ったものであろう。

第四節　湯屋坊の展開

鎌倉末期、墨書銘ではじめて確認された湯屋坊であったが、その後の存在なり展開なりについて、検討を加え

てみたい。

湯屋之坊分　○△
にし中尾　弐畝廿歩　○壱斗八升　手作
ひがし中尾　一所　○二升　同
ひがし中尾　弐畝　○壱斗　同

右は天正一一年（一五八三）一〇月、羽柴秀吉が天野山で実施した検地の成果を示す帳面の一項である。秀吉の検地は山崎合戦直後の天正一〇年七月、山城を手始めに展開されるが、その方法は指出によるものであった。検地奉行による本格的な検地は天下統一後の文禄年間（一五九二～）、近畿を中心に大規模に実施されるが、文禄三年の天野山検地帳も金剛寺に所蔵されている〈『河内長野市史』第六巻所収〉。その書式は天野山全体を対象に田品・面積・石高・名請人を一筆ごとに記載したものであり、増田長盛が検地奉行を務めている。これに対し、天正一一年の「検地名寄帳」は名主たる坊舎ごとに田地面積・石高・名請人を記載し、給人たる金剛寺が作成・提出する指出の形式である。中世の名残りをとどめる検地帳といえよう。

天野山の検地名寄帳は二三坊と賢観の坊領名田が坊分として書き上げられているが、湯屋坊の名田は二畝二〇歩と二畝と一所のいずれも自作である。その石高は計三斗に過ぎず、摩尼院の一町二反弱を筆頭に二四坊の平均が三反六畝であることをみれば、湯屋坊の名田はいかにも狭小である。おそらく、湯屋坊は湯屋の経営による利潤を基本財源としていたのであろう。耕地面積が狭く石高が低いことをもって、坊舎の富裕度を測ることはできない。町場機能を併せもつ金剛寺の場合、交通（文禄三年の天野山検地帳に「かごや」がみえる）・運輸・宿坊のほか特産品の生産販売等、広範な経済活動に注目する必要があろう。いずれにしても、金剛寺の湯屋坊は鎌倉末期と戦国末期、ほぼ二世紀半を隔てて存在を確認することができた。その間、湯屋坊が連綿と継続していたのかどうか、設営場所がどこであったのかも不明である。寺内のおそらくは和泉道に沿って、水や薪の得やすい地点に立地していたものと推測される。

江戸後期の享和元年（一八〇一）、『河内名所図会』に描かれた金剛寺伽藍前の景観には、和泉道と天野川を隔てて「風呂屋」の付箋がみえる。寺僧や往還人に便宜を図るため寺内のほぼ中央、和泉道に沿って設営されている。坊中の隣接する坊舎（無量寿院）とは築地塀によって区画され、独立した坊舎の構えをとる。和泉道に面して町場機能の一端を担っていたのであろう。確証は得られないが、江戸後期の「風呂屋」は中世「湯屋」の流れをひくものと推定され、湯屋坊の設営場所を示唆するものといえよう。

第五節　湯屋坊の機能と役割

湯屋は権門・一山を問わず、基本的に寺内を構成する施設であり、金剛寺のごとき一山寺院の場合、坊舎のひとつとして運営されるのを常態とした。したがって、湯屋は寺僧のみならず檀信徒や参詣人の潔斎の場であり、飢民・非人にたいする米銭の施行同様、湯施行と呼ばれる菩薩行の場でもあった。これが一般に開放されたことで、寺内商売の風呂屋に発展したのであろう。それ故にまた、湯釜や湯船の規模によって寺院の権威が問われることもあった。

弘安九年（一二八六）七月、高野山の金剛峯寺と伝法院の間で勃発した大湯屋騒動は、中世における湯屋の性格と役割を象徴的に示す展開であった。平安末以降、鳥羽上皇の勅願で覚鑁が開創した伝法院と金剛峯寺の抗争は慢性化していたが、弘安九年（一二八六）、伝法院が本寺の金剛峯寺をうわまわる鉄釜・湯船を鋳造したことで双方合戦におよび、伝法院は焼打ちされて山下に避難、現在に至るも那賀郡岩出の地に伽藍と広大な寺地をとどめている。

ちなみに、高野山の大湯屋については寛元四年（一二四六）、「大湯屋釜修造用途」の目録が高野山の『勧学院文書』にみえる。三六日間の修造に費やした鉄は一二六六斤（約七六〇kg）、膝下荘園七ヶ庄が雑事に奉仕、鑪（タタラ）屋一〇宇で鋳造に従事したのは丹治国高を惣大工に河内丹南の鋳物師一一人であった。彼らへの莫大な手間賃のほか、湯殿の修理用途に建築用材や米三七石五斗等を要した。

東大寺再建の大勧進を務めた俊乗房重源《しゅんじょうぼうちょうげん》の南無阿弥陀仏作善集によると、高野山新別所の「湯屋一宇在鉄湯船釜」に対し、本寺たる金剛峯寺の「大湯屋鉄船并釜口各八尺・釜卅石」とある。すなわち、高野山本寺の湯船・湯釜は口径二四〇cmであり、現存する東大寺大湯屋の鋳鉄湯船（建久八年〈一一九七〉草部是助作）の口径二三一cmをうわまわることになる。おそらくは、口径二五〇cm前後の湯船を伝法院が鋳造したことで本寺の反感を買い、双方メンツを賭けての合戦に及んだのであろう〈和歌山県立博物館図録『根来寺の歴史と文化』、大阪狭山市郷土資料館図録『狭山池と重源上人』参照〉。

作善集によると、重源の活動でもっとも顕著な作善は湯屋の造営と湯釜の勧進である。重源結縁の湯屋は一五ヶ所におよび、摂津渡辺別所の「大湯屋一宇在鉄湯船并釜」、播磨別所の「湯屋一宇在常湯一口」、伊賀別所の「湯屋一宇在釜」等がみえる。ちなみに重源の譲状によると、渡辺別所には湯屋が二宇あり、一つは「無差大湯屋、在大釜」でだれでも利用できる湯施行の湯屋、他は「別所小湯屋、在湯船」とあって不断念仏衆専用と考えられている〈五来重『増補高野聖』〉。重源の作善の基本に湯屋の造営があり、その勧進や湯施行をとおして重源は菩薩と称仰されたのであろう。

なお、中世湯屋のようすを描いた唯一の画像に一遍聖絵伝がある。

一遍が大宰府に聖達上人の禅室を訪ねた際、聖達は「風炉結構して、たゞ両人いり給て、風炉の中にして仏法修行の物語し給ける」と詞書にある。一遍と聖達が入浴を共にすることで親睦を深めあっていたことが理解され湯屋の構造は左から湯船を設置した風呂、中央は煙出しを設けた竈屋があって湯釜が置かれ、右には釣瓶井戸がみえる。湯屋の周囲には築地塀が描かれており、聖達は自坊の一郭で湯屋を経営していたのであろう。

むすびに

金剛寺の湯屋について、一般の往還人にも開放された湯屋坊の外、寺家直属の温室・風呂の存在も想定されるが、本稿では温室・風呂とも湯屋・風呂屋の基本施設とみなし、寺家の統制下にある一方で基本的には坊舎の一つとして経営されていたものと考える。既述のごとく、建暦元年（一二一一）の住侶起請の「温室番次第閉戸」規制にかかわって、「雑人等狼藉」が想定されていた。雑人とは寺内大道の往還人や巡礼者といった住僧以外の人々のことであり、彼らにもひろく温室が開放されていたことを示唆するものである。さらに乾元二年、住僧二人が銭湯十六文で湯屋を利用していることからも、湯屋が営利目的で経営されていたことは明らかである。ただ、金剛寺のような湯屋坊の性格がどこまで普遍性をもつのか、なお残された課題である。

むすびにかえて、湯屋が集住と頻繁な往来を背景に都市機能の一翼を担っていたことについて、これを裏づける事例を和泉の熊野大道筋で検証してみたい〈『泉佐野の歴史と今を知る会々報』第三二六号参照〉。

室町期の応永二一年（一四一四）、大鳥庄上条の地頭方惣田数二四町歩のうち「ゆやの坊」は一町一段二〇〇歩を請作し〈同年四月「地頭方作付注文」『田代文書』〉、在地有力者の宮里方や散所給の各一町五段、長承寺の一町二段に次ぐ面積を請け負っている。長承寺は南郡の久米田寺や日根郡の檀波羅密寺とともに西大寺末の律宗寺院であり、熊野大道の要所に伽藍を構える有力寺院である。長承寺は熊野大道と紀伊・河内をむすぶ父鬼街道との分岐点に位置し、湯屋坊も同じ作付帳にみえる地蔵院や奥の坊とともに寺内坊舎群（坊中）を構成していたのであろう。

さらに康正元年（一四五五）、湯屋坊円秀は私領田一段を浄舜房こと長谷川帯刀に譲与し、長禄二年（一四五八）には湯屋坊円意が「上村湯屋坊」の名で田地一段を新村殿に、翌年には一段一〇〇歩を宮里殿に売却している〈いずれも『田代文書』〉。円秀と円意は長承寺の住僧であったと思われるが、一方で宮里・長谷川・新村の殿原と並ぶ上村一族であったと推定される。また、上条の雑免分内検帳で雑役を免除された上村・殿木・今井等にまじって「湯屋禅聖房」、地頭方田数帳に上村・殿木・草部・王子等とともに「湯屋衛門入道」がみえる〈『田代文書』〉。この湯屋はいずれも名字（屋号）化しており、同じ作付帳にみえる「タ、ミヤ（畳屋）」「タタミサシ（畳差）」「カチヤ（鍛治屋）」「ハリヤ（針屋）」とともに上村の町場を構成していたのであろう。湯屋が寺内坊舎に由来する一方で、当初より自立して在地有力者によって設営されていたことに注目したい。

以上は中世後期の事例であるが、溯って平安後期の永保元年（一〇八一）九月、熊野参詣に向かう藤原為房一行は二十五日に雄山峠を越えて紀伊山口に投宿するが、その宿所は「湯屋」とある〈『大御記』同年月日条〉。ついで寛治七年（一〇九三）造立の日根郡興禅寺の大日如来座像の像内銘について、四四〇名を超える女人結縁者のなかに唯一屋号を名乗る「湯屋入道女共」がみえる〈『平安遺文』金石文編一九八号〉。この湯屋入道はおそらく、和泉下方の熊野大道のいずれかの人宿で湯屋を経営していたのであろう。

第四章　金剛寺の常住規制と女人住山

はじめに

金剛寺の寺内は南北朝期に約七〇、戦国期には一〇〇余の坊舎が甍を競い、国境領域の交通の要衝、都市的な場として賑わっていたことが知られる。伽藍と坊舎群（坊中）で構成される寺内には一坊平均五、六人として、五〇〇人強の寺僧の居住が想定される。当時、住僧・住侶と称された寺僧たちは寺内「常住」すなわち坊舎に定住することを原則としたが、寺僧以外の「世間」の俗人が寺内に一定期間宿泊することを「住山」と称し、いずれも置文・定書による厳格な規制が加えられていた

小論の目的は、常住および女人住山の規制内容の分析を通して、中世金剛寺の歴史的性格や位置を検討することである。

第一節　常住規制をめぐって——出家と世間——

金剛寺には養和二年（一一八二）「条々起請文九ヵ条」〈仁和寺所蔵『金剛寺文書』〉を嚆矢として、興国元年（一三四〇）の「金剛寺々務置文」〈『同文書』〉にいたるまで、中世前期だけで一五点の起請・置文・定書の類いが残されている。これには学頭・三綱以下の衆議の場で制定されたものもあれば、開山阿観やその直弟子で二代

学頭の覚心、五代学頭の阿鑁、九代学頭の忍実等による衆徒・山内規制を目的とした置文もあり、個別の精緻な分析がもとめられる。が、小論ではおもに建暦元年（一二一一）五月に制定された「置文」全三五ヶ条のなかから表記にかかわる規制を抽出し、検討をくわえてみたい〈同年月「金剛寺定書写」仁和寺所蔵『金剛寺文書』〉。

金剛寺住僧等謹んで請う条々起請の事

（中　略）

㈠一寺家（寺内）山門の内、世間は常住すべからざる事

右、出家作法は則ち独居を以て本と為す、

（中　略）

㈡一女人住山、三日を過ぐべからざる事

右、女人の条に至っては、或いは御影堂参籠、或いは親子者病、或いは病患療治、或いは仏事参詣、この外の物に於いては、たとへ母子骨肉経廻といえども、全く三日を過ぐべからず、若しこの旨に背く輩は、法に任せ衆徒沙汰を致すべき矣、

本節では先ず、㈠の「常住」規制を検討してみたい。この置文は寺家の管轄下にある寺内居住の寺僧を対象としたものであり、常住は寺内定住を意味する。衆徒に寺内定住が義務づけられていることに対し、「世間」俗人の寺内定住を禁じたものである。「世間」と「出家」が対比的に表記されていることから、世間は在家や世俗に相当する用語であろう。出家の作法として「独居」すなわち妻帯しないことが習いであり、原則として家族を構成する俗人、世間との境界を明記することで出家以外の寺内定住を禁じた規制である。このような常住規制はすでに建久二年（一一九一）、開山阿観の置文の一項に「一寺僧にあらずして坊舎を住持すべからざる事／右寺僧

にあらずして坊室を管領せしめば、定めし寺家衰微、異類繁昌のものか」とあることから、建暦元年の置文は草創以来の原則を継承したものである。

ちなみに建暦元年（一二一一）といえば、金剛寺の草創から四〇年足らずである。当時は法仏房覚心が寺官最高位の学頭であった時代であり、養和二年（一一八二）の住僧等による「条々起請文」、前述の建久二年（一一九一）の「阿観置文」につづく規制であり、はやくも乱れつつある寺内秩序の現実をあるべき姿、草創の原点に引き戻そうとする企図が盛り込まれていることは明らかである。

以上の点をふまえて、次に金剛寺の「女人住山」について検討してみたい。

第二節　女人住山とその用件

金剛寺は古来「女人高野」の通称で知られる。もちろん、明治五年まで女人禁制とされた高野山との対比によるものだが、金剛寺において、女人の参詣や参籠が無原則に展開されていたわけではない。右の規定㈠の定住を意味する常住との対比で、寺内宿坊を意味する住山とくに「女人住山」にかんする規制㈡に注目してみたい。

第一に女人住山の用件のうち①御影堂参籠、②親子病者、③病患療治、④仏事参詣を特例とし、これ以外の女人住山はたとえ寺僧との間に母子・肉親関係があったとしても、三日を超過することは許されず、これに違反したものには法に則って衆議により処置するというものである。ということは、三日（二泊か）以内ならば女人住山を公認しており、高野山の別院として顕密の勝地を誇る一山寺院にしては異例の措置といえよう。和泉との国境領域、交通の要衝にあって、寺内を縦貫する和泉道は行商や巡礼等の往還人も多く、金剛寺の寺内坊中は市宿として機能していたことであろう。

第二に①～④の住山用件の場合は三日以内という規制から除外され、無期限の女人住山が認められていたようである。ということは、仏事参詣にかこつけた長期の女人住山も想定され、寺内世俗化に拍車をかけたことであろう。

女人の住山用件のうち、①の御影堂は開山阿観が高野山からもたらした空海画像（真如筆三伝）を祀る金剛寺草創の原点であり、高野山の壇上に登ることが禁じられている女人にとって、その霊験・功徳にあやかる聖域での参籠といえよう。ついで④の仏事参詣であるが、金剛寺には建暦元年の定書によると、正月だけでも修正《しゅしょう》会《え》・心経《しんぎょう》会《え》・三宝院修正・布薩・通夜・龍樹講・陀羅尼・御影供・太子講、二月以降もびっしりと恒例仏事が組まれており、それに女人の参詣が一般開放されていたことになろう。さらに注目されるのは、②の親子病者と③の病患療治である。②の場合、寺内縦貫の和泉道を往還し、巡礼する母子が急病のため緊急避難的に宿坊することと考えられるが、③は明らかに病気治療を目的とする女人住山すなわち入院である。治癒のための祈祷も施したであろうが、金剛寺には投薬や安静による治療を目的として、療養所の機能を兼ね備えた坊舎も存在したと考えられる。金剛寺や近在の観心寺にとって葛城修験者の住山は禁制の対象であり、寺僧の入峯・山伏道義も禁止されていたが、一方で彼らがもたらす薬草は一山寺院の霊験を高める素材であり、山岳修行で鍛えた彼らの心身は療治祈祷に効果があると期待されたことであろう。

かくして、金剛寺は河内・和泉を代表する顕密道場として機能する一方、貴賤の女人や往還の女人にまでひろく宿坊や療養所として開放され、後世、女人高野と称される要因になったものと推測される。ただし、このような世間に対する金剛寺の開放性は聖域破壊の要因となり、寺家は同趣旨の置文を度々制定せざるをえなかった。和泉道を寺内に取り込む特異な構造によって金剛寺は聖域と世間のはざまで喘いだが、一方で世間を巻き込んだことで躍動的な歴史絵巻を紡ぐことになったともいえよう。

第三節　女人の住山禁制へ

先に示した建暦元年の世間・俗人の常住禁制、女人の住山規制も中世後期の戦国期には大幅に形骸化していったようである。第二章で検証したごとく戦国末期には寺辺里人による坊舎住持すらみられた〈『歴史と地域』第六号〉。そのことで、金剛寺の世俗化が進展したことはいうまでもない。つぎは幕藩体制下の近世初頭、本寺の仁和寺によって定められた金剛寺の山内規制である〈明暦四年二月「金剛寺式案」仁和寺蔵『金剛寺文書』〉。

（端裏書）「天野山金剛寺式」

金剛寺式　／　合十七箇条

一寺僧等一味和合すべき事

（中　略）

◎一山内僧院において老少女人の寄宿を許さざる事

夫れ参詣の女人、入堂礼仏の後、即日大門の外に下向せしむべし、黄昏に及んで遅留のこと然るべからず、

一山僧等兵杖弓箭等を帯すべからざる事

（中　略）

一山臥・異類僧居住せしむべからざる事

（中　略）

一悪党・殺害犯過人等を抱置くべからざる事

（中　略）

一山内酒を沽（売）るべからざる事

夫れ当山の僧房において、中古より已来、利欲のため酒を沽る、その名（天野）諸方に聞く云々、然るに近来現住僧の沙汰として、停止せしめ畢んぬ、誠に法のごとく神妙の所為なり、随喜もっとも付加し、永々この制を破るべからず、

明暦四年（一六五八）二月　日

沙門性承

右は戦国期以来の旧弊《きゅうへい》・陋習《ろうしゅう》を一七ヶ条にわたって停廃し、幕藩体制下にふさわしい山内規制を本寺の仁和寺が定めたものであり、中世金剛寺の終焉を宣告する内容である。これを象徴する右六ヶ条の大半は戦国期の殺伐たる状況からの脱却を企図したものであり、なかでも◎の条項は草創以来五〇〇年近い伝統を停廃するものとして注目したい。規制の主旨は、老若を問わず女人は山内坊舎の宿泊を禁止され、参詣による入堂礼拝後は当日のうちに大門の内すなわち寺内を退出すべし、というものである。したがって、草創以来の伝統である女人の御影堂参籠や病患療治のための宿坊も禁止され、日帰りの仏事参詣に限って辛うじて女人高野の余香をたもつことになった。

金剛寺の一山寺院としての基盤をなす寺辺領は三〇七石の朱印地を残して太閤検地で没収され、自立・自営の惣寺としての伝統もつぎつぎと否認され、寺内坊中は衰微の一途をたどった。さらに明治初年の廃仏毀釈を経て、現在は開創当初の遺構をほぼ留める伽藍と四軒の坊舎（観蔵院・摩尼院・吉祥院・無量寿院）、わずかに残る石垣や築地塀が往時の寺観を偲ぶよすがとなっている。

第五章　金剛寺の白炭免と院主・寺僧・寺辺領主——金剛寺をめぐる悪党状況——

はじめに

天野山金剛寺は一三世紀前半、寺辺領天野谷とその権益の中核をなす白炭免の領有権をめぐって、開創から僅か半世紀で危機に直面していた。その最大の要因は、金剛寺の院主職を相承する女院女房と院近臣、その支援を受けた寺辺の根本領主との間に繰り広げられた相論と抗争である。さらに同時期、和泉国和田庄上中条《みきた》の知行をめぐって、半世紀にわたる春日社との相論が始まろうとしていた。

本章の目的はとくに、女院女房から大乗院門跡へと継承される院主職の権益拡大と寺辺領主（三善貞実・貞朝・尾張房貞円）による天野谷下司職の回復策動に抗して、金剛寺が一山寺院としての自立・自営の体制を強化すべく、その基盤をなす寺辺領経営にいかに苦慮したかを検討することである。なかでも一三世紀末以降、大乗院家による寺務および寺辺領所務への介入に対する闘いのなかで鎌倉末期特有の時代状況を概観し、併せて南北朝内乱への対応にも注目してみたい。

なお、同時代の金剛寺の院主職をめぐって、市沢哲氏はその論考で大乗院門跡がこれを兼帯・相伝する過程を九条・一条両家の内訌を通して検証し、摂関家内部の抗争が在地の有力寺院たる金剛寺の対応や存在形態にいかに関わっていたかを論証している〈市沢哲「鎌倉後期の河内国金剛寺——仏智房阿闍梨清弘の登場と退場——」『ヒストリア』一八七〉。本稿の今ひとつの目的はその成果に学ぶ一方で、金剛寺の寺僧勢力と寺辺領主尾張房貞円の対立・抗争のなかで、大乗院家の院主代官の位置や役割を確認し、徳治二年（一三〇七）の院主代官・仏智房清弘殺害事件を通して金剛寺をめぐる利害および勢力関係を再検討することである。

第一節　白炭免の由来と相伝

白炭は窯出しした直後の木炭に灰をかぶせて還元させたもので、黒炭に比べて火力の耐久性が高いとされる。金剛寺が創建される以前から白炭は天野谷一帯の特産であり、丹南郡日置庄を中心とする鋳物生産に不可欠の燃料として、河内国衙による生産奨励と免税措置が図られていたのである。白炭免は天野谷に五町歩設定され、白炭生産を保障する特殊免田として特段の保護をうけていたのであろう。

承安二年（一一七二）に金剛寺が天野谷の源流域に創建され、やがて治承四年（一一八〇）八月に寺辺の根本領主・三善貞弘によって天野谷一帯が、文治四年（一一八八）正月には石川義兼によって天野谷の田畠一〇余町（寿永二年六月に義兼が没官した貞弘旧領か）が寄進されるが、ここに白炭免に関する対応はみられない〈貞応三年十月十六日「金剛寺文書紛失状」『金剛寺文書』所収治承四年八月日「源（三善）貞弘山野田畠寄進状」・文治四年正月二十九日「源（石川）義兼田畠寄進状」。以下、金剛寺文書はいずれも大日本古文書（家わけ第七）を典拠とするが、本文中に文書を明記するものは煩雑を避けるため、文書名のあとに〈寺文書〉と略記する〉。

庁宣す　留守所
　早く金剛寺錦部郡天野寺田拾玖町を奉免すべき事
右件の寺は、霊験殊勝之砌、感応無双之處なり、況や禅定仙院（八条院）祈祷所として　且は国家泰平のため、白炭免伍町を除くのほか、永代を限り奉免すべくの状、宣するところ件のごとし、留守所宜しく承知、

敢えて違　失することなかれ、以て宣す、

建久元年四月　日

在判

右は白炭免の初見であるが、建久元年（一一九〇）四月、河内守の源光輔が留守所に対し、天野谷の金剛寺田十九町歩の所当官物を永代免除するよう達した国司庁宣案である〈同年月「金剛寺文書紛失状」『金剛寺文書』、筆者読み下し〉。奉免された十九町歩は三善貞弘・石川義兼の寄進田畠と住僧私地の合計であろう。庁宣は白炭免五町を除いての奉免とするが、この段階で未だ白炭免は金剛寺の権益に組み込まれていなかったか、雑公事のみ免ぜられて所当は国衙に貢納されていたものと推測される。さらに同年九月、河内守光輔はつぎのような庁宣を留守所に発し、金剛寺の権益拡大を図った。

庁宣す　留守所

早く天野山金剛寺領所当已下国役臨時雑事等を免除せしむべき事

四至　限東高向堺　限南日野堺

限西和泉国堺　限北小山田堺

右件の寺は、霊験殊勝の砌、禅侶精勤之場云々、而して国役を宛て催さる間、その勤め退転に及ぶべきの由、嘆き申せしむるところ也、且つは是れ　禅定仙院御祈祷所として、早く永代を限り、彼の四至内田地山野等の所当已下国役臨時雑事を免除し、仏聖灯油料を弁済せしむべくの状、宣するところ件のごとし、留守所宜しく承知、件に依りこれを行へ、以て宣す、

建久元年九月　日

守源朝臣在判

右庁宣案によると、免除すべき内容は所当官物にくわえて一国平均の国役や臨時雑事であり、その対象も天野谷の田地山野の領域に拡張されている〈貞応三年（一二二四）十月十四日「金剛寺文書紛失状」『金剛寺文書』〉。ここに天野谷一帯の一円不輸による寺領化、すなわち金剛寺の寺辺領天野谷が成立したことになろう。これに白炭免五町歩が含まれていることはいうまでもない。

寺辺領天野谷の確立過程について、治承・寿永内乱の地域的展開との関連で論証した川合康氏は一円不輸化に功をなした人物として、河内守光輔や後白河院とも交渉しうる八条院女房の大弐局浄覚の役割に注目する〈川合康「河内国金剛寺の寺辺領形成とその政治的諸関係――鎌倉幕府成立期の畿内在地寺院をめぐる寺僧・武士・女院女房――」『ヒストリア』一一六〉。やがて浄覚は建久八年（一一九七）七月、金剛寺の開山（本願）阿観によってその功に報いるため院主職を譲与され、二年後には早くも妹で同女房の六条局覚阿に院主職を相伝、家産化を図っている。ちなみに金剛寺の最高位たる院主職は、同寺草創の原点に位置づけられる開山阿観の草庵、三宝院の院主に由来するものであろう。

白炭免の事、仲国入道一期の間、知行せしむべきの由、仰せ含まれ候也、此旨を以て女房に申せしむべく給ひ候、執達くだんの如し、

貞応二年十月十六日　　　　法眼

和泉前司殿

右は、貞応二年（一二二三）一〇月一六日付の御室宮（道助《どうじょ》入道親王）庁の御教書案である〈自貞治二年十一

月至正元々年十二月「金剛寺白炭免重書案」『金剛寺文書』〉。白炭免を寺辺領から分離して特定の個人に給付されたことを示すものであるが、その内容は金剛寺の本寺御室による女房への指示により、一期を限って源仲国（刑部大輔蓮性）に知行権を給付するというものである。女房とはその後、嘉禄二年（一二二六）に金剛寺の院主職に復帰する六条局覚阿である。貞応二年当時、金剛寺の院主職は学頭の法仏房覚心が兼務しており、いかに本寺の沙汰とはいえ、白炭免の仲国給付に寺僧勢力の反発が予想されるのか、御室はこれを覚阿に「仰含」んだとある。

金剛寺の院主は寺官の最高位であるが、建久八年に阿観から浄覚に譲与されてからは寺外居住が原則となり、学頭・三綱が寺家を代表することになる。ところが、承元元年（一二〇七）一一月、開山阿観の入滅を機に院主覚阿は入山のうえ寺務執行に乗り出し、寺辺領主の三善貞実（貞弘孫か）を寺辺領天野谷の下司職に任じた。そのうえ承久二年（一二二〇）には貞実を中心とした覚阿一党が御影堂から金剛寺の重書類を盗み出し、これに反発する寺僧勢力が本寺御室に提訴した結果、道助親王庁の沙汰として覚阿にかえて学頭覚心が院主職に補された〈川合康氏前掲論文〉。注目されるのは、盗み出した重書を貞実は仲国入道に渡したとされることから、天野谷下司の貞実は仲国の家人として白炭免の分離と仲国知行を在地から支援していたと推測されることである〈建保七年閏二月日「金剛寺住僧等愁状案」『金剛寺文書』〉。その後も覚心と覚阿の対立は燻りつづけるが、やがて嘉禄二年（一二二六）四月、院主職を兼務する学頭覚心の入滅を機に御室の仲介で妥協がはかられる。その内容は覚阿が院主職に復帰し、寺僧勢力への代償として「和与折中之儀」により三善貞実の下司職を停廃するというものである〈嘉禄二年四月三十日「御室御教書案」『金剛寺文書』〉。すなわち、寺辺領天野谷の所務は新学頭の覚地房聖尊以下の住僧が管掌し、寺辺領主の貞実は所務の法的根拠たる下司職を剥奪されたのである。御室の仲介で女院女房の覚阿と金剛寺住僧が妥協した結果、三善貞実は在地から弾き飛ばされたのである。一方、権門の末端に位置づけられて院主覚阿と結託する仲国は白炭免の知行を安堵され、所務は寺僧に委ねられたのであろう。

第二節　守護所使の金剛寺乱入

（端裏書）「河内国守護代」
（端書）「六波ら御下知状」
北院末寺河内国金剛寺訴えの事、御室御教書 副折帋并證文／案及追捕物注文 これを遣す、状の如くんば、当寺は顕密修学勝地たるの間、故右大将殿（頼朝）の御時、守護所の沙汰を停止し、一向寺家進退たるべきの由、御裁許おわんぬ、しかのみならず、去る元仁二年相模国司（泰時）御下知状分明なり、而して先例に背き、彼の状に違へ、去る正月十五日、吹毛の咎に依り四至内に乱入、牛一頭・馬一疋・人二人ならびに衣裳・資財物等を押し取らしむ云々、事実たらば、所行の旨甚だ不穏便、早く員数のごとく糺返せしむべき也、自今以後と雖も先の御下知の旨に任せ、一向守護所の沙汰を停止せしめ、寺家進退たるべくの状、件の如し、

嘉禄三年二月十四日

平（時氏花押）
掃部権助（時盛花押）

守護代

右は嘉禄三年（一二二七）正月十五日、守護所の使節が些細な罪科を口実に金剛寺に乱入し、牛馬や人間、資財等を奪い去ったことを伝える六波羅下知状〈寺文書〉である。その背景には前年四月、御室を仲立ちとする院主覚阿と金剛寺の妥協に対する三善貞実の反発があり、寺内乱入が貞実の要請を受けた守護代配下によって展開

されたのであろう。金剛寺の訴えを受けた六波羅は寺辺領について、頼朝生前に守護所の沙汰を停止され、寺家進退が裁許されているとの金剛寺の言い分を擁護している。ここに六波羅は守護代に対し、改めて守護所の沙汰を停止し、押し取られた損物の糺返を命じている。金剛寺をめぐる情勢の推移と貞実の位置関係から、貞実の下司職停廃と守護所使乱入事件との間に因果関係を見出すことにさほど無理はないと考える。ちなみに、河内守護の初任は承久の乱の戦功で補任された三浦義村《よしむら》とするのが定説である〈佐藤進一『増訂鎌倉幕府守護制度の研究』〉。ところがこの六波羅御教書によると、頼朝存命中に守護所が設置されていたとある。あるいは頼朝生前、守護職補任に先行して守護所が設置され、守護代を核に国御家人が編成されていたとも考えられる。金剛寺に乱入したのは守護所に結集する国御家人層であり、乱入事件は国御家人層の共通利害に根ざした連携のもとに展開されていたのであろう。

貞応二年（一二二三）以降、白炭免は金剛寺の寺辺領と区別して源仲国が知行していたが、本寺御室の沙汰だけに、金剛寺の寺僧たちは鬱憤を募らせることはあっても、これに異議を差し挟んだ形跡はみられない。源仲国は「刑部大輔蓮性」の入道名で金剛寺所蔵の金剛寺結縁過去帳に記載され、『平家物語』でも小督伝説に登場する琴の名手として知られる。後白河・後鳥羽両院の近臣として細工所を預かり、備後・若狭・伊勢を歴任して正五位下の刑部大輔を極官に出家する人物である。父光遠も後白河院の細工所を務めたことから、仲国の白炭免知行の背景には、細工所所轄の鋳物生産との関係も想定されよう。その仲国は寛喜元年（一二二九）四月に死去するが、「一期之間」によって金剛寺に返付されるはずの白炭免を仲国継娘の帥局（そちのつぼね　鷹司院女房・葉室光俊女か）が競望したことから、ここにまた金剛寺は騒擾の渦に巻き込まれ、訴訟闘争に忙殺されることになる。

河内国金剛寺住侶等謹んで言上す

早く請ふ、且つは度々の宣旨に任せ、且つは代々の御室庁御教書等の旨に任せ、寺領四至内白炭免田五町を一円寺領として、他妨有るべからざる由、重ねて宮庁御教書を成し賜ひ、将に向後亀鏡に備ふ子細の状、

副進　官符宣已下国司庁宣等案一結

　　御室庁御教書等案一結

右、件の白炭免田五町歩は、当寺領四至内官符已下代々の證文明鏡なり、本願阿観上人門跡相承領知むる者なり、所謂阿観上人、浄覚房、覚阿房・浄阿房四代更に違乱なし、爰に①故刑部大輔入道仲国法名／蓮性、院主浄覚房より、彼の免田五町一旦は恩給に預かり、而して院主不忠、寺家狼藉のため、仍て件免田を召し返されんと擬すの刻、種々秘計を廻し、歎き申すの間、②蓮性一期知行すべきの由、宮庁御教書を成し下されおわんぬ、此条寺僧等鬱憤を成すと雖も、無力罷り過すの處、③蓮性死去の時、継娘帥局継父之譲状有ると称し、乱妨を致すにより、　宮庁に於いて対決を遂げ、問注記を以て、禅定殿下（関白道家）に進められ畢んぬ、即ち記録所に下され、理非を勘決すべきの由、仰せ下さるの間、文書正文を出すべきの由、相触ると雖も、正文を出さず、三箇年を経畢んぬ、茲に因り、④彼の局の乱妨を停止し畢んぬ、其の旨天福官符厳重なり、今より以降、いよいよ一円の寺領として、甲乙の妨げ無き者なり、⑤而して今、内々風聞の説の如くんば、右兵尉入道貞朝法名／貞阿　故仲国入道之家人云ふを以て謀略を構へ、乱妨を致すべきの由結構云々、仲国入道　の知行は、一期を限る者なり、而る間、主人帥局相伝に及ばずして止め畢んぬ、所従貞阿の相論あに物儀に叶ふか、所詮、且つは度々　綸旨に任せ、且つは代々　宮庁御教書に任すの旨、彼の白炭免田五町は一円之寺領として、甲乙の妨げ有るべからざるの由、かたじけなくも　宮庁御教書を申し賜ひ、将に向後の亀鏡に備ふ矣、仍て恐々言上件の如し、

建長五年三月　日　　金剛寺住侶等申文

〔追筆〕「正元年中」此沙汰之時

右は建長五年（一二五三）三月、金剛寺の住僧たちが故仲国家人の三善貞朝による武家提訴に対抗して、仁和寺の御室宮庁に提出した訴状〈寺文書〉である。当時の院主は浄覚・覚阿の姪で嘉陽門院女房と推定される朱雀局浄阿であるが、故仲国の継娘帥局の提訴が棄却されて白炭免五町が寺領に復したにもかかわらず、ここにきて貞朝による武家提訴の風聞がたち、これに抗して院主浄阿と金剛寺の寺僧たちは一致結束、本寺御室に訴えて開田准后こと法助（故道家息）の御教書を改めて申請したのである。

この訴状で注目されるのは第一に①のごとく、おそらく浄覚が妹覚阿に院主職を譲与する建久一〇年（一一九九）三月、浄覚が仲国に白炭免五町を一時期給付していたことである。浄覚と仲国の間にどのような関係・事情があったかは不明であるが、後鳥羽院の権威に依拠する仲国（妻は丹後局こと高階栄子の縁者）の要請に応えて、八条院女房の浄覚が給付したことは間違いない。ただしこの白炭免はその後、仲国の院主への不忠、寺家狼藉によって召し返されようとしたが、仲国の嘆願と秘計によって貞応二年（一二二三）、御室の道助入道親王庁は②のごとく「一期之間」の条件で改めて仲国に給付したのである。第二に注目されるのは③のごとく、仲国の没年と推定される寛喜元年（一二二九）、仲国の継娘帥局が継父仲国の譲状があると称して、白炭免の知行を競望していたことである。これに抗する金剛寺は、帥局の主張を仲国「一期之間」の条件に反した乱妨として御室宮庁に訴え、両者対決に及んだ。その結果、仁和寺の大蔵卿法印を奉行人とする問注記は関白道家を介して記録所に付され、理非勘決による譲状正文の提出を三年間にわたって拒み続けた帥局は④のごとく敗訴し、白炭免の一円寺領が確定する。ところが、である。この裁定に抗して、寺辺の在地勢力による金剛寺乱入事件がまたも勃発する。

九条殿御教書　丹下冠者狼藉事
白炭免田の事、道理に任せ、輔（帥）局の妨げを止め、一向に金剛寺進止たるべきの由、御下知有るべきの旨、御室より申され候ひ了んぬ、而して大輔阿闍梨什圓・丹下冠者頼隆等諸人の語らいを得て、濫行を致すの由、事実と聞かば、尤も以て不便、御口入の由、争か知り及ばざるか、早く実否を尋ね、言上せしめ給ふべし、状に随ひ御沙汰有るべき旨、土左前司殿御奉行候なり、仍て執達件の如し、
十一月七日　　　左馬允景重　奉
覚地御房（聖尊）／（裏書）「当寺学頭」

右は、寛喜三年（一二三一）付と推定される関白道家の御教書案〈寺文書〉である。これによると、帥局の乱妨を停止して白炭免の金剛寺一円知行が決せられたにもかかわらず、これに異議を唱える大輔《たいふ》阿闍梨什圓・丹下頼隆らが「諸人」を糾合して濫行に及んだとあり、関白道家は濫行の実否を報告するよう学頭聖尊に求めている。丹下頼隆は河内国丹北郡の丹下郷を本拠とする在地領主であり、張本の頼隆や什圓に与同した「諸人」とはおそらく、南河内一帯に根づく国御家人等の在地勢力であろう。後述するごとく、三善貞実の子と推定される貞朝が帥局の家人であることを勘案すれば、什圓・頼隆らの濫行は嘉禄三年正月の守護所使乱入事件に一脈通ずるものがあり、貞実の下司職停廃と乱入事件の因果関係を傍証することにもなろう。

さらに先の住僧等訴状によると、⑤のごとく建長五年（一二五三）の今また、故仲国家人で帥局を主人と仰ぐ右兵衛入道貞朝が謀略の構えをとっていると訴えられている。貞朝は法名を貞阿と名乗り、すでに仲国家人として知られる三善貞実の子と推定され、嘉禄二年（一二二六）に父貞実が剥奪された天野谷下司職の回復を訴えていたのであろう。

金剛寺結縁過去帳にみえる右馬允源貞弘、貞兼入道念蓮、三善貞実についで、ここに寺辺の根本領主三善氏に

右兵衛入道貞朝とつづく系譜が確認される。金剛寺との熾烈な対決におよんだ貞朝とその子、尾張房貞円（貞実孫）はさすがに金剛寺結縁過去帳に収録されていない。先の建長五年三月についで翌年四月の金剛寺住僧の解状をうけて、御室（開田准后法助）宮庁はその翌月、「白炭免可為寺家進止由事」の下文を金剛寺に発し、貞朝の訴えを退けている〈正和三年十一月日「学頭忍実金剛寺証文拾遺目録写」仁和寺所蔵『金剛寺文書』〉。

第三節　女院女房から大乗院門跡へ

先の建長五年（一二五三）金剛寺住僧等言上状によると、白炭免は開山阿観門流の院主によって相承され、当時は朱雀局が院主であることが示唆されている。院主の寺外居住を前提に、寺務および寺辺領の所務一切を学頭・三綱以下の住僧が管掌することで、女院女房の院主職相承は容認されていたのであろう。さらに注目されるのは、金剛寺結縁過去帳に朱雀局についで「浄阿姪号中納言局」と裏書きされた「禅尼悟入御房」が記載されていることである。

おそらく建長五年以降、浄阿の跡を悟入が相承していたのであろう。ここに四代にわたる女院女房の相承によって院主職は家産化されていたことになる。

ちなみに浄覚・覚阿の系譜について、川合康氏は美福門院別当・後白河院別当を務めた藤原季行《すえゆき》の娘で、兄弟に後白河院別当の藤原定能《さだよし》、姉妹に九条兼実《かねざね》の北の方がいるとして、王家や摂関家と太いパイプをもつ姉妹であると分析している〈『大阪狭山市史』第一巻・第三章・第一節〉。女院女房による院主職は悟入を最後に途絶えたものと推測されるが、その後、大乗院門跡によって院主職は復興されることになる。中央の権門にとって、金剛寺の院主職は豊かな権益をもたらす在地機関であり、その廃絶を易々と見過ごすことはなかった。大乗院家による院主職の復興の起点は明らかでないが、その初見はつぎの弘安四年（一二八一）九月一七日の金剛寺院主下文案である〈「金剛寺衆徒・興福寺僧祐実訴陳状并具書等案」『金剛寺文書』〉。

金剛寺院主下文案

龍花樹院政所下す、和泉国和田上条中条庄官百姓等

早く春王女の妨げを停止し、長者宣旨に任せ、元の如く金剛寺の下知に随ふべき事

右、当庄の事、本領主助綱寄進状に任せ、金剛寺宜しく領知せしむべき旨、長者宣明白なり、早く金剛寺の所勘に随ふべき状、仰に依り下知件の如し、庄家宜しく承知、違失するなかれ、故に下す、

弘安四年九月十七　日　　勾当法師

威儀師大法師　在判

下文案の趣旨は春王女なる人物の妨害を排して、和泉国和田庄上中条の領有権を長者宣によって金剛寺に安堵し、庄家はその所勘に従うよう命じたものである。その根拠とされた関白・鷹司兼平《かねひら》の長者宣によって、半世紀にわたる金剛寺と春日社の相論に決着がつけられたことになる。敗訴した春王女とは春日社側の論人を担った人物であり、その先祖は和田助盛《みきた》（助綱嫡子）と共謀して相論の種（和田庄上中条の春日社寄進）を蒔いた興福寺僧の宗春であるが、宗春以来の論人も四代に及んだとある〈弘安三年十一月日「興福寺僧祐実陳情案」『金剛寺文書』〉。

なお、この文書は龍花樹院政所下文案の体裁をとりながら、実は端書きのごとく金剛寺院主下文案として発給されている。金剛寺結縁過去帳は「前大僧正御房尊信」を大乗院門跡の筆頭に掲げ、その裏書には「号大乗院僧正、弘安六年癸未七月一三日御入滅」とある。おそらく、大乗院門跡で金剛寺の院主職を兼帯した最初の人物であろう。市沢論文によると、九条教実《のりざね》（道家孫）の息・門跡尊信は龍花樹院の院主職を兼務していたが、弘安四

年に尊信に入室した甥の隆信には大乗院と分離したかたちで龍花樹院と金剛寺の院主職を譲与したとしており、下文案は隆信が両院主職を継いで間なしに発給されたものと推測される〈市沢哲前掲論文〉。金剛寺結縁過去帳には「龍花樹院一条禅師」の裏書が付された「一条禅師御房隆信」が記載されており、金剛寺の院主職兼帯を示唆するものであろう。

ちなみに関白兼平の長者宣によると、和田庄上中条の領有権を安堵する代償に、金剛寺には「春日本社并若宮五節日神供并巫女神人都合百五十人料米卅三石」を課している〈弘安四年八月晦日「関白兼平長者宣」『金剛寺文書』〉。いわば三三石の五節供料を春日社の得分として納入することを条件に、金剛寺は知行を安堵されたことになる。河泉国境をはさんで天野谷と和田庄は隣接しており、ここに金剛寺は国境を越えて寺辺領を拡張したことになろう。

かつて治承四年（一一八〇）、寺辺の根本領主である三善貞弘は天野谷を金剛寺に寄進する際、兄弟の浄行房・仏土房を金剛寺に入山させているが、ここに和田氏も子弟の入室を通して、金剛寺の寺務に関与していたものと推測される。弘安四年（一二八一）当時の和田惣領は同庄を金剛寺に寄進した助綱の曾孫清遠であるが、その嫡子助家の処分帳によると、助家庶子と推定される善聖房は助家所領を分与されている〈永仁二年十一月「和田清遠処分状案」「和田助家処分帳」『和田文書』〉。善聖房は金剛寺の中院坊主として正平九年（一三五四）、金剛寺三綱衆議によって同庄領家職の庄務を宛行われており〈正平九年三月「金剛寺三綱衆議書」『金剛寺文書』〉、その根拠を衆議書は「所縁深間」としている。おそらく和田庄を寄進した遠祖、助綱以来の血縁に連なる人物という意味であろう。寺辺領寄進の根本領主として、三善・和田の両氏は在地の所務（下司職）を留保する一方で、子弟を継続的に入室させて金剛寺の経営に参画させていたのである。一山寺院と寺辺根本領主との結縁関係を象徴するものといえよう。

ところで、弘安四年の長者宣によって和田庄上中条の領有権を得た金剛寺と五節供料三十三石を得分として認められた春日社は、その権益をいかなる所職によって保障されていたのであろうか。弘安四年のものと推定される金剛寺衆徒訴状案〈寺文書〉によると、かつて相論の調停を図る貞応の綸旨に「以宗廟（春日社）為本家、以当（金剛）寺可為領家」の文言があるとして、金剛寺はこの旨をもって国司庁宣を申請している。さらに、建武政権崩壊直後の延元二年（一三三七）七月二三日、後醍醐天皇は吉野の行宮より金剛寺に「任助綱寄進」と同庄知行安堵の綸旨〈寺文書〉を発し、金剛寺の所職を「領家職」と明記している。金剛寺の所職が領家ならば、春日社の得分権は本家職であろう。

以上の経緯をふまえて、本家の春日社が和田庄の得分を確保するため、権門の威をかざして金剛寺内に一定の地歩を築こうとするのは必定であろう。仮説の域をでないが、弘安四年の直前、春日社と興福寺に君臨する大乗院門跡尊信によって金剛寺の院主職は兼帯されたものと思われる。注意を要するのはかつて承元元年（一二〇七）、院主覚阿が入山のうえ寺務執行に乗り出し、貞実を天野谷下司職に任じた先蹤があり、大乗院家がさらなる権益を求めて、寺務や寺辺領の所務に介入してくることは予想されることである。

ちなみに正安二年（一三〇〇）一一月、大乗院家の院務で金剛寺の雑掌でもある慶恒が本家に対し、和田庄上中条の庄官・百姓らが春日社五節供料の貢納を拒否して、金剛寺使を追い出したことを報告している〈正安二年十一月「大乗院家院務兼金剛寺雑掌慶恒申状案」『金剛寺文書』〉。五節供料三十三石は和田庄の庄家にとって過重負担になっていたのであろう。領家の金剛寺が大乗院家の介入によって庄務にてこずり、惣下司和田氏をはじめ在地勢力との軋轢を深めていたのである。

第四節　尾張房貞円と天野谷下司職

金剛寺の院主職はその後、尊信から甥の「龍花樹院一条禅師」隆信へと相承されるが、大乗院門跡については一条家との競合を経て尊信没年の弘安六年（一二八三）、一条家出身の「菩提山僧正」慈信が就任し、金剛寺の院主職を兼帯する〈市沢哲前掲論文〉。

つぎは弘安六年一一月一七日、金剛寺の三綱に対し、大乗院家の所務に従うよう厳命した仁和寺宮性仁《しょうにん》の令旨案である〈「大乗院御教書并仁和寺宮令旨案」『金剛寺文書』〉。

当寺の事、一條前摂政家（家経）御進止の地として、大乗院御管領代々に及ぶ歟、而して住僧等当年始めて彼の御下知を叙用せず云々、子細何様の事哉、所行の企て頗る以て自由なり、所詮、先例に任せ、彼の院家の所務に相従ふべし、若し猶異儀を存ずる輩に於いては、不日参洛を企て、弁申すべしてへり、御室の御気色此の如し、仍て執達件の如し、

弘安六癸/未　十一月十七日　　法橋在判奉

金剛寺三綱御中

右令旨案によると、新たに院主職を兼務した大乗院門跡慈信に対し、金剛寺が今年初めてその管領を拒絶したことが指摘されており、御室は大乗院家の意向を擁護してその企てを「頗以自由」と糾弾している。さらにその直後の一二月五日、大乗院門跡は金剛寺に御教書を発し、先の御室御教書を盾に「大乗院入部事」を通達し、寺僧勢力に不満が燻っていることを承知の上で、本寺の御教書が下されたからにはこれを「不可黙止」と厳命している〈「大乗院御教書并仁和寺宮令旨案」『金剛寺文書』〉。「大乗院入部事」とは院主職の実質化を意味する院務・院主代官の金剛寺配置であり、寺務および所務への介入が寺僧勢力の反感を募らせることは必定であろう。

慈信が院主に就任して七年目の正応三年（一二九〇）七月、尾張房貞円なる人物によって金剛寺の寺僧刃傷、公人打擲の事件が引き起こされる。つぎは事件後の正安四年（一三〇二）三月五日、寺辺領を追放された貞円と

その余流の帰住安堵を禁じた性仁入道親王の御室庁下文案〈寺文書〉である。

入道二品（性仁）親王庁下す、河内国金剛寺三綱等
　早く解状の旨に任せ、永く貞円帰住安堵を停廃せしむべき事
右、彼寺の解状を得るに曰く、当寺は八条院御願、仁和寺北院末寺として、顕密修学の勝地、爰に貞円寺領に住しながら、一寺之所勘に随はず、剰へ去る正応三年七月九日寺僧刃傷、公人打擲に依り、院主大乗院家より其身を追却せらるの条、下知明白なり、而して貞円安堵すべきの由、本所に申入れると雖も、寺僧等事由を申し披くにつき、既に彼の濫訴を棄捐せられ畢んぬ、就中、貞円之祖父貞実、寺領下司たる由偽り申すと雖も、其の謂れ無き間、去る嘉禄弐年四月日庁裁として、永く停廃せしめ畢んぬ、末代其の子孫と称し、争か窺窬之思を成すべき哉、是れ則ち佛家之魔障、寺門之怨敵たる上、貞円余流永く帰住安堵すべからず旨、庁御下文を成し下され、将に末代亀鏡に備ふてへり、請に依り早く彼の帰住安堵を停廃せしめ畢んぬ、此の上は、満寺普く仏法興隆の計を廻らすべくの状、仰せの所件の如し、寺宜しく承知、敢て違失する　なかれ、故に下す、
　　正安四年三月五日　　公文左衛門少尉中原判
　別当法印権大僧都判　（以下一五名略）

尾張房貞円は寺辺領に居住しながら、祖父貞実以来の下司職を主張して金剛寺との対立を深め、正応三年（一二九〇）七月九日、寺僧刃傷・公人打擲の凶行に及んだ。貞円の祖父が貞実とすると、貞円は仲国・帥局継父娘の家人として金剛寺との相論を展開した貞朝の子息であろう。祖父貞実の下司職とは承元元年（一二〇七）院主覚阿の補任によるものであり、嘉禄三年（一二二七）の和与折中により停止されたはずである。天野谷を金剛寺

に寄進した貞弘以来の根本領主として、その根強い既得権益に依拠した貞円の主張であったが、寺辺領の一円支配を基盤に自立・自営の体制を強める金剛寺との対立は熾烈を極めていた。罪科におよんだ貞円の処分は大乗院家に委ねられ、貞円を天野谷から追放のうえ下司職は停廃されたのである。金剛寺の解状によると、貞円は即刻本所の御室に帰住安堵を訴えたが、御室は寺僧の陳述をうけて大乗院家の処分を追認している。御室と大乗院家の関係はさすがに、貞円の悪党行為に対しては協調的である。ただし、弘安以来の両権門の蜜月時代もさほど続かず、やがて寺僧を介して利害の対立が顕在化する。いずれにしても、今回の貞円一党による寺僧刄傷、公人打擲事件は金剛寺と寺辺一帯でやがて先鋭化する悪党行為の予兆であり、あらわな武力行使によって利害が衝突し合う風潮は鎌倉末期の時代状況を象徴するものである。

先の正安四年三月の御室庁宣案につづいて、御室が代替りしたことで同年九月一〇日、仁和寺は「可早以当寺四至内白炭免伍町所当米為当寺学頭沙汰」の事書をもつ御室（寛性《かんしょう》入道親王）庁下文〈寺文書〉を発し、白炭免五町の学頭沙汰権を確認している。

つぎは、寺辺領を追われた貞円の失地回復を図る執拗な策動に抗して、学頭・三綱以下の寺僧勢力が応長元年（一三一一）九月に取り結んだ一味起請文〈寺文書〉である。貞円とその末流を寺辺領から排除するため、寺内の一致結束が焦眉の急であった。

請ふ金剛寺一味連署事
右連署の意趣は、貞円寺領に住しながら、一寺の所勘に随はず、寺家三綱を閣き、下司自称し、剰へ去る正応三年七月九日公人を打擲せしめ、寺僧を刄傷の間、大乗院家より其跡を没収し畢んぬ、而して貞円、同四年二月武家に掠め奉り、非分之濫訴を致すと雖も、寺僧等子細を申し披くに依り、同十一月十二日彼濫訴を棄て置かれ畢んぬ、爰に貞円、面を宗厳に改め、去る正安三年又武家に於いて預物之沙汰を致すと雖も、偽訴たるに依り、去る乾元二年二月廿九日又以て彼の訴訟を棄捐し畢んぬ、此の条六波羅殿御下知状、御室庁御下文等厳重炳焉、而して今貞円余流を称し、帰住の計を廻す、是れ則ち仏家之魔障、寺門之怨敵なり、蓋し未来際永く以て叙用すべからず、（中　略）

応長元年辛／亥　九月廿日

定実（花押）

弁応（花押）

阿闍梨頼詮（花押）

阿闍梨実印

学頭阿闍梨忍実（花押）

刃傷事件翌年の正応四年（一二九一）二月、貞円は帰住安堵を求めて六波羅に提訴するが、詳細にわたる寺僧の陳述によって同年一一月、訴えは棄却される。ところが、これにもめげない貞円は正安三年（一三〇一）、宗厳なる人物に寄沙汰《よせさた》する。宗厳は「湯浅系図」に湯浅一門の糸我氏とあり〈高橋修『中世武士団と中世社会』所収・上山家所蔵「湯浅家系図」〉、その権威にすがっての寄沙汰であることから宗厳は在京人と推定されるが、これまた乾元二年（一三〇三）二月に棄捐《きえん》される。寄沙汰は通常の提訴が棄却された場合、窮状を打開すべく非常措置として展開され、概して悪党的手法「偽訴」として排斥される傾向がみられる。ここに貞円は公武権門の後ろ楯を失い、天野谷に所職を得ないまま、隣接する安楽寿院領高向庄に移り住むことになる〈欠年十月十九日「大乗院僧正慈信御教書」『金剛寺文書』〉。

高向庄には南北朝内乱から戦国期にかけて、金剛寺結縁過去帳に「高向」「高向森」を名乗る三善庶流が散見される。貞円の寄沙汰棄却後に高向森を名乗って登場する左衛門大夫貞茂や沙弥善蓮はおそらく、貞円余流の後身であろう。内乱期に金剛寺と和解したのか、過去帳にはいずれも名字・通称・没年等が裏書きされ、檀越として処遇されている。鎌倉末以降の金剛寺は結局、和泉の横山福善を含む三善一族に依存せざるをえず、限定された寺辺領主を檀越に一山寺院としての自立・自営体制を維持していくことになる。

なお、三善一族には鎌倉末以降、金剛寺の檀越に包摂されない勢力も存在した。高野大道に沿う長野本庄には木屋堂を本拠に嫡流筋が蟠踞し、内乱期には讃岐守貞行・貞俊・木屋堂侍従律師幸慶等が散見されるが、いずれも金剛寺結縁過去帳にその名を見出せない〈拙著『河内金剛寺の中世的世界』第一章四〉。平安末から鎌倉前期、貞弘・貞兼・貞実とつづく三善嫡流を檀越に結縁関係を保った金剛寺であったが、貞朝・貞円父子との対立・抗争を機に嫡流との縁は切れ、庶流との関係を強めざるを得なかったのである。

さらに先の一味起請文によると、尾張房貞円に対する六波羅および御室の断罪が下ったにもかかわらず、応長元年（一三一一）の今また貞円末流の天野谷帰住を企む動きがあり、寺家としてこれを一切容認しないとの決意のなかに学頭忍実以下の悲痛な叫びが読み取れるのである。おそらく、貞円余流に内通する勢力を寺内に抱えていることへの懸念を示唆するものであろう。

第五節　金剛寺の御影供と悪党乱入

承安二年（一一七二）の草創以来、金剛寺の最重要仏事は御影供である。貞円の寄沙汰が棄却された直後の乾元二年（一三〇三）三月二一日、その御影供が悪党の乱入によって中止に追い込まれる事態が生じた。

《A》(端裏書)「乾元二癸/卯　三月廿一日頼基等御請案文」

今月廿日御教書、同廿一日披露候ひ了んぬ、そもそも寺僧等参上の時、御影供に於いては、院家御勤□(仕)たる上は、早く相勤むべきの由仰せ出され候の間、雑掌等下山□(之)の後、満寺に相触れんと欲し候の處、御代官清弘并びに慶□（恒カ）如円房、近国悪党を引き入れ、故無く寺僧等を罪科□せしむべく結構の間、役人以下の輩は悉く逃げ隠れ候はば、□□（何人カ）勤仕せしむべく候哉、悪党乱入の条、且つは御使実□□（検候カ）了んぬ、定めてその子細申し上げられ候歟、所詮、□□（悪党カ）を当寺に招き入れ候の条、古今未だ承り及ばざる珍事に候□□（上者）、先ず清弘等御罪科の後、御影供に於いては、□（仰カ）に随ひ相勤むべく候、此旨を以て御披露有るべく候〳〵、恐惶□□（謹言）、

乾元二癸卯　三月廿一日　金剛寺々僧□□

進上　御奉行所

《B》（端裏書）「院家言上状案」

仏神事等を勤行すべきの由御教書、則ち満寺に相触れ候處、彼等別して子細を申さず候上は、三月分御影供、今月十五日に勤仕せしむべく候、此旨を以て御披露有るべく候、恐惶謹言、

乾元二癸卯　卯月九日　阿闍梨清弘状

進上　対馬公（良玄）御房

《A》で悪党引き入れの張本として指弾された「御代官清弘」について、これが金剛寺の院主職を兼帯する大乗院家の代官・仏智房阿闍梨清弘であり、院主は門跡尋覚を後見する前門跡慈信であることが市沢哲氏によって検証されている〈前掲市沢論文〉。清弘とともに張本とされた如円房慶□はかつて正安二年一一月、和泉国和田庄の庄官・百姓を譴責《けんせき》した院務慶恒《きょうこう》であろう。清弘は院務の後身ともいうべき代官に任用されていたのである。悪党導入を機に、大乗院家と金剛寺僧の関係は急激に悪化し、本寺御室をも巻き込んで権門間の対立に発展する。

《A》は乾元二年（一三〇三）三月二一日、当日の御影供が悪党乱入によって催行不能に陥ったことを御室奉

行所に報告した金剛寺僧の請文案〈寺文書〉である。その前提となった三月二〇日付御教書は御室宮庁が発給したものであり、請文の充所が御室の奉行所であることは、学頭忍実《にんじつ》が集約した文書拾遺目録に同御教書が記載されていることからも明らかである〈正和三年十一月「学頭忍実証文拾遺目録」仁和寺所蔵『金剛寺文書』〉。

一方《B》は、三月分の御影供を四月一五日に延期することを大乗院家の対馬房良玄に誓約した代官清弘の同年四月九日付請文案〈寺文書〉である。《A》で勤仕不能に陥った三月二一日の御影供を、《B》で四月一五日に延期することを誓約したものであるが、当然のことながら《A》と《B》で請文の発給者と充所が異なることに留意したい。

《A》で雑掌・寺僧が参上したのは御影供の主催者たる院家であるが、金剛寺が伝統的に依拠する権門は仁和寺であり、本寺と仰ぐのは御室本坊の喜多（北）院である。雑掌・寺僧たちが金剛寺に帰山後、御室の御教書を満寺衆徒に伝達したところ、清弘と慶恒は近国悪党を寺内に引き入れ、御室の意向伝達を罪科と称して寺僧たちに狼藉をはたらき、御影供の役僧たちは寺外へ逃散したとある。悪党乱入にいては御室の使節が実地検分しており、寺僧たちは清弘・慶恒等の処罰を条件に御影供の勤仕を誓約している。承安二年以来、御影供の名目上の主催者は金剛寺の院主であるが、御室は院主代官の介入を排して本寺主催に改変しようとしたのである。

《B》によると、悪党引き入れによって寺僧たちを抑え込んだ清弘は四月九日、仏神事の勤仕に満寺は異論を差し挟まなかったと称して、三月分の御影供を四月一五日に延期して催行すると大乗院家に誓約している。直前の三月二日に尾張房貞円が寄沙汰を棄却されたことと、悪党乱入とは何の因果関係も無く偶発したのだろうか。推測の限りだが、貞円与党の退勢挽回の企みが悪党引入れに連動したのではなかったか。大乗院家と金剛寺僧との対立は御影供のみならず、その他の仏神事や寺辺領所務をめぐっても熾烈をきわめた。

先日御教書を下され候の處、円智以下宿老の仁、寺恩重之輩、子細を申して、署判に加わらざるの由その聞こえ候、猶以て承引せざれば、早くこれを闕官せられ、新補に於いては、追って御計有るべき旨、仰せ下されく候なり、兼ねて又、炭山所当米未済の事、同じく以て前に仰せ下され候と雖も、作人等これを叙用せず、所詮来る廿日以前、省■（略）せざれば、歳末たると雖も、御使を下され、譴責せらる旨、仰に依り執達件の如し、

十二月十日　　良玄

謹上　仏智房阿闍梨御房

右は嘉元元年（一三〇三）と推定される大乗院家の御教書案〈寺文書〉で、院主代官の仏智房清弘宛に対馬房良玄が奉じたものである。良玄は院主慈信に近侍する大乗院家の執事であろう。その内容はおそらく本寺御室の意向を盾に、御影供等に関わる署判を拒んだ宿老円智以下の寺官罷免を達し、併せて炭山の年貢未進に及んだ作人譴責のための使節派遣を通知したものである。炭山とは白炭の原材供給と白炭生産のための寺辺領高瀬の杣であり、大乗院家はその年貢をも院主の得分に取り込んでいた可能性がある。いずれにしろ、大乗院家は仏神事のみならず、寺辺炭山の年貢未進におよんだ作人層の譴責といった強制権能をも有していたことになる。かつて女院女房が院主職を相承したころ、院主覚阿の一時期を例外として、寺務や寺辺領の所務は学頭以下寺僧が管掌し、院主は寺外居住によって寺務・所務に関与することはなかった。それがここにきて、大乗院家の院主職は市沢論文が説く「実質化」の時代に突入し〈前掲市沢論文〉、代官を介した金剛寺支配の目論見すら感じさせる。大乗院家が和田庄の本家として得分を確保するため院主職を獲得、代官を配置したことの意味はこれに集約されよう。ちなみに、院主代官の強制機能については市沢論文も強調するところであるが、代官清弘の強制機能は当然のことながら、大乗院家の権威をかざして金剛寺の住僧および寺辺領百姓を対象に発現されており、金剛寺の寺家を体現するものではなかった。

さらに翌嘉元二年（一三〇四）正月のものと推定され、仏智房清弘が発したと思われる請文案によると、金剛寺の本寺提訴を「濫訴《らんそ》」と決めつけ、寺僧たちによる「正月朔日社頭朝拝并恒例修正以下仏神事等打止」を大乗院家に報告している〈欠年月日氏名不詳請文案『金剛寺文書』〉。院主代官の強権発動に対して、寺僧勢力が反発しての仏神事打止めであり、先の円智以下宿老の抵抗に呼応する動きであろう。寺務および寺辺領経営をめぐる危機に直面して、学頭以下寺僧勢力の反感は募るいっぽうであった。

第六節　仏智房清弘等殺害事件

つぎは徳治二年（一三〇七）二月二一日、院主代官の仏智房阿闍梨清弘や順智房了範らが殺害される事件があり、その際に紛失した証文一〇通に関する証判を御室宮庁にもとめた金剛寺三綱等の紛失状案である〈寺文書〉。

（端裏書）「紛失状案」

紛失金剛寺證文目録事

合

一巻当寺置文　年中行事等

養和二年二月廿二日

一通御室庁御下文　白炭勅免事

建長六年五月八日

一通座席相論成敗状　南都東中院殿

建長八年六月十二日

一通一味連署状　不可出地利於他所事
　　正応四年正月七日
一通六波羅奉行書状　被棄置尾張房貞円沙汰事
　　正安四年三月日
一通御室執事真光院御状　大下文為先例事
　　正安四二月三日
一通御室庁御下文　被停廃貞円訴訟事
　　正安四年三月五日
一通御室庁施行　被停廃貞円訴訟事
　　正安四　三月八日
一通六波羅殿御下知状　被棄置湯浅宗厳預物沙汰事
　　乾元二年二月廿九日
一通六波羅殿御請文　被棄置湯浅宗厳沙汰事
　　乾元二　三月二日
右、去る徳治二年二月廿一日、仏智房阿闍梨清窮（弘）・順智房弓（了）範・王得・浄厳殺害せらるの尅、此等證文を紛失し畢んぬ、仍て粗員数を録し、宮庁御判を申請する所矣、
　年月日　　　　　金剛寺三綱等

殺害されたのは清弘・了範をはじめ三、四名と推定される。鎌倉末期、金剛寺の内部矛盾の極限を露呈した事件であったが、それが先の乾元二年の悪党乱入事件同様、御影供の日に惹起されたことで、その後の寺家の歴史

に一大転機となったことはいうまでもない。

この事件を詳細に検討された市沢哲氏は、①清弘殺害の経緯は不明であるが、当日紛失した証文一〇通のうち六通はいずれも、尾張房貞円の排斥という同一案件に関わるものであり、②この問題解決に院主・大乗院家が関わり、紛失文書は清弘の近辺で保管されていたことから、清弘が院主代官として貞円排斥に関わっていたと分析された〈前掲市沢論文。同論文は院主代官清弘の活動期を慈信が門跡に再任される元亨三年（一三二三）以降とするが、清弘はすでに徳治二年（一三〇七）二月に殺害されていることから、その活動期は慈信が勅勘を被って門跡を辞し、金剛寺の院主職に専念する永仁四年（一二九六）以降とみなすべきであろう〉。

市沢説よると、徳治二年二月の段階で貞円排斥という金剛寺最大の課題をめぐって、代官清弘と学頭忍実以下の寺僧勢力は利害を共通にしていたことになる。したがって、市沢氏は殺害に至る経緯を不明とするが、殺害犯を貞円の近辺に想定されていることは容易に推察されよう。ところが、乾元二年（一三〇三）二月に貞円の寄沙汰が棄却された直後、三月の御影供に代官清弘は悪党を寺内に引き入れて寺僧勢力を恫喝、御影供を中止に追い込んでいる。さらに、同年々末には大乗院家が宿老僧の寺官罷免を命じ、これに反発する寺僧たちが翌年正月の社頭朝拝や修正会の打ち止めを強行するなど、院主代官と寺僧勢力の対立は激化の一途をたどっていた。

事件当日、二月分御影供は三宝院伽藍の中枢に位置する御影堂で挙行され、紛失した証文一〇通は重書として御影堂に納置されていたはずである。したがって、殺害事件は金剛寺にとって最も神聖な場で惹起されたことになろう。学頭以下寺僧を主体とする御影供当日、代官清弘一党は貞円の権益否認に関わる証文類を奪おうとして、寺僧勢力の反撃に遭って殺害されたのではなかったか。その背景に、寺内や寺辺における利害関係を見据えることが肝要であろう。とくに寺辺領主の三善氏は貞実・貞朝以来、御室の権威に依拠する金剛寺に対抗して、女院女房の院主覚阿や院近臣の源仲国にすがる傾向がみられた。さらに、史料の上で代官清弘が貞円一党を糾弾したり、貞円の提訴や寄沙汰に対抗して大乗院家に訴えた記録は一切見出せない。学頭以下の寺僧勢力が本寺御室に訴えつづけたのとは対照的である。もちろん、貞円一党に対抗して代官清弘が寺僧勢力と共同歩調をとった形跡もみられない。また、これほどの重大事でありながら、先の紛失状目録案以外に事件を伝える史料は現存せず、紛失状案の末尾に記載された紛失事由も事件と被害者のみを披露し、殺害犯に対する糾弾もなければ、御影供の場を汚されたことへの非難もみられない。どうやら事件後の寺内には、被害者の立場で殺害犯を詮索する雰囲気はなかった模様である。

事件から九ヵ月の同じ二一日、清弘遺弟の快尊・快実は御影供を期して、先師清弘の遺領を金堂に寄進した〈徳治二年十一月二十一日「快尊・快実先師遺領寄進状」『金剛寺文書』〉。その意趣に「為先師滅罪生善成等正覚」とあって、清弘の滅罪、贖罪のための寄進であることが示唆されている。清弘の遺領は寄進によって寺辺領に組み込まれたことになろう。

寄進された遺領は隣接する和泉横山南面《なめり》流の二筆を除き、他の九筆八段一七六歩はいずれも寺辺領天野谷に散在する。これらは、清弘が院主代官になってから集積されたものとは考えられず、市沢論文も示唆するごとく、清弘は寺辺領に根づく金剛寺僧として代官に任用されていたのである。寄進されたもの以外の遺領も想定されるが、寄進された遺領の総計は一町一段近くに及ぶ。その大半が天野谷に散在することから、清弘は三善一族の可能性があり、少なくとも貞円与党の根拠となろう。

清弘が代官に任用される以前の正安元年（一二九九）一二月、学頭以下四三人の衆徒が寺内罪科に関する評定書に連署し、清弘は三綱の一人として「仏智房阿闍梨」の僧名で加署している〈正安六年十二月「金剛寺三綱坊主分等連判状写」『金剛寺文書』〉。寺内で学頭賢念につぐ位置を占めていたことになろう。いずれにしても、弟子二人による遺領寄進は先師清弘の滅罪を趣旨とすることから、寺家への謝罪なり本尊に対する懺悔なりの意味が込められたものと推測される。

その後、殺害事件から四年近くした延慶三年（一三一〇）一二月末に学頭忍実・三綱等によって、翌応長元年一一月一五日にも評定衆によって置文が制定されているが、そこに先の殺害事件を匂わす条項や文言は見出せない。ただ、前者の置文には学頭忍実についで「御代官阿闍梨理恵」が加判しており清弘殺害後の代官に理恵が任用されていたことが判明する。ところが元亨四年（一三二四）一〇月二四日、徳治二年以来の深刻な事態を総括するかのような置文〈寺文書〉が制定される。この間、金剛寺の苦難を一身に背負って寺僧たちを主導してきた聖俊房忍実は元応元年（一三一九）七月に示寂し、実教房頼詮が学頭を継いでいた。おそらく大乗院家と御室の和与をふまえて院主代官と三綱、御室御使をまじえた訴訟・検断手続きが制定されたのであろう。

定め置く金剛寺條々の事

一犯科人出来の時、没収物有らば、員数に随い三分の一を寺門興隆のため、これを寄附せらるべし、

（中　略）

①一落書の事、向後一向にこれを停止すべし、

②一寺中に於いて殺害・放火・盗犯等の悪行出来の時、若しその躰露顕せざれば、一山寺僧老若会合せしめ、宝前に社参を企て、日限を定めて、厳重に起請文を書き、これを呪咀すべし、若し他行の輩あらば、帰寺の時、以前のごとく同じくその沙汰を致すべし、支証出来の時は、一山実正に任せ、起請文を以て、院主所に申入るべし、其時は御代官・三綱并御使等、所当罪科を行はる者なり、

③一寺中において大小の訴訟出来の時は、御代官・三綱の挙状を以て、院主所に申入るべし、その儀なくんば、御沙汰に及ぶべからず、但し、万一訴人の申分理運をなすと雖も、御代官等が申状を抑留して挙げ申さざれば、直訴人等は言上すべき者なり、

右条々、後代の為、仰せに依り下知件の如し

元亨四年十月廿四日

法橋上人位（花押）

右条項のうち、②は大犯とされる殺害・放火・盗犯を対象とする規定である。重罪犯科人の検挙方法として①で旧来の落書を廃し、②で起請文による呪咀に改変すること、さらに支証出来によって犯科人が確定した場合、一山起請による院主所への申告を受けて、院主代官・三綱・御室使節の三者によって罪科を裁定すべきとある。市沢論文は「御使」を院主の御使とみなすが、犯科裁定に寺家三綱とともに院主代官と院主御使とが同席することはいかにも不自然である。乾元二年三月の悪党乱入を実検した「御使」が御室の使節であることを想起すれば、御使はやはり仁和寺の使節とみなすべきであろう。ここに金剛寺をめぐって、利害関係を取り結ぶ三者（院主代官・御室御使・金剛寺三綱）が寺内の検断権を調整したことになろう。御室は教相上の根源であるが、検断権を大乗院家が掌握しているかぎり、所務にかかわる事相上の権限が拡大される余地が残されており、寺僧たちにとって院主代官の存在が重圧であることに変わりはない。また、③は一般訴訟手続きを規定したもので、訴状は院主代官と三綱の挙状をもって院主所へ提出すべきとされるが、注目すべきは、訴人の訴えに合理性があるにもかかわらず院主代官等が訴状を抑留した場合、訴人は院主所への直訴すなわち越訴が認められていることである。その背景に、大乗院家の意向が在地の利害を優先させる院主代官によって歪められ、寺内騒擾の要因になることが経験上懸念されていたのであろう。

金剛寺の置文類は養和二年（一一八二）以降、元亨四年（一三二四）までのものが一四点確認されているが、寺中殺害・放火等の大犯規定は元亨四年の定書が初見である。一七年前のこととはいえ、そこに清弘殺害事件が影を落としていることは想像に難くない。この間の類犯も想定されることから、金剛寺をめぐる悪党状況を背景とする規定である。大乗院家と御室の協議による権力調整をうけて、一山を代表する学頭頼詮はこれを制定したのであろう。

第七節　院主職の停廃と評定衆

市沢論文の今ひとつの成果は、清弘殺害事件を契機に金剛寺に惣寺が成立し、その主要構成メンバーに院主代官がふくまれることを論証したことである〈前掲市沢論文〉。ただ一方で、院主代官の存在が寺家にとって重圧であるかぎり、惣寺成立の前提に院主代官の排除を視野に入れた分析も可能であろう。

つぎは内乱当初の興国元年（一三四〇）五月、金剛寺が七〇名の衆議によって、新たな寺務・寺家体制を定めた置文である〈同年月二十八日「金剛寺々務置文」仁和寺蔵『金剛寺文書』〉。

金剛寺　定め置く寺務等の事

右当寺寺務の事、故崇義院より五箇条の御事書を下賜の處、重ねて彼の旨を固守すべき由、綸旨を下賜せらる者なり、彼の御書下は所詮永く院主を停むるの儀、諸事寺家の計たるべし云々、然る上は、寺務繁重して評議多端なるべし、仍て公（文）所・三綱の外、更に十一人の評定衆を加へ大小事の沙汰を致すべき条々、

①一評定衆に於いては、根本公文・三綱四人の外、学頭従り以下、臈次に任せ、十一人これを補し、都合十五人たるべき矣、

②一評定のこと有る時に於いては、彼の十五人皆会合有り、互いに魚水の思をなし、平均評議せしむべし、

③一炭山高瀬所当等の収納に於いては、十五人評定衆の中に於いて、年預を巡り、当年より一臈を以て初となし、毎年一人公文を指定、三月御影供を営弁し、月次十六日の料米を下すべし、

④一雑用下行料米等に於いては、彼の炭山等所当米を以てこれを下用すべし、三月御影供営等料参斛、月次

十六日僧膳料七斗伍升閏月時者又／可有其分、　当公文給料貳斛余、十四人評定衆給料各参斗、余米に於いては、寺用たるべし、但し毎年十五人の中に於いて、収納下用等之結解を遂ぐべきなり、

⑤一高瀬山に於いては、別して管領の人有るべからず、同じく寺山禁制すべし、但し山守に於いては、高瀬百姓一同これを守護すべし、若し刈取りの輩有らば、寺山を以て准じ、罪科に處すべし、

⑥一百姓等の徭役に於いて、既に院主の名を止むる上は、随て又代官の儀有るべからず、仍て代官所に向け仕らしむる所の公事は永くこれを停止し、高瀬・下里を分たず、寺用に随ひ徭役せしむべし、

以前条々、全て彼の五箇条　御事書たるの旨、定め置く所矣、更に私曲を存ぜず、偏に寺家安寧のためなり、特に大犯以下沙汰の事に於いては、評定の庭、親疎を□はず、衆議の處、異議を存ぜず、道理に任せ、多分に就き、沙汰を致すべき者なり、又この衆中に於いて、静謐せざれば、一寺の評定たるべし、若し偏頗を存じ奸曲を挿むの輩有る時は、一味同心、彼の仁を擯出せしむべき矣、若此の旨に背き、異義せしめば、日本国大小諸神、別しては当山擁護大師明神、惣じては両部三宝之神罰冥罰を蒙るべき者矣、仍て置文の状件の如し、

興国元年歳次／庚辰　五月廿八日

僧　　法印賢祐（以下六八名略）

置文前文で注目されるのは、故崇義院の事書五ヵ条とこれを追認する後村上の綸旨によって、金剛寺の院主職が停廃されていることである。

和泉久米田寺の寺僧書状に「元弘之比、崇義院国管領之時」とあって、元弘年間の和泉国主が大塔宮近臣の四条隆貞であることを勘案すれば、その上位に位置づけられる崇義院は建武二年七月に鎌倉で獄殺される大塔宮の追号と推定される〈欠年十一月十五日「心灰書状」『久米田寺文書』、『岸和田市史』第二巻第二章第四節参照〉。

他方、元弘二年（一三三二）冬、楠木正成は吉野に陣取る大塔宮の意向を受けて金剛寺に祈祷を要請し、巻数到来の返状で宮への進覧を約している〈元弘二年十二月九日「楠木正成書状」『金剛寺文書』〉。ついで翌元弘三年二月六日と二十一日、赤坂・千早の攻防の最中、宮方公卿の堀川（葉室）光継《みつつぐ》は金剛寺に兵糧供出を命じているが、光継の御教書を奉じた右近将監邦久は宮近臣の和泉国主、四条隆貞の家司でもある〈元弘三年二月六日「堀川光継御教書」『金剛寺文書』、同年十一月二十六日「和泉国宣」『久米田寺文書』〉。以上の宮方勲功によって六波羅滅亡直後の五月二十一日、信貴山に栖籠る大塔宮は金剛寺に播磨国西河井庄を寄進している〈元弘三年五月二十一日「大塔宮令旨」『金剛寺文書』〉。院主職の停廃もまた、元弘動乱の勲功賞として金剛寺に賜与されたのであろう。

院主職停廃によって、院主代官の職務一切は寺家に移行し、寺務繁多に対応して根本公文・三綱に一一人の評定衆を加えた新執行部が編成された。当時の寺内坊舎は七〇前後に及び、学頭賢祐以下七〇名はいずれも坊主と推定される。坊主全員の加判によって新たな寺家体制の樹立を宣言したものといえよう。今後は条項①②のごとく根本公文・三綱・評定衆対等の「平均評議」、多数決の「多分」によって殺害・放火・盗犯の大犯以下検断、寺務および寺辺領の所務は沙汰されることになった。かくして院主代官の停廃に対応して、金剛寺は根本公文・三綱・評定衆の執行部を核として惣寺を成立させたのである。

条項③④は寺辺領高瀬・炭山所当米の収納・下用の収支決済を評定衆の職務とし、上臈より順次年預に指定される公文は毎年三月の御影供運営料や月次仏事の僧膳、公文・評定衆の給料等に炭山所当米を当てることを規定している。白炭は金剛寺の南の山間地の高瀬で生産され、白炭免の所当米は金剛寺の基本財源として評定衆の沙汰に付されることになった。ここに元弘・建武動乱を奇貨として院主代官は停廃され、寺僧勢力によって寺辺領天野谷と白炭免の権益は全面的に寺家に回収された。かつて炭山は院主代官の管轄下にあったものと思われ、嘉元元年（一三〇三）一二月、炭山所当米の未済に大乗院家が百姓譴責の使節派遣を代官清弘に通達したのも、如上の背景があってのことであろう。

⑤は高瀬山および寺山の炭山が寺家指定の山守によって管領され、山守以外の管領を禁じるとともに高瀬百姓による山守擁護を規定したものである。⑥は天野・下里・高瀬の寺辺領百姓の徭役たる雑公事について、今後は院主代官にかわって寺家宛寺用に奉仕されるべきものと規定している。大乗院家による院主時代、雑公事は代官を介して大乗院家に奉仕させられていたのである。

以上の条項を総括して注目されるのは、学頭・三綱以下の寺家に対し、かつて院主代官が寺内で超然たる位置を占めていたことである。清弘殺害後に院主代官は寺家体制に組み込まれ、寺内の融和が図られたことはいうまでもないが、院主代官を介して大乗院家の重圧は止むことがなかったのであろう。

むすびに

以上、金剛寺は元弘動乱の勲功賞として、院主職の停廃を勝ち取ったことになろう。大乗院家による院主代官の配置が金剛寺の自立・自営を脅かし、寺僧勢力や寺辺百姓に重圧となって伸し掛かっていたことは明らかである。それ故に院主職の停廃は恩賞として賜与され、寺僧勢力に歓迎されたのである。興国元年の置文には、多大の苦難を強いてきた院主代官からの解放感すら読み取れ、内乱に立ち向かう金剛寺に新境地が拓かれたものといえよう。

寺辺領の一円支配と不可分の関係で展開された寺辺領主の排斥に対し、貞実・貞朝・貞円と三代にわたる三善一族の抵抗は執拗に展開された。にもかかわらず、金剛寺が在地に根づく一山寺院として存続するには、寺辺領主層に依存せざるを得なかったのが現実である。南北朝内乱以降、ときに騒擾や合戦の渦にみずから飛び込み、したたかに内乱を生き抜く金剛寺の様態はそれを如実に物語っている。

なお、金剛寺と三善氏の対立・抗争は鎌倉末期、あらわな暴力行使によって利害が衝突し、徳治二年二月の院主代官等殺害事件で極限に達した。本稿は金剛寺をめぐる勢力関係を検討するなかで、尾張房貞円と連携しつつ寺内の権限拡張を図る院主代官の対応が寺僧勢力の反感を募らせ、清弘殺害事件に帰結したとの結論に達した。ただ、代官清弘と貞円の連携を直接裏づける史料は見出せず、事件に至る状況史料と利害・勢力関係をふまえて、両者の関係を仮説として提示したにすぎない。

第六章　上乗房禅恵の血脈と人脈

はじめに

鎌倉後期の弘安七年（一二八四）に和泉国南郡山直郷の多治米村に生まれ、正安三年（一三〇一）に了賢の名で出家、嘉元二年（一三〇四）に河内国錦部郡の天野山金剛寺に入山した上乗房禅恵《ぜんね》は正平一九年（一三六四）に八一歳で示寂するまで、鎌倉末期から南北朝内乱にかけての激動期を生き抜いた学僧として知られる。

小論はとくに天野入山以降、六〇年を超える金剛寺僧としての生活のなかで禅恵自らが築き上げた血脈（法脈）や人脈を、同時代の史料に読み取ろうとする試みである。これによって、ひとり禅恵の履歴や生きざまのみならず、金剛寺および寺辺一帯の地域史をより鮮明に描出することも可能と考える。この試みを可能にした最大の要因はやはり禅恵の筆まめ、記録癖といっても過言ではない健筆による膨大な聖教奥書の存在である〈禅恵筆録の奥書は昭和一〇年刊『大阪府史跡名勝天然記念物調査報告書』第六輯所収「天野行宮金剛寺古記」と『河内長野市史』第五巻所収の「金剛寺史料」に収録されている。小論で扱う禅恵の奥書はいずれも後者に拠るものであり、以下「寺史料」と略す〉。しかも、禅恵の奥書は単なる歴史事象の記録にとどまらず、ときに主観や感情をまじえて一編の日記の体裁をとることでも特異である。南北朝内乱期の前半、激動の三〇年を金剛寺の学僧、学頭として過ごしたことがその基盤にあることは言うまでもない。その点、禅恵ほど内乱の歴史を背負って、みずからの視点で内乱の局面や寺辺情勢を記録した人物はいなかったのではないか。筆者はかつて、元弘以降内乱期の禅恵について「上乗房禅恵の内乱」と題して分析したことがある〈『河内金剛寺の中世的世界』第二章第二節〉。本稿はそこで扱えなかった禅恵の血脈および人脈をめぐって、さらに視角をひろげることを企図したものである。

第一節　伝法師匠盛誉と野沢両流

建武二年（一三三五）七月、五二歳の禅恵は私物の重宝三点を金剛寺の御影堂に施入する。そのうち「弘法大師御童形時御作土塔一基」はかつて久米多寺の明智房盛誉が禅恵に贈ったものであり、盛誉のことを禅恵は「禅恵伝法師匠」と施入状に裏書きしている〈「禅恵御影堂重宝施入状」『金剛寺文書』、以下同寺文書は『寺文書』と略す〉。おそらく一八歳のとき、禅恵は生家に近い久米多寺で出家（了賢の僧名で）していたのであろう。その間、禅恵は同寺に入室していたものと思われ、二一歳で金剛寺の学頭忍実の文殊院に入室するまでは、久米多寺を拠点に学問・修行に励んでいたものと推測される。正和五年（一三一六）一一月、文殊院に入室中の禅恵（三三歳）は聖教奥書に「根来寺往廻卄三年、東大寺往反卄年」としたためている〈「寺史料」〉。おそらく一〇歳のころ久米多寺に入室、ここを拠点に根来寺五坊と東大寺東南院を毎年のように往還していたのであろう。幼少より顕密の奥義を学ぶべく両寺を頻繁に往還するその姿勢は、多くの苦境を乗り越えて金剛寺の正学頭に上りつめる禅恵の未来を保障するものであった。

血脈は法脈とも称され、世俗を断った僧侶が真言密教の奥義をだれに学び、だれに伝えたかを系図によって示したものである。俗界における血縁になぞらえたものであり、「印可」「印信」の伝授が師弟間の血脈を媒介する。伝法師匠の盛誉から禅恵は何を伝授されたのか、その血脈を探ってみたい。

真言密教における血脈は大別して、聖宝（醍醐寺開山・理源大師）創始の小野流と益信（円城寺僧正・本覚大師）を祖とする広沢流があり、総称して「野沢二流（両流）」と呼ばれる。血脈の分派は基本的に事相上の分流とみなされ、教相上の相違によるものではないとされる。

法身如来―金剛薩―龍猛菩薩―龍智菩薩―金剛智三蔵―不空三蔵―恵果和尚―弘法大師―真雅僧正「貞観寺」―源仁僧都「南池院」―本覚大師「円城寺益信僧正」―禅定聖主「宇多院」―寛空僧正「香隆寺」―寛朝僧正「遍照寺」―済信大僧正「北院」―二品親王性信「大御室」―寛助大僧正「成就院」―二品親王覚法「高野御室」―寛成大僧正「保寿院」―隆遍法印「慈尊院」―賢隆法印「慈尊院」―真快阿闍梨「正覚寺」―学誉阿闍梨「嘉祥寺」―盛誉上人「久米多戒壇長老」―禅恵法印―快賢法印―元喜法印―圓尓阿闍梨

禅恵は元亨三年（一三二三）の聖教奥書に「野沢両流金剛資禅恵」と自署しており、得度二三年にしてすでに両流を伝授されていたのである〈「寺史料」〉。奥書の大半に金剛資・金剛仏子を冠して自署するだけの禅恵にしてみれば、齢四〇にして両流を会得したことの自負を表徴するものであろう。すなわち、上の血脈は禅恵が広沢流を盛誉《じょうよ》から伝授され、さらに弟子快賢（かいけん）に伝授したことを示すものである〈『寺文書』〉。広沢流は仁和寺の寛助《かんじょ》門下によって仁和寺三流と広沢三流に分派されるが、盛誉は仁和寺流のうち寛成の保寿院流（流祖永厳）を継いでおり、禅恵は仁和寺を本寺とする金剛寺僧にふさわしい伝統を継承していたのである。

一方、盛誉による小野流伝授を裏づけるのが、つぎの興国七年（一三四六）「三宝院流相承次第」である〈「寺史料」〉。

三宝院権僧正―聖賢阿闍梨「金剛王院」―心信聖人「壺坂」―先師阿闍梨―蓮□権律師禅□―権律師元瑜―真恵「道照上人・覚苑寺開山」―法空「了達上人・橘寺長老」―盛誉「明智上人・久米多寺長老」―権律師

禅恵

文保三年（一三一九）の奥書に禅恵は「三宝院末葉」「三宝院末流」と自署していることから、禅恵は小野流のうち醍醐三流のひとつ「三宝院流」を伝授されていたのである〈「寺史料」〉。小野流はその後一二流に分派するが、禅恵は聖宝を開山とする醍醐寺の有力院家、三宝院を拠点とする本流を継承していたことになろう。おそらく文保三年、三六歳のときに禅恵は盛誉から三宝院流を伝授されていたものと推測される。したがって、鎌倉後期に禅恵は久米多寺の盛誉から両流を伝授されており、印可の証である印信は現存しないが、右の血脈二点を通して久米多寺三代長老、さらには東大寺戒壇院長老に就任する盛誉を伝法師匠とする禅恵の位置が理解される。

第二節　禅恵に伝授された「印信」

『金剛寺文書』には鎌倉末期以降、歴代阿闍梨によって弟子たちに授与された印信（印可状）が一一点収録されており、そのうち二点が禅恵に伝授されたものである。

伝法許可灌頂印信

昔大日如来、大悲胎蔵金剛秘密両部界を開き、〈中略〉吾祖師根本阿闍梨弘法大師まで既に八葉、今愚身第廿六代に至り、伝授次第師資相承明鏡なり、小僧数年の間、求法の誠を盡し、幸い中性院法印（頼瑜）密印の許可を蒙り、重て東南院前大僧正（東寺長者聖忠）に随い、灌頂印可の秘奥を伝え、爰に大法師禅恵深く三密奥旨を信じ、久しく両部大法を学び、今機縁相催し、已に伝法灌頂の密印を授くなり、次第の阿闍梨の為、示後の哲の為にこれを授く、能く五塵の染を洗い、八葉の蓮を期すべし、是れ則ち仏恩に酬い、師徳に

答え、吾是の如きを願ふ、
元亨四年歳次／甲子　二月十八日甲戌房宿／火曜
伝授大阿闍梨伝燈大法師位頼心

右は鎌倉末期の元亨四年（一三二四）二月、根来寺出身で当時は東大寺東南院（院主聖忠は法務前大僧正で東寺一長者と東大寺・高野山両別当を兼務）に依附していた頼心から、禅恵が中性院流を伝授されたことを証する印信である〈『寺文書』筆者読み下し〉。中性院流は広沢三流のひとつで覚鑁（伝法院開山）が興した伝法院流の流れをくみ、弘安九年（一二八六）の大湯屋騒動に敗れて根来に下山していた俊音房頼瑜（中性院法印・大伝法院中興）を祖とする流派である。幼時の頃より根来に頻繁に留学していた禅恵はやがて頼瑜《らいゆ》の高弟頼心に師事しており、元亨二年の奥書に「師主助得業御房頼心」、翌年の奥書にも「師主頼心僧都」とある〈「寺史料」〉。ちなみに、頼心は学侶二臈の僧綱である反面、東大寺領の摂津長洲《ながす》庄や播磨大部《おおべ》庄、美濃茜部《あかなべ》庄の荘務にかかわって、東大寺の財政を主導するほどの人物である〈久野修義「嘉暦年間における長洲訴訟記録をめぐって」勝山清次編『南都寺院文書の世界』〉。かくして禅恵は、明智房盛誉からの仁和寺保寿院流にくわえて頼心から根来寺中性院流を伝授されており、学僧の面目躍如たるものがあろう。

禅恵奥書によると、禅恵は正和五年（一三一六）につづいて元徳元年（一三二九）、同二年、元弘元年と根来寺五坊に、また文保二年（一三一八）から一〇年間は毎年のように東大寺東南院に滞在し、経疏類の書写に没頭している〈「寺史料」〉。書写したのはいずれも、頼瑜とその高弟良殿（五坊僧都・大伝法院学頭）および頼心の自筆・相伝本であり、良殿もまた正慶元年（一三三二）の奥書に「師主五坊律師良殿」とある。頼瑜との関係は相伝本書写以外は不明だが、幼年期の禅恵が頼瑜の謦咳《けいがく》に接していた可能性もあり、その弟子良殿と頼心に師事していたことは確かである。とくに東大寺の東南院々主聖忠の下で助已講《いこう》・助得業《とくごう》の地位にあった頼心との結縁は深く、嘉暦三年（一三二八）正月、宮中真言院で挙行された後七日御修法《ごしちにちみしほ》（十二天画像を奉祀して正月八日からの七日間、真言密教の阿闍梨によって朝家安穏と五穀豊饒を祈願）の導師（東寺一長者聖尋）伴僧に列した頼心の、そのまた伴僧を禅恵が務めている〈『寺史料』〉。四五歳の禅恵にとって、未だ経験したこともない晴れ舞台となったことであろう。嘉暦三年当時、宮中は倒幕に執念を燃やす後醍醐の親政下にあり、朝家安穏を祈る「聖天供」にかこつけた倒幕祈祷を想像することも許されるであろう。

（端裏書）「印信　中院」

伝法灌頂を許可し阿闍梨職位を授与する事

金剛弟子禅恵大法師

右大法師は伝法灌頂阿闍梨職位、先師既に以て授与し畢んぬ、而して求法の思い猶切れず灌頂職位の許可を乞ひ受く、仍て先師授く所の印可を以て授与既に畢んぬ、庶幾能く五塵の染を洗い、八葉の蓮を期すべし、是れ則ち仏恩に酬い、師徳に答う、吾此の如きを願ふ、余念すべからず、又人に付法すること無く、断種の罪有るを恐れ、故に示後の為に記す、而して已にこれを授与す、

興国六年乙／酉　九月廿七日

伝授阿闍梨伝燈大法師法印大和尚位教尊　在判

右は興国六年（一三四五）、金剛寺一二代学頭の深相房教尊によって禅恵に授与された中院流の印信案である〈『寺文書』筆者読み下し〉。当時、禅恵は教尊を補佐する権学頭で権律師であり、齢六二の高齢に達していた。すでに先師忍実から印信を得ていたにもかかわらず、求法の心断ち難く、さらに教尊の印信を請うたことになろう。中院流は小野流の一派で高野山の第一二世検校明算《めいざん》（小野僧正仁海弟子）が興した流派である。したがっ

て、禅恵は先に明智房盛誉から伝授された三宝院流にくわえて、先師忍実や教尊から中院流を重ねて伝授され、小野二流を継承していたことになろう。

大日如来━金薩━龍猛━龍智━金剛智━不空━恵果━大師━実恵「号檜尾僧都」━真紹「禅林寺僧都」━宗叡「禅林寺僧正」━真然「号高野後僧正」━聖宝「醍醐僧正」━観賢「般若寺僧正」━淳祐「石山内供」━元杲「延命院僧都」━仁海「小野僧正」━成尊「小野僧都」━明算「中院御房高野検校」━良禅「北室検校」━兼賢「北室検校」━理賢「蓮金院検校」━覚基「蓮上院検校」━忍信「五智院検校」━覚胤「五智院検校」━静弁「龍光院検校」━良朝「龍光院」━性賢「龍光院」━禅恵「河内天野文殊院上乗房律師」━蓮恵「天野寺権学頭」━快賢「天野寺学頭」━覚暁

右は、応永五年（一三九八）四月編纂の「高野山中院流血脈」である〈『寺文書』〉。これによると、禅恵は高野山龍光院の性賢からも中院流を伝授されている。禅恵は正平三年・貞和四年（一三四八）に龍光院で写経に没頭しており、山内にあって中院流の拠点をなす龍光院との結縁を深めるなかで、性賢から中院流を伝授されたのであろう。忍実・教尊・性賢の印可により、高野山中院流への特段の思い入れがみてとれる。

第三節　先師忍実は興聖菩薩の甥

正和三年（一三一四）五月、禅恵の奥書三点につぎのような記事がみえる〈『寺文書』〉。

金剛寺の文殊院に入室した了賢は禅恵と改名し、先師忍実によって中院流を伝授されたことは既述の通りである。久米多寺の中興開山（初代長老）は西大寺長老・叡尊の弟子顕尊であり、その流れをくむ三代長老盛誉の勧めで禅恵が文殊院に入室したことは想像に難くない。禅恵にとって伝法師匠・盛誉にかわる金剛寺の師匠は先師学頭の忍実であった。

○于時、正和三年甲／寅五月廿一日、於河州天野金剛寺書写畢、先師学頭正（聖）俊房阿サリ（闍梨）忍実製記也、仏子禅恵三十一歳、

○于時、正和三年甲／寅五月廿三日、河州天野山金剛寺北谷文殊院、書写畢、

○于時、正和三年甲／寅五月廿七日、河州天野山金剛寺北谷文殊院、書写了、阿闍梨忍実草聖俊房西大寺興聖菩薩ノ甥也、

右は入室一〇年目の禅恵奥書であるが、その五年後の元応元年七月廿二日、金剛寺修禅院の開山でもある九代学頭忍実は齢七〇で示寂する〈「寺史料」〉。禅恵の奥書によると、聖俊房忍実は真言律の開祖で大和西大寺を中興した興聖菩薩叡尊の甥とある。思円房叡尊はすでに正応三年（一二九〇）八月に享年九〇で示寂している。

叡尊は大和箕田村の土豪を出身母胎とし、その父慶玄は興福寺の学侶である。慶玄の跡は叡尊の兄・源景親が継ぐが、その子・日浄房惣持は寛元二年（一二四四）に叔父叡尊を戒師として得度し、叡尊を中興開山とする古市西琳寺《さいりんじ》の二代長老に就任する。これを機に、西琳寺は河内における真言律の拠点寺院として発展する。叡尊の甥には惣持のほか、やはり叡尊によって西大寺で具足戒を受けた信日阿闍梨が知られる。

つぎは、信日阿闍梨の履歴をまとめた高野山の記ある〈『新校高野春秋編年輯録』巻九〉。信日は二五歳で高野山の大楽院を継ぎ、定・戒・彗の三学に練達して一山衆徒の帰依をうけ、亀山上皇に加持を施すほどの名僧である。注目されるのは父を紀伊一宮日前宮《ひのくまぐう》の「神宮人」、母を和泉一宮大鳥社の社家・国御家人である「大鳥右馬允女」とすることである。ということは、父は叡尊の兄弟で日前宮の神官ということになろう。

（徳治二年・一三〇七）二月廿四日、信日闍梨大楽院にて円寂す、伝え曰く、父は州名岬郡の神宮人、母は泉州大鳥右馬允の女也、是れ則ち興正菩薩の甥也、幼年にして養智院恵深に投じ、而して祝髪、行年十九歳、大楽院賢雄に随って釈論を学び、二十一歳にして西大寺に往き具足戒を受け、二十五歳にして大楽院に入職し、三学共に達す、故に一山衆中これに帰依し、特に亀山院御加持に昇殿

やはり叡尊の甥とされる忍実であるが、叡尊の他の兄弟姉妹の子という推測もなりたつ。が、本稿では忍実はおそらく信日の舎弟、母方の出身母胎は大鳥社家で国御家人の大鳥氏とする仮説を提示しておきたい。金剛寺は河内と和泉の国境領域にあって、入山する寺僧の多くは河泉両国の在地領主や有力農民の子弟である。開山の聖地房阿観は大鳥郡野田村々刀禰大和貞平の子、南北朝内乱当初の中院坊主善聖房は金剛寺領和田庄の下司・和田助家の子、禅恵も南郡多治米村の在地有力者の子弟である。歴代の学頭・三綱層に和泉諸郷を母胎とするものも多く、忍実もまたその伝統のなかで大鳥氏を母方の縁戚としていたのであろう。

第四節　文観房殊音の「門弟随一」

正平九年（一三五四）一〇月二七日、この間、西吉野の賀名生《あのう》に逼塞していた後村上は河内金剛寺に遷って行宮とした。これに先立つ同年三月二二日、北朝の光厳・光明・崇光と前東宮直仁が宮方勢によって金剛寺に拉致されており、当時七一歳で正学頭であった禅恵にとって晴天の霹靂ともいうべき非常事態であった。南朝の仮御所とされた金剛寺の五年余については別稿に譲るが〈拙著『河内金剛寺の中世的世界』第二章二、拙稿「南北朝内覧を彩る天野山金剛寺」『大阪春秋』一五一〉、「当帝（後村上）并仙洞（北朝三院）御座之間、殊更物騒」「寺

中物騒」と奥書に筆録するほどの禅恵にしてみれば、両朝のお歴々は招かざる賓客であった。

同（正平一二年一〇月）九日戌初、小野僧正弘真、当寺大門往生院に於いて、入滅し畢んぬ、行年八十、〈中　略〉此の僧正は先帝当今二代の御国師、〈中　略〉故に中陰葬礼の御沙汰、偏に公方（南朝）の御計なり、予（禅恵）門弟随一として、故にこれを記す、

右は正平一二年（一三五七）一〇月、禅恵奥書の一節である〈「寺史料」筆者読み下し〉。後村上には多くの宮方公卿や官人も供奉していたが、後醍醐以来の国師である文観房殊音（弘真）も随行しており、金剛寺に入って三年目の正平一二年一〇月九日の夜、享年八〇で示寂したことを伝えている。すでに北朝三院は当年二月までに京都南郊に返されていたが、武家方との緊張が高まるなかでの葬礼であった。この間、北朝三院は観蔵院、後村上はこれに隣接する摩尼院を仮御所としたが、文観は学頭禅恵の無量寿院に同宿していた〈正平十一・二・二十一裏書に「（文観）僧正同宿当（無量寿）院」とある「寺史料」〉。いずれも伽藍の北側に隣接し、広大な寺内の中枢をなすエリアである。文観が入寂した大門は寺内の正門（総門・仁王門）であるとともに往生院を併設しており、死期を迎えた寺僧は住坊から往生院に移され、ここで入滅することになっていたのであろう。死穢をさける風習として、文観僧正といえども例外ではなかった。その葬所は寺内周辺の境内地と推測されるが、未だ発見されていない。二代にわたる国師だけに、その葬儀は南朝の国葬として取り計られた。元弘以前からの国師として倒幕運動の一翼を担い、東寺一長者をはじめ真言密教の最高位をきわめた生涯であったが、天野の行宮で天皇に見取られたであろうその最期は、国師文観の面目躍如たるものがあろう。

ところで、文観と禅恵の関係だが、単に三年間の同宿人の誼みだけではなかった。まさか立川流を伝授されたわけではないと思うが、禅恵は文観の「門弟随一」とある。ただ、その表記には第一の門弟というよりはむし

ろ、衰微の一途をたどる南朝国師の唯一の門弟の意味合いがよみとれる〈『太平記』巻十二に建武動乱後の文観の境遇について、「法流相続の門弟一人もなく、孤独翆窮の身と成り」とある〉。禅恵が文観から伝授された法流は不明であり、印信状も伝わっていない。おそらくこの三年間の同宿中の交誼から生じた師弟関係であり、晩節にかかる両者に血脈上の師弟関係は想定しがたい。

また、文観はかつて建武政権下の建武二年（一三三五）年末、後醍醐とともに金剛寺の住持本尊に仏舎利を奉納している〈『寺文書』〉。鎌倉で謀反の旗幟を鮮明にした足利尊氏に対し、建武政権の天下静謐を祈願したものであろう。禅恵は当時五二歳の老境にあるとはいえ、大法師の一学僧にすぎない。東寺一長者の国師として政権に重きをなす文観との間に、当時からの師弟関係を想定することは困難である。

第五節　光厳法皇に「印信」授与

両統御所としての三年弱と南朝行宮としての五年余りの間、正学頭の禅恵は多くの貴顕と面識を得、折衝の機会をもったことであろう。むしろ彼らとの接触のなかで、河内を代表する顕密道場の主という立場はさておき、寺中・寺辺一帯が要害化されるなかで、内乱の帰趨にかかわる政治課題に苦悩する立場を強いられたことであろう。このような殺伐たる雰囲気のなかでなんと、禅恵は北朝の光厳「持明院殿」法皇との仏教談義におよび、すでに臨済の禅僧として勝光智と名乗っていた法皇に印信を授与することになるのである。前大僧正の文観房殊音ではなく、金剛寺の正学頭で権律師にすぎない禅恵から法皇は密教の奥義を伝授されていたのである。禅恵の奥書によると正平九年（一三五四）九月一一日、光厳・光明の両院は在住する観蔵院で禅恵から「般若心経秘鍵」の講義を受けており〈「寺史料」〉、その後の授法と推測される。法皇は授法に際し恵信と名乗るが、その法名は禅恵の一字を受けたものであろう。内乱の険しい局面におかれて、法皇と禅恵はささやかな仏縁に浸ったことであろう。幾度となく内乱の政局に翻弄され、今また内乱の局面にさらされる法皇にとって禅恵との邂逅は救いであり、法皇の求めによる授法ではなかったか。

正平十九年七月七日、持明院殿（光厳）法皇、江州山里ト云処ニテ御隠（崩御）、禅僧ニテ御坐云々、御歳五十二□□（恵信）、同九月八日、天野山ニ御骨納奉了、此法皇ハ無量寿院之上乗房禅恵法印学頭御房御授法、依御隠ニ印信ヲ有御還也、〈中略〉

応永卅年癸／卯　三月上旬、書写之、

求法舜恵卅三

右は応永三〇年（一四二三）三月、禅恵遺弟の花園院主舜恵が筆録した奥書である〈「寺史料」〉。光厳法皇が貞治三年・正平一九年（一三六四）七月七日に崩御したことを記録している。おそらく原文は禅恵の奥書であろう。その三ヵ月余り後の一〇月一六日、禅恵もまた法皇のあとを追うように享年八一で示寂している〈舜恵書写の応永三十年三月奥書「寺史料」〉。

右奥書は崩御の地を近江国山里とするが、実は丹波国桑田郡の禁裏御領山国庄《やまぐに》である。無範和尚と称した法皇はここに庵室を結び、波乱に富む世俗を断って終の住処としたのである。これが法皇を開山とする常照寺（常照皇寺）である。陵墓は常照寺の後山に営まれたが、法皇の遺言により分骨が金剛寺に届けられ、三宝院伽藍を見下ろす後山に埋葬された。納骨の儀は禅恵を導師に挙行されたことであろう。身分や世代を超えた結縁ではあったが、一〇年前の金剛寺における出会いと授法が背景にあっての分骨である。ただ、法皇は臨済の禅僧として臨終を迎えており、かつて禅恵から伝授された印信は金剛寺に返却された。それが法皇の遺言によるのか常照寺の意向によるのか、はたまた当時の慣行によるのか、判然としない。

それにしても、光厳院の生涯は波乱万丈としか譬えようがなく、「地獄を二度見た天皇」と称されるほどである〈飯倉晴武『地獄を二度見た天皇　光厳院』〉。かつて元弘元年（一三三一）九月二〇日、笠置に楯籠もった後醍醐に対抗する鎌倉幕府によって、量仁（光厳院・一九歳）は天皇に推戴される。ところが、二年後の元弘三年五月七日、六波羅滅亡の際は北方探題の北条仲時に率いられて父の後伏見院や叔父の花園院とともに関東へ落ち延びようとするが、近江の伊吹山麓で捕えられ、同月一七日に政権復帰を果たした後醍醐によって廃位される。その後、建武政権の崩壊から後醍醐の吉野潜幸（延元元年〈一三三六〉年末）の間、光厳院は弟の豊仁（光明）を践祚させて院政を開き、ここに両朝並立の内乱に突入する。院政とはいっても所詮は武家政権下にあり、内乱が長期化するなかで武家の内紛もあって南朝は勢力を盛り返し、一瞬の政変とはいえ正平六年（一三五一）一一月の正平一統によって、光厳院政は廃される。その後、京都を回復した武家方に対抗して、北朝の復活を恐れる宮方勢が北朝三院を河内東条から大和賀名生、そして河内金剛寺へと拉致したことは既述の通りである。

光厳院はかねて夢窓疎石に帰依していたが、正平七年・文和元年（一三五二）八月八日、幽閉中の大和賀名生で出家して勝光智と称し、晩年は春屋妙葩《しゅんおくみょうは》（夢窓の甥）に帰依して丹波山国庄に隠棲、無範和尚の禅僧名を名乗ったとされる〈吉川弘文館『國史大辞典5』、米田雄介編『歴代天皇・年号事典』〉。ところが、金剛寺にあって幽囚の身の光厳法皇は学頭禅恵の授法により恵信を名乗る一方で、正平一一年・延文元年一一月六日、金剛寺において僧覚明《かくみょう》から禅衣を授けられ、法名を光智に改めたとされる〈『園太暦』『柳原家記録』等〉。臨済の禅僧として法燈派の孤峯《こほう》覚明からの禅衣授与はありうるが、金剛寺は真言密教の道場である。ここで法燈派の覚明から禅衣を授けられることは何を意味するのか。

孤峯覚明は当時、金剛寺の北西約一五㎞の海浜に面した和泉高石浦の大雄寺に在住しており、接触の機会がないわけではない。また、覚明を開山とする大雄寺は後村上天皇が金剛寺に移幸する直前に勅願で開創され、供養には多くの公卿・官人を擁して臨幸している。覚明は後村上天皇の厚い帰依を背景に大雄寺を建立し、南朝顧問に格づけされていたのである〈拙稿「和泉国助松海蔵寺と南北朝内乱」『ヒストリア』一九六〉。推測の域を出ないが、後村上の招きで覚明は金剛寺を訪ね、その勧めによって幽閉中の光厳法皇に法燈派の禅衣を授けたものと思われる。そこには、覚明を顧問とする後村上によって、光厳院に法燈派への帰依を強いる姿勢も垣間見えよう。いずれにせよ、内乱の政局に翻弄されつづけた光厳法皇にとって、金剛寺における禅恵との邂逅はささやかな救いであった。

第六節　津守国冬と金剛寺大門供養

時代は前後するが、鎌倉末期の正和三年（一三一四）三月一六日、禅恵にとって未曾有の法会が金剛寺で挙行された。主催者の一員として法会の一端を担う禅恵はこのとき、とある賓客の舞楽歌詠に笙・笛の伴奏で応えるという栄誉に浴した。つぎは、法会の様相を記す禅恵の奥書である〈「寺史料」筆者読み下し〉。

○今（正和三）年甲／寅　三月十六日、当（金剛）寺大門供養童舞十二人、住吉神主見物、三宝院に住す、冬国（国冬）神主は左右舞落（楽）歌詠に付く也、禅恵は笙・笛随一の勤仕也、
○時に正和三年甲／寅　卯月七日、河州天野金剛寺北谷文殊院において、書写し了んぬ、今年三月十五（十六）日に当山大門供養を迎え了んぬ、無双未曾有の法会なり、願わくば書写の功を以て、あまねく法を衆生に達し、自他の正恵を開き、共に大覚を証すなり、
僧禅恵（花押）生年卅一
○今年三月十六日、当寺大門供養曼荼羅供、導師は大阿闍梨忍実学頭、童舞十二
○聖俊房（忍実）は西大寺興聖菩薩ノ甥なり、万タラ供は大阿サリ忍実学頭、今年三月十六日、当寺大門供

養、童舞十二人なり

沙門禅恵之卅一歳

無双未曾有の法会とは、金剛寺々内の正門たる大門（総門）の落慶供養であり、笙・笛の伴奏と歌詠をまじえた舞楽、一二人の童舞が奉納された。法会の導師は禅恵の先師学頭、聖俊房忍実である。笙・笛の演奏を担った禅恵にしてみれば、入山一〇年目の晴れ舞台であり、忍実のもとで東奔西走の日々を送っていたことであろう。

伽藍の正門たる楼門（中門）はかつて、楼門安置の持国・増長両天像が造立された弘安二年（一二七九）の直前に建立されたと推測されるが、大門は坊舎が急増しはじめる鎌倉末期、ようやく落慶のときを迎えたのである。寺の内外を区画するとともに、天野越えの和泉道を寺内に取り込んで大門は造営された。この間、大門の焼失・損壊の記録もないことから、正和三年三月は初の大門造営であろう。

承安二年（一一七二）に開創された金剛寺は伽藍整備に六〇年余、大門竣工に一世紀半近くを要したことになる。一山寺院の伽藍や寺内坊中は時代の要請に対応して徐々に整備されるものであり、開創当初より伽藍・寺内のイメージなり設計図なりが存在したわけではない。ただ残念なことに、正和三年造営の大門はわずか半世紀足らずで焼失することになる。正平一五年（一三六〇）三月一七日、後村上が未だ金剛寺に在住しているものと誤認した河内守護の畠山国清によって、大門は禅恵の無量寿院をふくむ坊舎半分の三五坊とともに焼き打ちされた。北から攻め来たる畠山勢によって、大門は真っ先に焼き打ちされたことであろう。落慶法要に大役を担った禅恵だけに、半世紀後の焼き打ちにたいする憤慨はいかばかりであったことか。そのときの惨状を禅恵は、「本願已来当山滅亡」と奥書に記しており、茫然自失の心境を物語るものであろう。

ところで、大門供養の法会に舞楽歌詠を担当した賓客とは摂津住吉大社の第四九代神主、津守国冬である。国冬は当時四五歳、定家の曾孫為世《ためよ》に師事する二条派の代表的歌人であり、晩年は宮方にあって従三位の公卿に昇る人物である。

ここで注目されるのは、禅恵の撰集による音楽資料『諸打物譜』が金剛寺の聖教中にふくまれ、「琵琶秘抄」「笙楽譜」「金剛寺楽次第」等六点で構成されていることである。

国助（四十八代）┬国冬（四十九代・従三位）─国夏（五十一代）
　　　　　　　　├国道（五十代・摂津守）
　　　　　　　　└照恵（琵琶名手）

国冬の弟照恵は秘伝を伝授するほどの琵琶の名手である。住吉神主を世襲する津守氏は舞楽をめぐって、演奏や歌詠の師範として権威を誇っていたのであろう。後藤昭雄氏は『諸打物譜』について、住吉社との関わりで禅恵のもとにもたらされものと推測しており〈研究成果報告書『真言密教寺院に伝わる典籍の学際的調査研究――金剛寺を中心に――』〉、大門供養における国冬と禅恵の共演はその成果を披露したものであった。法会の際の「禅恵、笙笛随一勤仕也」に、禅恵の自負と感動の心境が遺憾なく表現されている。この間、国冬は伽藍の上段に位置する三宝院に滞在しており、禅恵は法会にむけて笙・笛の演奏を伝授されていたのであろう。金剛寺の法会における舞楽や歌詠には住吉神主家の伝授が背景にあったものと思われ、金剛寺の芸能活動の一端を伝えるものとして注目される。

ちなみに天正一一年（一五八三）の天野山検地名寄帳の桂坊分「しか谷壱段」の作人に「管弦方」がみえる〈『河内長野市史』第六巻所収〉。おそらく中世以来の寺家の組織として、法会の演奏を担う管弦方が住僧によって組織されていたのであろう。

第七節　禅恵の有徳をめぐって

中世の有徳には、人格的倫理的高潔を意味する人徳と経済的裕福にもとづく富豪の両面があるとされる。後者の裕福・富豪も、いわゆる宗教的善根（造寺・造仏・寄進・勧進・施行・写経等）を積みうる経済力の意味を込めての有徳であろう。長寿のうえに奥書等記録を多く残した禅恵は、有徳人に相応しい事績を伝えている。以下、禅恵の有徳性の側面なり要因なりについて検討を加えてみた。

第一に、僧侶としての血脈上の位置づけは一節・二節で紹介した通りであるが、禅恵晩年の僧階昇進には目覚ましいものがあった。特筆すべきは最晩年、学頭にして初の権少僧都に任じられていたことである。正平九年（一三五四）冬、賀名生から河内天野に移幸した直後の後村上によって金剛寺の寺官が「学頭法印一臈権少僧都、三綱一臈法眼、権学頭権律師」と規定され、南朝行宮たる金剛寺の正学頭にふさわしい僧官が禅恵に付与されていたのであろう〈同年十一月十日「後村上綸旨」『寺文書』〉。

第二に注目される点は、政治経済的に寺辺の在地勢力に大きく依存する一山寺院の学僧として、いかに自立・自存の伝統を継承しているかという問題である。とくに内乱の重要局面や政局に翻弄され、内外の制約を受けながらも、両朝に対し中立的姿勢を堅持して奥書に「両年号」を刻む禅恵の姿勢は、重厚な学問・修行に裏打ちされた精神の自立を象徴するものであろう。また、禅恵は内乱の起点についても、元弘元年（一三三一）秋の笠置合戦から延元元年（一三三六）年末の両朝並立へと、内乱の推移に対応して詳細な奥書を残している。畿内および寺辺情勢を時代区分に基づいて記録する姿勢は、内乱の歴史的意味を問うものであり、現代の歴史分析に通じる手法といえる〈拙著『河内金剛寺の中世的世界』第二章二〉。

第三に指摘すべきは、内乱期の金剛寺焼き打ちに遭っても、禅恵は坊舎・持仏堂の再建や経疏類の書写・買得に迅速に対応しており、寺中の信頼を一身にあつめていたことである〈延元二年・建武四年〈一三三七〉天野合戦、正平四年・貞和五年〈一三四九〉仁王山合戦、正平十五年・延文五年〈一三六〇〉畠山国清の攻撃〉。ちなみに正平一五年、畠山国清の焼き打ちに大門・往生講堂とともに禅恵の無量寿院も焼失したが、翌年七月には早くも住坊と持仏堂の再建にこぎつけている。その復興ぶりは目を見張るものがあろう。

第四に、河内・和泉の在地勢力による経済支援が復興事業の基盤であったが、金剛寺と在地を媒介したのが、寺辺有力者の子弟から輩出される「寺弟子」と在地に根づく「里弟子」である。禅恵の内弟子とも言うべき寺弟子には①禅恵から保寿院流を伝授されて無量寿院を継ぎ、応永年間に学頭法印に就任して権少僧都大和尚位に昇る快賢を筆頭に、②禅恵から中院流を伝授されて権学頭に就任する万善院主の俊良房蓮恵、③吉祥院主の源誉などが知られる。一方、里弟子には、⑴元亨二年（一三二二）に新供銭六一貫文と毎年の加地子七石六斗余を、建武二年（一三三五）には高価な蝋燭台一対を御影堂に施入した「禅恵弟子泉州助松（日置）沙弥道正」〈『寺文書』〉、⑵興国七年（一三四六）七月に金堂の巨大な須弥壇（鴈字壇）を大施主として、その金具類を大願主として寄進した世音が知られる〈金堂須弥壇の墨書銘〉。世音の名は寺僧中に見出せず、墨書銘の「大施主世音」の上位に「禅恵六十三」がみえることから、世音は禅恵の寺外弟子と推定される。いずれも富豪を誇る寺辺の有徳人であろう。

最後に注目すべきは、金剛寺の住僧である禅恵が生地の和泉山直《やまだい》郷多治米《たじめ》村の住人として、在地寺院の造営・修理等に多大の支援を惜しまなかったことである。ちなみに元応二年（一三二〇）七月、金堂南柱の蓮座木を造功・寄進した「金剛寺住侶」の堯学房隆意は、一方で「河内国金太郷住人」とも称している〈第三章二〉。金剛寺に代表される一山寺院の住僧の多くは、一方で在地の住人という二面性を備えており、禅恵の性格・動向もその文脈に位置づけることが重要であろう。

鎌倉末期の元亨二年（一三二二）九月、先妣の三廻忌法要をすませた禅恵（四〇歳）はさらに多治米寺仁王像の彩色と大門造営を思いたち、願主として勧進に奔走、翌年三月一五日に供養の会式を挙行している。多治米寺は安楽寺を正式とするが、先妣法要も多治米寺で営んでいることから、禅恵生家の菩提寺であろう。供養の会式は村人子息一〇人の童舞をまじえて華やかに挙行されたが、導師は先師の明智房盛誉である〈『寺史料』〉。菩提寺大門の供養導師に先師を招請するところに、禅恵の有徳の一端と盛誉の信頼のほどが察せられよう。

さらに注目されるのは示寂直前、禅恵がつぎのような奥書を残していることである。

正平十九年甲／辰　八月廿三日時正／中日　多治米村道場、無量寿寺四壁塀等皆造畢了、

禅恵　春（春秋）八十一歳／夏六十八臈

（梵字）光明真言　十方世界　念仏衆生

摂取不捨　南無阿弥陀仏　往生極楽

禅恵は二ヵ月後の一〇月一六日、八一歳で示寂する。臨終を覚っての極楽往生の願いが、多治米村道場の四壁塀造営に結実したことを伝えている。「四壁塀」とはおそらく、堂舎を囲繞する築地塀であろう。「多治米村道場」は安楽寺を正式とする多治米寺とは別に、「無量寿寺」と表記されている。これは金剛寺における禅恵後半生の住坊、無量寿院にちなんだ寺号であり、生地の多治米村に禅恵が造営した道場ではなかったか。菩提寺とは別に、村人の学問・修行・衆議の場として無量寿寺を開創していたのである。禅恵は金剛寺の住僧として最高位をきわめる一方で、多治米村の住人として多大の善根を積むなかで、金剛寺の内外で有徳人と仰がれたことであろう。

ちなみに、多治米寺は現在廃寺となって旧地も不明であるが、室町期の『和泉国寺社東寺修理奉加人交名』によると、南郡の項に二百文を喜捨した「多治米寺」と百文の「無量寿院（寺か）」がみえる〈『教王護国寺文

書』〉。この奉加帳は文安六年（一四四四）、円了上人の勧進活動によるものとされることから、戦国直前の両寺の存在を裏づける記録であろう。

むすびに――禅恵の老屈・病苦――

中世社会において、齢八〇の長寿を全うするだけでも有徳の要因とされたことであろう。ところが長寿をもって有徳人と仰がれる本人にとって、晩年が想像を絶する苦悩・苦難の連続であることは、さすがの禅恵も例外ではなかった

つぎは、最期を覚った禅恵が老骨に鞭打って書きとどめた奥書である〈「寺史料」〉。

正平十八年〈一三六三〉癸／寅（卯）五月廿六日、河州天野寺無量寿院、この両三年の間、最期と存じ、毎日思い念じ、唯断と在りしか、
　　学頭法印禅恵　八十歳

正平十八年癸／卯　九月六日、河州天野寺の無量寿院に於いて、これを書写す、先年書写すと雖も、ここに畠山（国清）乱入に遇い、放火焼失せしむるの間、今また重ねてこれを書写す、命緒唯今の時なり、往生極楽のため、老眼・老屈を凌ぎ、これを書見して已に、持病十余年喘息、病苦を断たず
　　当寺学頭法印禅恵　行年八十歳

紹介も憚られるほどの老衰と病苦である。にもかかわらず、公私・内外の苦難を乗り越えて老境を生き抜き、

往生極楽を念じて聖教を写書、奥書を筆録するその姿勢は驚愕に値しよう。

□□□（正平十九年十月）十六日、禅恵円寂、

□□□□（応永卅年〈一四二三〉）癸／卯三月上旬、書写之、　　求法舜恵　卅三

右は正平一九年（一三六四）一〇月一六日、禅恵八一歳の円寂を伝える弟子舜恵の奥書である〈「寺史料」〉。内乱の局面に立つことを幾度となく強いられ、合戦・騒擾の渦に翻弄されることの多い生涯であったが、文字通りの円寂であることを願うばかりである。

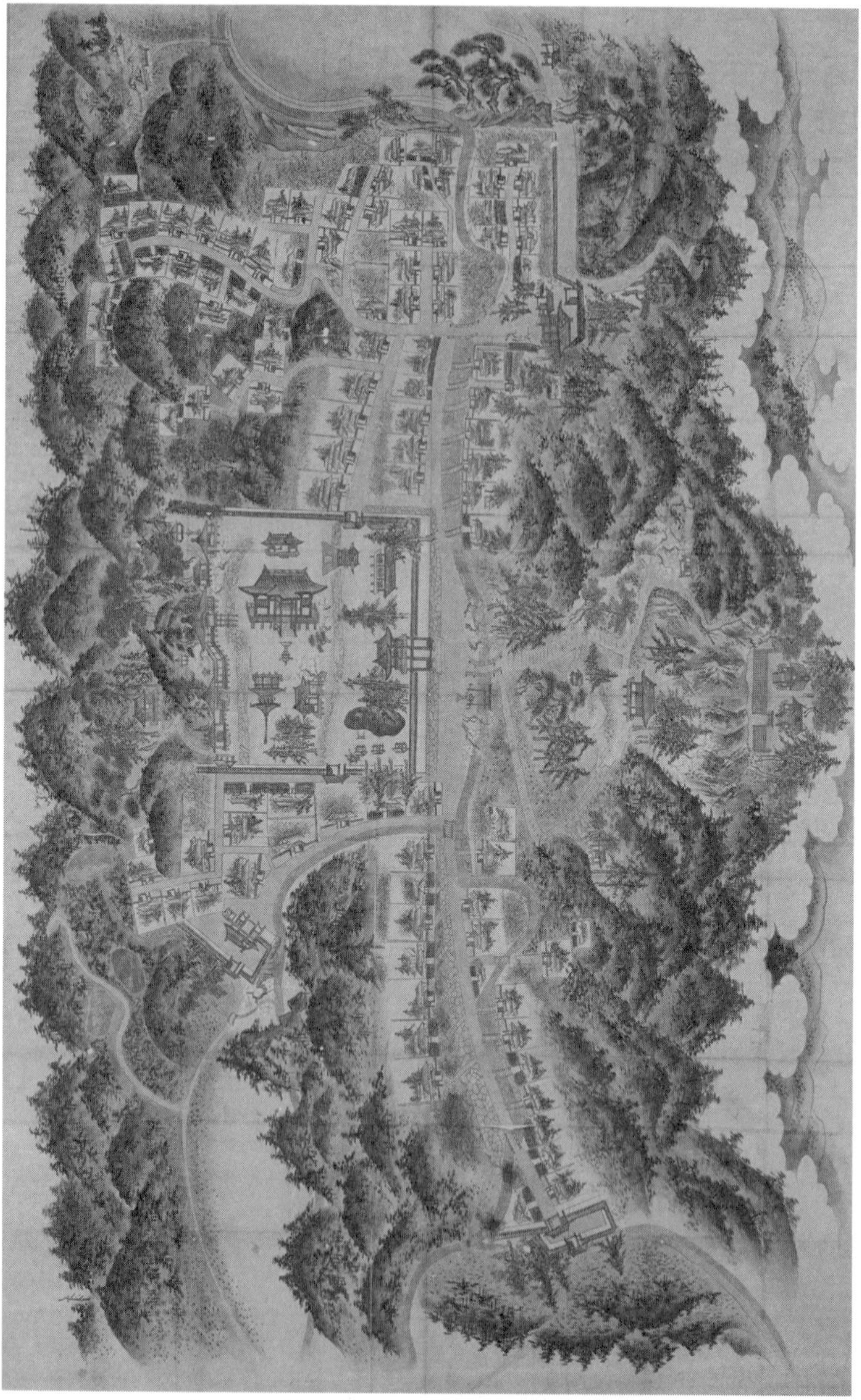

第２部関係　金剛寺境内図（天野山金剛寺蔵）

第三部
地域史を考える

高野山里程標
河内長野市三日市町
江戸時代

第一章　中世前期の高野参詣とその巡路

はじめに

古代末から中世前期、揺籃期の高野参詣とその巡路については先学による一定の分析もみられるが〈『探訪古代の道』法蔵館・一九八八・第三巻所収「河内の古道」、『高野山――その歴史と文化――』法蔵館・一九八四・所収「高野山の歴史と信仰」、大阪府教育委員会編『高野街道　歴史の道調査報告書第二集』一九八八・所収「文献・記録からみた西高野街道」など〉、その成果は十分な論証を経たものとは言えず、一次史料に基づく厳密な分析なり検証が求められる。小論の主な課題は、高野参詣の巡路を編年に基づいて整理し、巡路の展開を現状に照らして検証するとともに、巡路の変遷を通して高野参詣の宗教的かつ政治的意味を問うことにある。

この間、学術書のみならず一般書でもとみに論じられ、「世俗化」の様相を呈しつつある熊野参詣に比べ、高野参詣はいまだ地味なテーマである。中世前期、通算九度の高野仙幸に比べ、院による熊野参詣は一〇〇度近くを数える。熊野には高野のごとく女人禁制や仏事（堂塔供養や埋経・納骨等）にともなう制約もなく、熊野への途次、歌枕に詠み込まれた名所・景勝地が点在していること、そして何よりも、浄土信仰の広範な展開を背景にもつ熊野参詣の盛行は当然の成り行きと言えよう。

ところが、白河院によって先鞭をつけられた寛治二年（一〇八八）の高野仙幸〈『後二条師通記』（大日本古記録）、『白河上皇高野御幸記』（続史料大成）〉は、初度の熊野仙幸に先立つこと二年であり〈『後二条師通記』寛治四年正月条〉、同五年二月には早くも再度の高野仙幸が挙行された〈『中右記』（史料大成）・『扶桑略記』（国史大系）〉。このように、白河院による南山行幸はまず高野で先鞭がつけられ、やがて熊野に波及したものであった。そこに、高野から熊野へと治天の君を呼び寄せるだけの政治的かつ宗教的連関か想定されるが、筆者には能力に余る課題であり、ここでは問題提起にとどめておく。

白河院の初度の高野仙幸は院政開始の二年後、鳥羽院の本院としての高野仙幸は院政開始の三年目、長承元年（一一三二）十月のことである。いずれも本院として治天の権を執った直後であり、参詣の行粧《ぎょうそう》は院の権威を京内外に誇示するとともに、密教の根本道場として一大勢力に成長しつつある高野山を院政下に取り込むための宗教的政治行為であった。

九度に及んだ熊野に対し白河院の高野仙幸は三度、熊野参詣を年中行事化させた鳥羽院の高野仙幸は新院時代の二度（一度は本院同行）を含め通算三度である。中世前期、通算九度の仙幸のうち五度までが白河・鳥羽院政期に集中しており、高野参詣の急激な興隆を物語るものであろう。さらにその後、高野仙幸が後白河、後鳥羽、後嵯峨、後宇多の各本院によって継承されたことを勘案すれば、高野仙幸もまた院政期特有の宗教的国家事業であり、院政の権力的属性に関わる問題が孕まれているものと確信する。

第一節　参詣巡路の推移

以上の課題や問題点を踏まえつつ、以下に院・公卿・御室《おむろ》による高野参詣とくに参詣巡路の推移を検討するなかで、その歴史的意味を問うことにしたい。

一　摂関全盛期

公卿参詣の嚆矢は治安三年（一〇二三）十月、すでに顕官を辞して入道前大相国と称された藤原道長《みちなが》である〈『小右記』（史料大成）同年十月十七日〜十一月十日条・『扶桑略記』同年十月十七日条〉。頼通《よりみち》・師実《もろざね》と続く摂家三代の参詣記に加えて、仁和寺の二代御室性信《しょうしん》（大御室）の参詣記からその巡路を抽出したのが表1である。この巡路表はいずれも、巡路ないし通過地点を明記している参詣記からの抽出であり、参詣人および参詣記を網羅したものではない。

治安三年の道長の場合、南都七大寺巡拝の途次、紀伊まで行程を延ばして高野山に参詣したものである。したがって、高野参詣を最終目的としなかったこの巡路は後代の前例にはなりえず、父に倣ったとはいえ永承三年（一〇四八）、宇治関白と称された頼通の参詣以降、ようやく巡路に定着傾向がみうけられる。

頼通の巡路は十月十日に出京後、京都南郊から乗船して淀川を下り、石清水、江口、長柄を経て難波の御熊川で舟中泊、翌朝は海浜沿いを住吉に達し、住吉社参詣の後は和泉の石津湊で上陸するものである。さらに、下船後は熊野大道を騎馬で日根に達して宿泊、翌十三日はおそらく大木越え（泉佐野市）で紀伊に入り、川筋の紀伊市で乗船、紀伊川を曳船

表1　高野参詣順路1

年代	参詣人	参詣巡路	出典
治安3年（1023）	藤原道長 同　教通	出京 10/17 〜東大寺 10/18 〜山田寺 10/19 〜竜門寺 10/21 〜（舟行）〜政所（下船）〜山中仮屋宿 10/22 〜金剛峯寺 10/23 〜奥院（埋経）〜金剛峯寺 10/24 〜政所 10/25 〜平維時宅 10/26 〜法隆寺 10/27 〜道明寺 10/28 〜四天王寺〜摂津国府（乗船）〜 10/29 〜江口 10/30 〜山崎（下船）・〜関外院〜 11/1 〜入京〜法成寺	『扶桑略記』 『小右記』
永承3年（1048）	藤原頼通	出京 10/10 〜淀（舟行）〜江口〜御熊川 10/12 〜住吉社（参詣）〜石津湊（下船・騎馬）〜曽根〜日根 10/13 〜紀伊市（乗船）〜政所 10/14 〜金剛峯寺 10/15 〜奥院（埋経）〜御影堂 10/16 〜政所 10/17 〜（舟行）〜粉河寺〜市宿 10/18 〜和歌浦〜笠道山	『高野参詣記』
康平2年（1059）	性　信	出京 7/9 〜 7/13 〜粉河（誦経）7/14 〜（路次飢饉施行）〜政所 7/15 〜高野山（参籠）〜 10/5 〜仁和寺	『御室相承記』
承和2年（1075）	性　信	出京 3/2 〜伏見 3/3 〜粉河（誦経）3/8 〜高野山〜奥院（誦経）3/10 〜政所	同上
永保元年（1081）	藤原師実	〜高野山〜粉河（参詣）〜住吉（参詣）〜八幡（参詣）	『水左記』

で溯航して高野政所（慈尊院）に宿泊、翌十四日は壇上の中院（壇上伽藍および龍光院）めざして一八〇町のいわゆる「町石道」を登山するものである。中院に到着した頼通一行は、翌朝より二日を要して奥院・御影堂等を巡拝し、十六日には政所へ下山した。復路は政所から乗船して粉河寺、さらに船で国府近くの市宿に下って宿泊、翌日は和歌浦を見学の後、おそらくは雄山越え（和歌山市）で和泉に入り、熊野大道を北上して四天王寺、摂津窪津（旧淀川河口）経由で帰京したものと推測される。この間、所要日数は十日である。

　この巡路はその後、御室による高野参籠の嚆矢となった大御室性信の康平二年（一〇五九）、続く承保二年（一〇七五）の参詣でも確認される。これ以降、代々の御室の参詣巡路はほぼこれに倣っており、仙幸巡路が変更された場合でも、御室・仁和寺法親王の巡路はこれを踏襲することになる〈たとえば大治五年（一一三〇）以降、仁和寺法親王聖恵《しょうけい》（花蔵院宮）には一〇度に及ぶ参詣・参籠が記録されているが、巡路が明記される久安三年（一一四七）以降五度のうち四度までが和泉を経由している。参詣のたびに宿所に充てられた和泉国日根郡の仁和寺領新家《しんげ》庄、名手《なて》庄・官省符《かんしょうふ》庄に代表される紀伊川筋の高野山領の遵行を兼ねた参詣であり、本家の威厳を在地に施す役割を担ったものといえよう。〉。巡路の大半は和泉の海浜沿いを南北に貫くことから、後代の「南都路」「河内路」との対比で「和泉路」と呼ぶにふさわしいものであろう。

　さらに永保元年（一〇八一）、京極関白と称された師実（頼通嫡子）の参詣巡路は不明瞭ではあるが、復路の巡路に粉河と住吉参詣が組み込まれていることから、やはり頼通の巡路に倣ったものであろう。師実はその後、承徳三年（一〇九九）にも参詣しており、その際は「醍醐路」とこれに続く奈良経由の「南都路」を経ている。永保元年には父頼通の巡路を踏襲した師実も、白河院政下の承徳三年には院の仙幸に倣って巡路を変更したことになろう。行幸にともなう巡路や宿駅の改修も変更の一要因と考えられるが、やはり院の後塵を拝す摂関家の姿勢を露呈したものであろう。

二　白河院政期

院政開始の二年後、寛治二年（一〇八八）二月に展開された白河院の高野仙幸は九度に及ぶ仙幸の嚆矢である。白河院政下、本院の三度に加えて新院としての鳥羽院も二度（大治二年〔一一二七〕は両院同行）参詣するなど、通算四度の仙幸は高野参詣の急激な盛行を象徴するものであろう。白河院政下、四度の仙幸を中心に高野への参詣巡路を整理したのが、表2である。

白河院政下、初度の高野仙幸となった寛治二年の巡路は、かつて頼通・師実の摂家二代および大御室性信が再三利用した「和泉路」を廃し、初めて「火打崎路」（旧南海道に相当する「巨勢道」「紀路」）を経由するものであった。「火打崎路」は「南都路」の南に連なり、大和盆地のほぼ中央を南北に貫く下ツ道を経て吉野川畔の火打崎（五條市火打町）に達する大道である。その後、三度におよぶ仙幸や師実の再度の参詣も同じ巡路を経たことから、白河院政下「大和路」の参詣巡路として定着をみたものである。院政開始にともない、政治的転換を表徴する盛儀として挙行された

表2　高野参詣順路2

年代	参詣人	参詣巡路	出典
寛治2年（1088）	白河院	出京 2/22 ～深草～宇治～東大寺 2/23 ～《火打崎路》～火打畸 2/24 ～真土山下～（舟行）～政所 2/25（徒歩）～笠木坂 2/26 ～中院（大塔再建宣下）2/27 ～奥院（理趣三昧）～中院 2/28（駕輿）～政所 2/29 ～火打崎 2/30 ～《法隆寺路》～東大寺 3/1 ～宇治～入京	『高野御幸記』『後二条師通記』
寛治5年（1091）	白河院	出京 2/17 ～《南都路越》～ 2/19 ～高野山遍照光院 2/20 ～奥院（参籠・埋経）～中院 2/22（出御）～ 2/27 ～入京	『中右記』『扶桑略記』
承徳3年（1099）	藤原師実	出京 2/13 ～《醍醐路越》～奈良～高野山～ 2/20 ～帰京	『後二条師通記』
天治元年（1124）	鳥羽新院	出京 10/21 ～鳥羽 10/23（出御）～淀～東大寺 10/24 ～大和川（現吉野川）～火打崎 10/25 ～真土山坂～紀伊川（乗船）～政所 10/26 ～笠置 10/27 ～中院 10/28 ～奥院～中院 10/29（騎馬）～政所 10/30（騎馬・車駕）～火打崎 11/1 ～法華寺～東大寺 11/2 ～鳥羽～入京	『中右記』『高野御幸記』
大治2年（1127）	白河院 鳥羽新院	出京 10/29 ～鳥羽 10/30 ～東大寺 11/1 ～法華寺～玉崎 11/2 ～火打崎（乗船）～政所 11/3（本院駕輿・新院騎馬）～笠木～中院 11/4 ～奥院（理趣三昧）～中院（塔二基供養）11/5（本院肩與・新院等騎馬）～政所～玉崎 11/6 ～鳥羽殿	『中右記』『長秋記』

ことは明らかであろう。以下に仙幸の巡路を検証し、その特徴を整理してみよう〈『白河上皇高野御幸記』〉。

二月二十二日は出京後、深草を経て宇治平等院、さらに泉川（木津川）を船で溯航して木津辺で下船、夜半に漸く東大寺に到着、「巡路」により早速春日社に奉幣して東南院に宿泊、というものである。当時、東南院の院主は東大寺別当の慶信である。慶信は大納言藤原実季《さねすえ》の弟で、白河院の生母茂子の兄すなわち院の伯父にあたる〈『尊卑分脈』（国史大系）第一篇〉。これ以降、東南院は南都行幸時の御所に格付けされる。翌二十三日は早朝より、「巡路」に従って大仏礼拝、山階寺（興福寺）参拝が行われた。さらに復路で東南院に宿泊した折も、大仏殿を重ねて参詣していることから、今回の仙幸巡路の確定には院の主導は勿論のこと、東大寺別当慶信や実季・公実《きんざね》父子に代表される外戚の介在が想定される。

二十三日はおそらく下ツ道を経て大和盆地を南下、「火打崎路」の旧南海道を経由して火打崎で宿泊というものので、その行程は四五キロメートルに及ぶ。二十四日は紀伊川を船や仮橋を使って南下し、高野政所で宿泊、さらに翌日は鶏鳴《けいめい》（夜明け）より院以下徒歩で一八〇町を登山、というものである。中腹の笠木坂で宿泊して壇上に達し、中院で二泊する間、大塔再建宣下や理趣三昧、奥院での仏事等が展開された。帰京までの所要日数は「和泉路」と同じ十日である。

その後、寛治五年（一〇九一）の再度の仙幸は大納言源師忠《もろただ》以下公卿四人、殿上人五人等が供奉するもので、その巡路は「南都路越」で所要日数もやはり十日である。史料の制約で不明な点も多いが、初度の仙幸と同じ巡路であろう。

また、承徳三年の師実の再度の参詣は「醍醐路」から奈良を経由するものであった。初度の「和泉路」から巡路を変更したもので、前述のごとく、自らの経験よりも仙幸巡路の踏襲を優先させたことは明らかである。前相国師実に随う公卿六人には、先の仙幸に供奉した権大納言家忠《いえただ》（師実二子）や同源師忠の姿もみられ、巡路の指南がなされたものと推測される。

天治元年（一一二四）は鳥羽院の初度の仙幸である。鳥羽院は前年の保安四年正月、嫡男顕仁《あきひと》（崇徳）に譲位したばかりの新院である。譲位直後の参詣は、祖父本院の前例に倣ったものであり、その指示に従ったものであろう。その巡路は鳥羽殿で二泊したことを除けば、寛治二年の白河仙幸と宿所・行程等ほぼ同じである。白河院政下、鳥羽新院の巡路もまた祖父本院の巡路に従ったことになり、使別当藤原実行《さねゆき》（公実三男）の筆録による『高野御幸記』〈『新校群書類従』巻第四十二〉には、随所に「寛治之例」の注記がみえる。

さらに白河院政下、最後の仙幸となった大治二年（一一二七）、白河・鳥羽両院の高野参詣は仁和寺宮のほか公卿三人、殿上人十九人、使官人三人等が供奉するもので、おそらくは総員一〇〇〇人を超える行幸列であったと推測される。その巡路はやはり、寛治二年の仙幸巡路を踏襲するものであったが、今回は火打崎からその北東一里に位置する玉崎に宿所が変更された。おそらくは、東大寺・火打崎間の距離をいくらかでも短縮するための措置であろう。

以上、白河院政下の高野参詣は寛治二年、白河院の初度の仙幸で巡路「大和路」が採用されて以来、師実に代表される公卿や鳥羽新院の参詣もことごとくこれに倣うものであった。かつて、頼通・師実父子の摂関家や大御室性信が採用した巡路「和泉路」からの明確な転換であり、政治権力の変転を反映するものといえよう。

巡路「大和路」の特徴は第一に、京都から宇治を経て南山城の泉川（木津川）沿いを南下し、東大寺経由で大和盆地のほぼ中央を貫く下ツ道をさらに南下して吉野川筋の火打崎ないし玉崎、そして紀伊川筋の高野政所に達するものである。その間、泉川や紀伊川で部分的に船便によることはあっても全行程ほぼ陸路によるもので、往復の所要日数は約一〇日である。第二に参詣の途次、東大寺東南院での宿泊にくわえて東大寺大仏参拝と春日社奉幣が巡路に組み込まれていた。第三に、とくに東大寺参拝は治天の君として国家鎮護の理念を表徴するものであり、仙幸の最終目的である高野参詣をも加味するならば、密教の根本道場として隆盛著しい高野山を院政下に取り込み、顕密体制の上に君臨する院の姿勢を標榜するものといえよう。

第二節　鳥羽院政と巡路「河内路」

大治二年（一一二七）十月の両院仙幸から二年後の同四年七月、白河法皇は七十七歳で死去した。ということは大治二年の仙幸当時、肩輿による参詣とはいえ法皇は七十五歳である。しかも、翌年二月には新院・待賢門院を伴って熊野に参詣しており〈『中右記』目録〉、死期を覚っての南山仙幸とはいえ、驚異的な生命力といえよう。四十三年に及ぶ白河院政を受けて、本院としての鳥羽院は二十七歳で治天の権を引き継いだ。院政開始の翌年と翌々年、たてつづけに熊野に参詣した鳥羽院は三年目の長承元年（一一三二）十月、新院以来三度目の高野仙幸を挙行した〈『中右記』長承元年十月十三日～同月二十日条〉。この時の仙幸巡路は不明な点も多いが、鳥羽院政下、高野参詣の巡路に明確な転換がみうけられる。長承元年の鳥羽院仙幸以降、上皇・公卿・仁和寺法親王の参詣で巡路や通過地点の読み取れるものを整理したのが表3である。

長承元年十月、鳥羽院の仙幸巡路は白河院政下の「大和路」を廃し、天王寺を経由するものであった。ただ、天王寺から高野山への巡路は、仙幸に関する史料『中有記』からは窺い知れない。記主の内大臣藤原宗忠《むねただ》は供奉に加わらなかったため、巡路に関する詳細な記録を省略したのであろう。かつて摂関家が利用した「和泉路」に復したのか、新たな巡路が開発されたのか不明と言わざるを得ないが、これが「河内路」と呼ぶにふさわしい巡路であることは後に検証したい。

康治三年（一一四四）二月、前太政大臣忠実《ただざね》の参詣は七日間に及ぶ高野参籠のためであったが、復路に粉河寺を参詣して吹上浜・和歌浦を見学したこと以外はやはり、巡路は不明である〈『台記』（史料大成）康治三年二月十三日～同月二十七日条〉。また、久安三年（一一四七）以降十度に及んだ仁和寺法親王聖恵の参詣は性信以来の御室の巡路に倣い、「和泉路」を踏襲するものであった。

表３　高野参詣順路３

年代	参詣人	参詣巡路	出典
長承元年（1132）	鳥羽院	出京 10/13 〜鳥羽 10/14（乗船）〜天王寺〜 10/17 高野山（伝法・密厳両院供養）〜 10/19 〜天王寺（還着）10/20 〜鳥羽精進所	『中右記』
康治3年（1144）	藤原忠実	出京 2/13 〜高野山（七日参籠）〜粉河（還向途次参詣）〜吹上浜・和歌浦〜 2/27 〜宇治橋下	『台記』
久安３年（1147）	聖恵 覚法	仁和寺 5/2 〜梅津（乗船）〜鴨川尻（大船乗換）〜窪津（乗輿）〜住吉浜 5/3（乗船）〜日根湊（下船）〜新家庄 5/4 〜槇崎（乗船）〜名手庄（乗船）〜政所〜高野山（参籠）〜 5/21 〜名手庄 5/22 〜新家庄 5/23 〜日根湊（乗船）〜住吉（下船）〜大渡（乗船）〜 5/24 〜山崎辺 5/25 〜仁和寺	『御室高野山参籠日記』
久安４年（1148）	藤原頼長	出京 3/12 〜八幡〜天王寺 3/13 〜住吉〜《河内路》〜政所 3/14（歩行）〜中院 3/15 〜奥院（埋経）〜中院（金剛心院供養）3/16（歩行）〜政所 3/17 〜粉河（参詣）〜羽崎 3/18 〜吹上浜・和歌浦〜羽崎 3/19 〜雄山〜天王寺（人堂）3/20（乗船）〜賀島辺 3/21 〜柱本辺 3/22 〜鴨川尻 3/23 〜大炊第	『台記』
保元３年（1158）	藤原忠雅 同　忠親	出京 9/26 〜草津 9/27（乗船）〜窪津（下船）〜天王寺 9/28 〜大野口辺〜長野（昼饌）〜紀伊御坂〜政所 9/29 〜中院（先妣納骨）〜奥院〜中院 9/30 〜政所〜長野 10/1 〜江口	『山槐記』
仁安４年（1169）	後白河院	出京 3/13 〜鳥羽北殿 3/14 〜天王寺 3/15 〜政所 3/16 〜中院 3/17 〜奥院〜中院 3/18 〜政所 3/19 〜天王寺 3/20 〜摂津福原〜帰洛 3/23	『兵範記』 『愚昧記』
建永２年（1207）	後鳥羽院	出京 3/22 〜〈天王寺カ 3/23 〜政所カ 3/24〉（上皇歩行）〜中院〜奥院〜中院〜 3/27 〜水無瀬殿	『明月記』
正嘉元年（1257）	後嵯峨院	出京 3/20 〜鳥羽殿 3/21 〜〈天王寺カ 3/22〉〜政所 3/23 〜中院〜奥院	『百錬抄』
正和２年（1313）	後宇多院	出京 8/6 〜四天王寺 8/7 〜住江〜木屋堂（供御）〜政所 8/8（上皇歩行）〜笠置辺〜鼻底辻辺〜人宿（休息）〜中院 8/9 〜 10 〜奥院〜中院 8/14 〜山王院〜中院 8/15 〜奥院（参籠）8/16 〜政所 8/17 〜観心寺 8/18 〜龍泉寺〜高貴寺〜磯長太子廟〜四天王寺 8/19（入堂）〜禁野〜交野〜八幡（伏拝）〜山崎円明寺 8/20 〜鳥羽殿〜大覚寺殿	『後宇多院御幸記』

したがって鳥羽院政下、変更された巡路が明確に記録されるのは久安四年三月、内大臣藤原頼長《よりなが》の参詣記においてである〈『台記』久安四年三月三日〜同月二十六日条〉。頼長の参詣は、すでに出家の身で禅閤《ぜんこう》と称された父忠実が建立した金剛心院の落慶供養のためであったが、その参詣記は詳細を極め、記主の「よろずにきわどき」性癖が垣間見られて味わい深い。

三月十二日に出京した頼長はおそらく、鳥羽で乗船して八幡を経由し窪津で下船、その日は天王寺で宿泊、翌十三日は熊野大道を南下して住吉に参詣、おそらくは和泉堺辺で分岐して河泉国境に沿う大道「河内路」を経由し、高野政所に宿泊した。頼長自筆の参詣記に、巡路「河内路」は明記される。また、高野からの復路は父忠実の巡路に倣い、政所から粉河に参詣して羽崎《はさき》に宿し、さらに吹上浜や和歌浦見学のあと再度羽崎に投宿、雄山越えで「和泉路」に入って天王寺に宿泊、というものである。厳格な規制をともなう往路に比べ、復路の名所見学は慣例化しつつあった。

なお、余談ながら、往路の精進潔斎から復路はよほど緊張がほぐれたのか、頼長はきわどい場面を参詣記の随所に鏤めている。たとえば三月十九日、復路で再度投宿した天王寺で「今夜、召二舞人公方一欲レ通、夢明日可二入堂一男犯猶以不浄、因レ之不レ通、可レ謂二奇異事一」とあり、さらに翌朝、金堂・聖霊院に参詣の後、西海より乗船してその日は西成郡賀島辺、翌二十一日は淀川を溯行して島上郡柱本辺で投宿した際、「今夜、密召二江口遊女於舟中一通レ之」とある。貴顕の習俗をただ赤裸々に記録しただけの精進落としと言えばそれまでだが、自らの放埒な体験を子孫の規範に供すべき日記、しかも高野参詣記に書き残すとは。悪左府の面目躍如たるものがあろう。

頼長の参詣から十年後の保元三年（一一五八）九月、中納言藤原忠雅《ただまさ》・左中将忠親《ただちか》兄弟による先妣（亡母）納骨のための参詣もまた、「河内路」に相当する巡路を経るものであった〈『山槐記』（史料大成）保元三年九月二十五日〜同月三十日条〉。同月二十六日に出京した兄弟は翌二十七日、京都南郊の草津で乗船して窪津で下船、その日は天王寺で宿泊。翌二十八日は河泉国境に沿う「大野々口辺」を経て河内南端の錦部郡「長野」で昼餼をとっており、「河内路」を経たことは明らかであろう。

ところで、頼長や忠雅・忠親兄弟といった当代きっての公卿かたどった参詣巡路、「河内路」の開発はいつのことか。おそらくは、本院としての鳥羽院が治天の権を継承して三年目、長承元年のことと推測される。次に、同年十月の鳥羽院仙幸について、『中右記』で省略された日程や通過地点、宿泊地を推測にもとづいて補い（傍線部）、日時を追って巡路を復元してみよう。

十月十三日　出門〜鳥羽（宿）
十月十四日　鳥羽（早旦乗船）〜窪津（下船）〜天王寺（宿）
十月十五日　天王寺〜住吉〜長野〜高野政所（宿）
十月十六日　政所〜中院（宿）
十月十七日　中院〈伝法・密厳両院供養〉〜奥院〜中院（宿）
十月十八日　中院〜政所（宿）
十月十九日　政所〜天王寺（還着・宿）
十月二十日　天王寺（出御）〜窪津（乗船）〜鳥羽精進所（還御）

まず第一に、この仙幸巡路は往路の十月十四日に鳥羽で乗船し、復路に天王寺に「還着」したことから、往路でも天王寺を経由したことになろう。さらに復路の最終日は天王寺から鳥羽に「還御」しており、往復路とも淀川の船便を利用したこと、したがって、新院時代の巡路「大和路」を踏襲しなかったことは明らかである。第二に、摂関全盛期の頼通や御室の巡路「和泉路」（大木越か雄山越）の場合、同じ淀川の船便によるとはいえ和泉南部の日根野ないしは新家庄で往復路とも、さらに宿泊を重ねることが不可欠である。したがって、この仙幸が鳥羽から二泊三日（天王寺と高野政所で宿泊）の日程で高野山中院に到着していることから、「和泉路」を経由することは不可能である。また第三に、仙幸の所要日数は十月十三日の出京から同月二十日の鳥羽還御まで七泊八日である。かつての「和泉路」や「大和路」の所要日数を三日前後短縮するものであり、復路の名所見学を除けば、頼長や忠雅・忠親兄弟の巡路「河内路」の日程に合致する。第四に、巡路の変更如何にかかわらず道長以来の公卿参詣および院の仙幸では、高野山中院での二泊の滞在（奥院参拝や埋経・堂塔供養等の仏事で全一日を要す）が通例である。したがって、七泊八日の所要日数のうち二泊の中院滞在を勘案すれば、右のような行日程が妥当であろう。かくして、頼長や忠雅・忠親兄弟のたどった参詣巡路「河内路」は、長承元年の鳥羽本院の仙幸で先鞭がつけられたものといえよう。

康治三年二月の藤原忠実の参詣も、子息頼長の『台記』に巡路は明記されていない。ただ忠実の場合、二月十三日の出京から二十七日の宇治帰着まで約二週間を要しているが、壇上での七日の参篭期間を除けば、参詣のための所要日数はやはり七日である。したがって、忠実の巡路も「河内路」を採用したことになろう。かくして、院による仙幸巡路の変更は、それ以降の公卿参詣の巡路をも厳格に規制していることが、鳥羽院政下でも証明された。

その後、保元三年八月に院政を継承した後白河院は、院政開始から十年以上も後の仁安四年（一一六九）に高野に仙幸した〈東京大学史料編纂所蔵『愚昧記』仁安四年三月十三日条。史料大成『兵範記』仁安四年三月十三日～二十二日条〉。世情不穏の時節とはいえ、院政開始直後に参詣した白河院や鳥羽院の時代に比して、高野仙幸の役割に一定の変質が読み取れよう。ただ、一世一度の高野仙幸は後鳥羽院、後嵯峨院、後宇多院とその後も院政を象徴する国家的事業として継承され、その巡路はいずれも京都ないしは鳥羽から二泊（天王寺と政所）で中院に到達しており、長承元年以来の巡路「河内路」を踏襲するものであった。

かつて新院として二度、白河本院の参詣巡路「大和路」に倣った鳥羽院は長承元年十月、本院としての自らの意思にもとづいて「河内路」を採用した。その背景に、祖父白河院の精神的重圧から自らを解放する象徴的行為としての意味を、ひいては白河院政からの政治的転換を期す姿勢を見出すことも可能であろう。

ちなみに、長承元年の鳥羽本院の高野仙幸は、前年に竣工をみた大伝法・密厳両院の落慶供養に臨むためであったが、その背景に、高野山でこれを主宰する覚鑁《かくばん》への院の絶大なる帰依があったことはつとに知られている

〈井上光貞「院政期における高野山の浄土教」（『新訂・日本浄土教成立史の研究』所収・山川出版社・一九七五）、小山靖憲「中世根来寺の組織と経」（『ヒストリア』一三〇・一九九一）〉。若くして四代御室覚法《かくほう》・聖恵両法親王（いずれも鳥羽院の叔父）の信任を得、やがてこれを介して鳥羽院の帰依をとりつけた覚鑁は、院による紀伊国那賀郡石手《いわで》庄の寄進に続いて、勅願による両院開創と仙幸を仰いでの落慶供養、そして二年後の長承三年、大伝法院《だいでんぽういん》にくわえて金剛峯寺の座主職をも院宣によって獲得した。この一連の流れから、鳥羽院の主導のもと、覚鑁帰依を媒介とする高野山の東寺からの独立と院政下取りこみの企図が読み取れよう。

参詣巡路「河内路」の特徴は第一に、院・女院による熊野参詣が全盛期をむかえるなかで、淀川の船便と窪津（渡辺）から天王寺経由で和泉堺までの熊野大道を利用することである。そこには、熊野参詣を年中行事化させた鳥羽院の意向が、巡路が一部で重なる「河内路」への転換をもたらしたものと推測される。第二に、堺で分岐した「河内路」は、河内国丹比郡と和泉国大島郡の国境沿いの大道をほぼ南東に直進して標高約四〇〇メートルの「紀伊御坂《きいみさか》」〈『山槐記』保元三年九月二十八日条〉を越え、高野政所に達するものである。鳥羽・政所間で宿泊するのは天王寺のみであり、中院での二泊を含めても所要日数は七日である。「和泉路」「大和路」に比べ三日前後の短縮であり、「河内路」は行程上、高野山への最短コースである。第三に熊野参詣同様、巡路に天王寺の入堂と宿泊、そして住吉社参詣が組み込まれていることである。この点は、巡路「大和路」における東大寺参詣と東南院宿泊、そして春日社奉幣に対応するものであり、やはり顕密体制の上に君臨する姿勢を継承したものといえよう。ただ、天王寺の入堂・宿泊は浄土信仰の隆盛に対応する措置であり、その一大聖地（浄土への東門）と化した同寺の巡路組込みの一環として定着をみたものである。

第三節　巡路「河内路」の展開

長承元年（一一三二）十月、鳥羽院仙幸によって開発された巡路「河内路」について、通過地点（傍線部分）を比較的詳細に記述した藤原忠親の参詣記〈『山槐記』保元三年九月条〉を通して検証してみたい。

廿八日甲申　自二去夜半許一雨降、今日可レ着二政所一也。件路頗遼遠、仍殊夜深令レ立二天王寺一給、然間甚雨如レ注、暗天迷路、共人或来、或不レ来、夜中過二三許里一、猶夜不レ曙、仍於二大野々口辺一暫待二天曙一、過レ野、巳刻於二長野或田屋一勧レ饌、即出レ件、申刻着二政所一、今日予駕レ輿、依レ雨構二油単屋形一納言殿同レ之、自二昼饌所一至二于政所一頗嶮路也、有二紀伊御坂一、山嵩峯入レ雲、龍蹄失レ蹄者也、政所前有レ河、号二紀御河一、于レ時歩渡也、然内供　被レ進レ船、小船二艘組レ之、其上敷レ板、中綱二人着レ之、今夜宿二政所一、廿九日乙酉　未明出二政所宿一、登二御山一於二坂四十余町一天明、於二鎮守明神鳥居二基並立前一下レ輿、其後間有二難路一、凡小高無レ坂、是在二大師記文一云々、巳刻至二中院一坂百八十町也、於二人宿鳥居一下レ輿云々、（中略）卅日丙戌　天晴、未明出二中院一巳刻着二政所一、路次人夫遅来、仍予献二力者於納言殿御方一、予騎レ馬、于レ時雨降、酉刻着二長野一、甚雨如レ注、今夜宿二此所一也、源義範故為義三男献レ兵仕者也、於二旅秋暮一悲哀之切、無レ物取レ喩、軽服装束賜レ侍了、（下略）

十月二十七日は早朝草津で乗船して夕刻に摂津窪津で下船、その後は熊野大道を天王寺に達して宿泊した。天王寺での入堂・宿泊は仙幸に倣う巡路であり、明日、高野政所までの陸路に用いる人夫・伝馬は和泉守藤原忠邦《ただくに》によって提供された。人夫・伝馬については、摂関（忠通《ただみち》）家々司受領による一門公卿への供応として慣例化していたのであろう。

翌二十八日は、昨夜来の豪雨をついて深更に天王寺を出立したが、政所までの「件路頗遼遠」とあり、その道程は五十キロメートルを優に超える。夜半の豪雨に見舞われ、迷道を避けるため「大野々口辺」で天曙をまって大野を通過、巳刻「於二長野或田屋一勧レ饌」とある。天曙をまった「大野々口辺」は天王寺から「三許里」の地点とあり、西高野街道が縦貫する河内国丹南郡日置《ひき》庄域の大野芝（堺市大野芝町）と『行基年譜』にみえる大野寺所在の和泉国大鳥郡大野村（堺市土塔町）とが接する辺り、河泉国境をなす大道沿いの原野であろう。ということは、天王寺から熊野大道を南下して住吉を経由、摂津・和泉の国境辺で東に分岐して「河内路」に入り、夜明けとともに「大野」を通過したことになろう。

また、「長野」とは河内国錦部郡の法成寺領長野庄域である。忠親一行が長野の「或田屋」で饌を勧められたこと、さらに復路の三十日は長野で宿泊していることから、忠親一行の長野への思い入れは格別であった。すなわち治承五年（一一八一）、本家の法成寺に対し同庄の領家職は忠親の領有するところであり〈菊池紳一「山槐記」（別冊歴史読本『日本歴史「古記録」総覧上巻』新人物往来社・一九八九）〉、すでに保元三年（一一五八）当時、兄弟いずれかの所職であったものと推測される。長野を発った一行は雨のため、「油単屋形」に構えた輿に駕し、政所への嶮路を経て紀伊に入った。その間、「有二紀伊御坂一山嵩峯入レ雲、龍蹄失レ蹄者也」とある。「紀伊御坂」とは、河内と紀伊の国境にあたる標高約四〇〇メートルの紀見峠（紀伊見峠とも）である。峠を下って紀伊川を船で渡河した一行は、高野政所に達して宿泊した。

翌二十九日は未明、政所を発って一八〇町の駕輿登山にかかる。天野の鎮守明神（丹生都比売神社）の二つ鳥居を経て中院に到着したのは巳刻であった。登山の疲れを癒す間もなく、忠雅造立の遍昭院に入って先妣納骨をすませ、さらに金堂・御影堂・大塔等の伽藍を執行阿闍梨の案内で巡拝して遍昭院にいったん戻り、申刻に浄衣・藁沓の装束に改めて奥院に参拝、といった強行軍である。

ここで注目されるのは第一に、道長以来の埋経にくわえて嘉承三年（一一〇八）の堀河院納髪以降、王族・貴族による高野山納骨・納髪が慣例化していること、これを背景として第二に、久安四年（一一四八）に忠実が造立した金剛心院や忠雅の遍照院、高野御室覚法の勝蓮花院、美福門院の菩提心院等々、山内には貴族・王族・高僧造立の子院が甍を競う時代を迎えたこと、第三に、参詣人の宿所として中院近くに「人宿」が成立していることである。この「人宿」は鎌倉末期の嘉元四年（一三〇六）、「人宿造替用途」の記事〈大日本古文書『高野山文書』〉に加えて正和二年（一三一三）八月、後宇多院の高野仙幸の休息所に「人宿御所」〈『後宇多院御幸記』（『続群書類従』巻八七）〉が充てられたことから、中世前期、造替をかさねて存続していたのであろう。院政期以降、仙幸にくわえて貴顕の高野参詣が盛行するなかで、中院の門前は町場的景観を呈しつつあったものと推測される。ちなみに、「人宿」は中世前期の熊野大道でも散見される〈『為房卿記』永保元年（一〇八一）九月条に「藤白人宿」「三階人宿」、宮内庁書陵部所蔵『和泉国日根野村図』の熊野大道沿いに「人宿本在家」がみえる〉。「人宿」とはおそらく、「非人宿」の成立を歴史的背景に、これとの対比で表記された宿駅の別称であり、高野や熊野といった南山の聖地に向かう大道筋に先駆的に登場したものといえよう。

三十日は未明、早くも中院を発って下山にかかる。巳刻に政所に到着し、その後は騎馬にて御坂の峠を越え、「長野」には酉刻に到着した。政所から長野への峠越えで豪雨に見舞われ、「長野」での投宿は緊急避難ともとれる。が、中院から長野までは四十数キロメートル、一五時間の行程である。予定の投宿であろう。忠親一行にどのような宿舎が提供されたか詳らかではないが、注目されるのは、長野の宿舎で、源義範《よしのり》（義憲）が警固のために兵士を提供したことである。義範は、二年前の保元の乱で敗死した源為義《ためよし》の三男である。乱での義範の対応は不明であるが、治承・寿永内乱期に到るもなお、いわゆる「源家六人受領」に数えられていることから、おそらくは兄義朝《よしとも》とは一線を画し、河内南端の錦部郡長野庄域に何らかの所職を有し、逼塞していたのであろう。長野における義範の登場は、法成寺領長野庄と源氏勢力とのただならぬ関係を示唆する初見である。

前述のごとく、十年前の内大臣頼長の巡路「河内路」が、忠親一行の前例となったことは明らかである。忠親の参詣からほぼ十年後の仁安四年（一一六九）、後白河院の仙幸は「天王寺」から「政所」まで全一日の行程であり、巡路「河内路」をとることが不可欠である。また、時代はかなり下るが鎌倉末期の正和二年、後宇多院の仙幸は「四天王寺」に宿泊した翌朝、「住江」に到って朝粥をとり、「木屋堂《こやどう》御所」では供御の備えをうけ、深更「慈尊院」の政所に到着している。住江・政所間で昼饌の場を提供した「木屋堂」とはおそらく、長野庄所在の大規模な貯木場兼材木市場であり、交通・流通の要衝に設営された中世町場の中核施設として注目される〈平安中期以降、畿内の交通・流通の要衝に「木屋敷」「木屋所」が散見される。和泉国衙直属の「大津木屋」（康平二年四月一日「左馬助藤原祐康状案」『平安遺文』九二六・九二七）、山城木津に置かれた東大寺領「木屋所」（大治元年十一月十九日「東大寺三綱申文」『東大寺文書』）、鎌倉初期の摂津木津や同渡辺浄土堂の「木屋敷」（建久八年六月十五日「重源譲状」『東大寺文書』）等々〉。とすると、やはり巡路「河内路」を経たことになろう。長承元年の鳥羽院仙幸で開発され、その後の中世前期、四度の仙幸や貴顕の高野参詣で厳格に踏襲された巡路「河内路」とは、近世の「西高野街道」とほぼ重なり、その前身にあたることが検証された。

そこで次に、巡路「河内路」の開発をめぐって、その歴史的前提なり基盤となった大道に注目してみたい。

一　治田野庄地四町伍段
四至　東限谷　南限野南谷　西限紀道川　北限蘇波河
赤谷原二町
　貞観十四年三月三日国判地

右は元慶七年（八八三）九月十五日付「観心寺勘録縁起資財帳」の一項で、寺領庄園のうち治田野《はるたの》庄の四至西限に「紀道川」がみえる〈『観心寺文書』（大日本古文書）〉。北限「蘇波河」は鬼住谷を支流にもつ石見川であろう。この流域をはさんで北に寺辺領（中世の観心寺庄）がひろがり、下流左岸の「紀道川」と合流するあたりに治田野庄（河内長野市片添か）が存在したことになろう。したがって、治田野庄が西限とする「紀道川」とは、河内国錦部郡から紀伊に向かう大道すなわち南海道と、これに沿って流れる天見川（東条川）である。平安期の南海道は近世の東高野街道にほぼ相当し、錦部郡長野で参詣巡路「河内路」（西高野街道）と合流する。いわばこの「紀道」は、東西高野街道が長野で合流してから三日市を経て紀見峠に至る官道の存在を、平安初期の在地文書で裏づけたことになろう。

先に、藤原忠親の参詣記で長野・政所間に「紀伊御坂」が存在すること、そして、これが現在の紀見峠にあたることを指摘しておいた。峠の山麓・天見地区に「見坂」の小字が伝えられ、天保八年（一八三七）「河州錦部郡絵図」〈河内長野市教育委員会編『河内長野の古地図』所収・一九八三〉の紀見峠の地点に「見坂峠」が当てられている。「御坂《みさか》」が「見坂」に転じて慣用されたのであろう。すなわち、「紀伊御坂」とは、国司赴任や官物輸送に用いられる官道「南海道」の国境に至る峠道のことであり、先の「紀道」との歴史的連関を検証したことになろう。

さらに、参詣巡路「河内路」のうち和泉堺・河内長野間の大道を、鎌倉期の史料を通して検討してみよう〈弘長三年三月十八日太政官符（徴古雑抄『西琳寺文書』）〉。

在管丹比郡　四至
　東限狭山河　　　　　　　　南限自久佐佐峯道至大鳥郡境道
　西限自大鳥丹比二郡境　　　北限丈六池并龍園寺南
　道至佐志久美岡

右は鎌倉中期、興福寺領狭山《さやま》庄の新開田畠に関する四至である。東限の「狭山河」は狭山池を水源とする西除川、北限「丈六池」の丈六は堺市丈六、南限の「久佐佐峯道」は狭山池尻と上岩室とを結ぶ後世の下高野街道と推定される。したがって、西限の「大鳥丹比二郡境道」と南限の「大鳥郡境道」こそ、巡路「河内路」に相当する西高野街道の存在を鎌倉中期の史料で裏づけるものである。和泉国大島郡と河内国丹比郡とを画する郡境の大道であり、おそらくは天平勝宝九年（七五七）、和泉国が河内国から分立した際に計画的な直線国境として画定、造営されたものであろう〈服部昌之「古代の直線国境について」（『歴史地理学紀要』一七・一九七五）〉。

かくして。高野への参詣巡路「河内路」とは、古代に画定造営された和泉国大島郡と河内国丹比郡との「郡境道」、そして長野からは南海道に相当する「紀道」の大規模な改修によって開発されたものであった。ただし、「郡境道」は狭山庄域の西限から南限をぬけて間もなく、上今熊《かみいまくま》（大阪狭山市）で西高野街道と分岐し、天野山金剛寺に至る天野道となって国境沿いを南下する。一方、西高野街道は上今熊から急峻な尾張坂を下り、山裾や谷間をぬけて長野で東高野街道（旧南海道）と合流する。この間の大道はおそらく、長承元年の鳥羽院仙幸に備えて改修されたものであろう。

むすびにかえて

以上、摂関全盛期の「和泉路」から白河院政期の「大和路」、さらに鳥羽院政期以降の「河内路」へと中世前期、高野山への参詣巡路に明確な変遷の過程をたどることができた。しかも、「和泉路」に徹した仁和寺御室・同法親王を唯一の例外として、仙幸巡路の変更はその後の公卿の参詣巡路をも厳格に規制していることが検証され、高野仙幸ひいては院政の権力的本質に迫る問題が提示されたものといえよう。以下に若干のまとめと展望を示し、結びにかえたい。

まず第一に、参詣巡路の推移は頼通・師実に代表される摂関家の「和泉路」から白河院の「大和路」へ、さらには鳥羽本院の「河内路」へと、その時々の最高権力の変遷を明快に反映するものであった。永保元年（一〇八一）の参詣で父頼通に倣って「和泉路」をとった師実が、白河院政下の承徳三年（一〇九九）には大和に通じる「醍醐路」を経たこと、さらに天治元年（一一二四）の仙幸で白河本院の巡路「大和路」を踏襲した鳥羽新院が長承元年（一一三二）、本院としての仙幸で「河内路」に転じたのはそれを象徴する展開であった。第二に、「河内路」による長承元年の鳥羽院仙幸は、本院としての権威を巡路の開発および転換を通して表現したものであり、白河院の家父長的重圧からの精神的かつ政治的解放を示唆するものといえよう。そして、その後の中世前期、四度の仙幸を含め貴顕の参詣はことごとく巡路「河内路」を踏襲するものであった。第三に、仙幸巡路には「大和路」の東南院宿泊や東大寺大仏・春日社参拝、「河内路」でも天王寺宿泊・入堂や住吉社参拝が組み込まれており、その仙幸は院政の権力的属性を表徴する宗教的国家事業として展開され、顕密体制の上に君臨する姿勢を「巡路」を通して表現したものと言えよう。

最後に、巡路「河内路」（西高野街道）の開発と高野参詣の盛行が、巡路の要衝でいかなる地域形成をもたらしたかという問題について、若干の展望を示したい。先に筆者は、高野山中院の門前に成立した「人宿」が、平安後期における高野参詣の隆盛を要因とするものであることを指摘しておいた。そして鳥羽院政下、巡路「河内路」の成立とその後の展開は、巡路の要衝に中世都市としての町場の形成をもたらしたものと推測される。その一つが、和泉と摂津の国境にあって熊野大道や丹比道との分岐点に成立した堺（境）であり、他の一つが巡路「河内路」（西高野街道）に南海道（東高野街道）が合流するとともに、大和への大道（大沢越）や和泉への大道（天野越）が分岐する河内国錦部郡の長野・三日市である。後者は天王寺・政所間のほぼ中間に位置し、伝馬・人夫継立ての宿駅として、南海道「槻本駅《つきのもとえき》」以来の伝統を継承していたものと推測される〈『延喜式』によると、河内国の駅家は「楠葉《くずは》・槻本・津積《つつみ》各七疋」。南海道に沿って槻本の地名がみえるのは、河内長野市域に散在する石清水八幡宮領布志見《ふしみ》庄内の「槻本里」〈延久四年九月五日「太政官符」『平安遺文』一〇八三〉。鳥羽院政期、「郡境道」や「紀道」を基盤とする巡路「河内路」の開発は、この地域の都市的展開に文字通りの道をつけたものと言えよう。

また、藤原忠親一行に長野の宿所で警固の兵士を提供した源義範につづいて、治承・寿永内乱期、石川源氏の義兼《よしかね》は「三日市八幡山《みっかいちはちまんやま》」の「甲山城《かぶとやまじょう》」を居城とし〈『高野春秋編年輯録』巻七〉、これと連携する義範・行家《ゆきいえ》兄弟が「長野城」「長野館」にしばしば楯籠っていることから〈『平家物語』（岩波古典大系本巻八・巻九）・『参考源平盛衰記』（改定史籍集覧本巻二八・巻四六）〉、長野庄域は源氏勢力の一大拠点に位置づけられよう。巡路「河内路」の開発にともなう長野・三日市の都市的展開と、これに依拠して内乱期の地域権力を指向する源氏勢力の動向については問題提起にとどめ、地域に即した論証は後考に委ねたい。

第二章　河内国木屋堂考

はじめに

長野神社（大阪府河内長野市）は明治初年の神社合祀によって成立した名称であり、それ以前の近世、宝永・正徳年間（一八世紀初頭）には「木屋堂《こやど》宮」、「牛頭天王宮」と称されたことはつとに知られている〈『河内長野市史』第二巻・第十巻参照〉。ただ、その宮号の由来、歴史的経緯や位置づけ等々については未だ明らかにされたとは言い難い。小論では、河内長野の地域史なかんずく中世長野庄の開発・発展に不可欠の要因をなした「木屋堂」について、可能な限り一次史料にもとづき、その存在と役割を検証してみたい。

第一節　高野仙幸と木屋堂御所

鎌倉後期の正和二年（一三一三）八月、後宇多上皇は七日間に及ぶ参籠のため、高野山に仙幸した〈後宇多院御幸記『続群書類従』八七巻〉。高野仙幸は寛治二年（一〇八八）の白河院以来九度目であるが、西高野街道に相当する参詣巡路「河内路」の採用は長承元年（一一三二）の鳥羽上皇が嚆矢である。それ以降、京都からの院および貴族の参詣はことごとく「河内路」を経ることになる〈拙稿「中世前期の高野参詣とその巡路」『日本歴史』六一九〉。その巡路は京都を出て鳥羽より船で淀川を下り、四天王寺で入堂・宿泊し、翌日は熊野大道を堺

（境）まで南下して西高野街道に入り、長野・三日市を経て「紀伊御坂」（紀見峠）を越え、九度山慈尊院の高野政所に宿泊するものである。天王寺・政所間の距離は五〇キロメートルを優に越える。ちなみに、中世熊野参詣の一日の行程は三〇から精々四〇キロメートル、当時の馬の一日行程もやはり三〇数キロメートルが限度である。ということは、高野参詣の行程はかなりの強行軍である。当然のことながら、その中間点で人夫・馬疋の継ぎ立てが不可欠であり。それに相応しい地点として長野・三日市が想定される。

八月六日に出京した後宇多院の行幸列は「綺羅充満。雲上花の如し、車馬遙列、数里道を塞ぐ」と言われ、初日は四天王寺に宿所を求めた。上皇一行の翌七日の行程は次の通りである。

七日寅一點（午前四時）、四天王寺を出御、住江に於いて御粥マイラス、木屋堂御所供御に備ふ云々、亥刻（午後一〇時）に至り。慈尊院着御。

なんとこの日の行程、天王寺・慈尊院間に十八時間を要している。行幸列は「凡そ供奉雑人幾千萬」とあり、参詣記特有の誇張とはいえ熊野仙幸の七・八百人をみれば、一世一度の高野仙幸に千人を越える供奉・人夫を想定することは許されるであろう。これ程の人員が宿泊できる施設は大規模な寺院に限られること、そして何よりも、このような往路の強行軍こそ、高野の霊験にあやかる修行と考えられたのであろう。かくして、天王寺・慈尊院間の中間点にあって、行幸列の昼饌の場として「木屋堂御所」が登場する。これこそ「木屋堂」の初見史料である。住江・慈尊院間の行程について、参詣記は長野経由を明記していない。泉南まで南下して大木ないし雄山越えで紀ノ川筋に達する巡路「和泉路」（御室・仁和寺法親王の参詣巡路として定着したもので、紀ノ川を曳船で溯航する）も想定できるが、この場合、泉南の日根ないし新家辺でさらに宿泊することが不可欠である。その点、この仙幸は二日目の宿所を慈尊院にとっており、長野経由の巡路「河内路」を採用したことは明らかである。そして何よりも、「木屋堂御所」は高野大道に沿う交通・流通の要衝にあって、千人を越える行幸列の昼餼と人馬継ぎ立ての供御に備えうる相当規模の施設であったことがしのばれる。

第二節　中世前期の木屋堂

鎌倉末期のおそらくは元弘三年（一三三三）四月、「河内国木屋□」が倒幕勢力の一つの拠点として登場する〈『粉河寺文書』〉。

中五ヶ日分の兵粮を用意せらるべきの由、候なり、□（来）六日、河内国木屋□（堂）に於いて、着到有るべし、寺領□（行）人等を相催し、悉く群勢を率い、甲□（冑）楯以下の物を帯し。辰一点（午前八時）□出会わるべし。若し不参の仁に於いては、向後の奉公を止められ、罪科に処せらるべきの由、仰せ下され候なり、恐々謹言、

「元弘三年」　四月二日　　左衛門尉景朝

口（粉）河寺行人中

当時、石川東条の赤坂は落城し、千早城の攻防は熾烈を極めていた（『楠木合戦注文』〉。楠木一党の奮戦は関東の大軍を石川東条に釘付けにし、やがて六波羅探題は滅亡する。右文書は探題滅亡のわずか一ヶ月前、吉野ないしは紀伊山中に潜伏する護良《もりよし》親王の意を体した家司《けいし》景朝（姓不詳）が、粉河寺行人中に軍勢を催促し、木屋堂への結集を命じたものである。粉河寺にとって「河内国木屋堂」といえば、それと直ぐ了解される程の存在であり、千早の攻防線を背景におくならばやはりこの「木屋堂」は、蔵王峠ないしは御坂越えの大道で通じる長野の

木屋堂であろう。幕府軍を背後から衝く戦術が功を奏したのか、同四月十八日付で護良親王は令旨〈奉者は四条隆貞《たかさだ》〉を発し、粉河行人等中に紀伊国平田《ひらた》庄を宛てがっている〈『粉河寺文書』〉。長野の木屋堂は、紀伊や大和からの大道が合流するとともに、高野大道が東西に分岐して石川東条を指呼の間におく位置にあり、軍勢結集に最適の場を提供したものといえよう。

　このように中世前期、河内木屋堂は高野大道の要衝にあって広大な領域を占め、行幸列の昼餉所や軍勢の結集点に位置づけられるほどの施設であった。次に、木屋堂の具体的な位置や規模について検討を加えたい。

　長野神社周辺に散在する小字「木屋垣外（垣内）」等から検討すると、その領域は西条川・東条川（天見川下流）の合流点から諸越橋にかけて、石川左岸の段丘面に沿って南北約二五〇メートルに及ぶものである。その西側に長野神社と高野街道（一説に中世の高野大道は木屋堂のなかを縦貫したとする）が近接し、何よりも西条川と東条川の合流点に「木屋垣外」が位置づけられていることに注目したい。すなわち、水陸の交通・流通の要衝にあって、上流の天見・岩瀬の杣《そま》や天野杣〈嘉元三年・暦応五年摂録渡荘目録『九条家文書』〉で伐採された材木は筏に組まれ、「木屋垣外」に集積されたものと思われる。この「木屋垣外」こそ、河内木屋堂の存在について小字群を通して裏づけるものである。集積された木材はその後、木守たちによって榑《くれ》・柱・板等に製材され、さらに石川下流の古市や西高野街道を通じて堺へ搬送、権門・寺社の集中する京都へも出荷・交易されたものと思われる。また、「木屋垣外」の中心に位置する「□屋敷」は、木屋堂を管理する在地有力者の存在を示唆するものと思われ、かつて「木屋堂宮」を称した長野神社（境内の一角に「神宿」「木宿」の小字を残す）は木屋堂の鎮守にその淵源を求められよう。

　さらに、長野町の西条川左岸には「市場」「市場筋」の小字がみえる。木屋堂を核とする長野町一帯は、高野山や紀伊・大和・和泉との間を往来する旅人や行商人にくわえて、さまざまな商品が集散して市が立つなど、中世都市として殷賑を極めていたものと推測される。

第三節　木屋堂と在地勢力

長野から三日市に及ぶ地域と上原・日野は中世前期、法成寺領長野庄の領域である。そして平安末期、在地でこれを管掌したのが開発本主として下司職を相伝する三善（源）貞弘《さだひろ》であった〈『山槐記』治承五年一月六日条〉。三善一族はその後、歴史の波に翻弄されながらも戦国末期まで命脈を保ち、錦部郡最大の在地勢力に位置づけられる。その三善一族が長野庄の中核施設たる木屋堂とどのような関係にあったか。これを示唆するのが次の日野観音寺大般若経奥書の一節である〈河内長野市郷土研究会編『日野観音般若経奥書の研究』〉。

為河州錦部郡長野庄内日野村伽藍安置也。
勧縁之檀越木屋堂住三善朝臣侍従律師幸慶

幸慶が奉納した大般若経は全部で七巻（現存）、他の巻の奉納年代に応永六年（一三九九）とある。幸慶は「三善朝臣」を称し。他の六巻すべてに「木屋堂侍従律師」と自署する程の有力者（直系尊属の何れかが「侍従」を称したか）である。長野庄の下司＝本主たる三善一族が長野庄内日野観音寺の檀越であるとともに、木屋堂を実質的に管掌する「木屋預」相当の地位にあったものと思われる。

さらに注目されるのは、幸慶を「木屋堂住」とあるごとく、当時、「木屋堂」は単なる貯木施設の名称から長野庄内の垣内名（したがって、「木屋堂」は幸慶の名字か）に転化していたことである。この点は、戦国への兆しとなった寛正二年（一四六一）六月の河内弘川合戦で、弘川寺に本陣をおく畠山政長方の邀撃に遭って討死する嶽山勢（畠山義就方）に、「木屋堂」を名乗る国人がいたことで傍証が得られよう〈『長禄記』『畠山家記』『応仁前記』〉。百余人に及ぶ戦死者には須屋、高向、竜泉、余辺等々近在の名字もみられ、「木屋堂」が長野の木屋堂を本拠とする国人であるとともに、あるいは「木屋堂」を名乗る三善一族によって木屋堂が相伝されていたとも考えられる。

中世を通じて「長野」の名字を名乗る在地勢力は皆無であり、長野庄に本拠をおく三善の嫡流は「三善」の本姓を貫き、他所に分出した庶流は「高向森」「横山福善」を名乗る〈『金剛寺結縁過去帳』・河内長野市郷土研究会本誌四〇号の竹鼻康次「諸越長者伝説と三善一族」参照〉。いずれにしても、「木屋堂」こそが長野庄の中心に位置づけられる名字であり、長野町一帯が領域的な「木屋垣外」として、町場的景観を呈していたことを物語るものであろう。

木屋堂一帯の都市景観を裏づけるものに、その鎮守に位置づけられる「木屋堂宮」の祭神がある。別に「牛頭《ごず》天王宮《てんのうのみや》」と称したごとく、祭神は牛頭天王である。京都祇園社の祭神も牛頭天王であり、疫病除災の功験により都市的発展をとげる平安京に祀られた。人口の密集する都市には疫病が流行し、災害も多い。これを除く牛頭天王こそ、都市に相応しい鎮守神と考えられたのであろう。西国各地に祇園社が多く祀られているのは、「その土地の集住度を示す」〈脇田晴子『中世京都と祇園社』中公新書〉とさえ言われる。また祇園社には、牛頭天王の子どもたちを象徴する八王子も祀られているが、長野でも、三一〇号線沿いの西代町の一角に「八王子」の小字がみられ、牛頭天王と一体の祭祀形態に注目したい。ちなみに平安初期の京都祇園社には、三六〇人に及ぶ根本神人《じにん》が隷属していた。そのいずれもが堀川流域の材木商人であり、中世、木屋堂一帯に集住する材木商人（その統括者が本主三善氏）と木屋堂宮との関係を彷彿させるものがあろう。

高野大道の要衝にあって、長野の木屋堂とともに都市的発展を遂げた宿駅に三日市がある。三日市の街道筋には、旧宿場のほぼ中間点に「辻堂」「堂坊主」「堂ノ上屋敷」、高野街道が三日市で分岐して五條街道にかかる辺りに「祇園堂」「平田祇園堂」の小字がみえる。中世、三日市の都市景観を示唆して余りあろう。

「木屋」は京都・奈良の権門寺社や、観心寺のような地方の有力寺院でもその領有が確認される。ただ、中世の都市形成と関わって、「木屋」の歴史的役割や機能が検証されたかどうかが問題である。その点、長野の「木屋堂」は一権門や寺社の設営意図や権限を越えて、それ固有の地域史的展開と都市形成をもたらしたものと評価されよう。

むすびに

そこで最後に、河内木屋堂の歴史的役割や都市形成を傍証する類例を畿内各地に訪ね、小論の結びとしたい。

平安中期の康平二年（一〇五九）、和泉の大津に「大津木屋」が確認され、紀伊から海上を搬送されて大津木屋に集積された柱等の木材を、和泉守の命を奉じた在庁人「大津木屋御目代」によって東大寺に進上されたことが知られる〈康平二年四月一日左馬助藤原祐康状案『東南院文書』〉。大津は和泉国衙（府中）の外港・国津であり、そこに国衙直属の木屋が設営されて一所目代が経営に携わり、一国を越えた物流や都鄙間交通の結節点を担うとともに、府中の都市形成に不可欠の構成要素をなしていたものと推測される。

平安後期の大治元年（一一二六）、南山城相楽郡の木津には四町歩に及ぶ東大寺領「木屋所」が設営されていた〈大治元年十一月十九日東大寺三綱中文『東大寺文書』〉。興福寺に隷属する在地有力者「木守」が木屋所に居住していたことが知られ、木材の輸送・販売等に携わっていたのであろう。木津川上流の伊賀の杣《そま》で伐り出された木材は筏に組まれて木屋所に搬入、さらに奈良坂を経て東大寺や興福寺の修造用途に搬送されたのであろう。

次いで鎌倉初期の建久八年（一一九七）、淀川下流域の摂津木津および同渡辺浄土堂に東大寺領の「木屋敷」がみえる〈建久八年重源譲状『鎌倉遺文』九二〇〉。「木津木屋敷」は「二階九間二面倉一字」と「五間二面雑舎一字」で構成されており、その壮大な甍は渡辺別所の浄土堂とともに、近接する摂津国衙や窪（渡辺）津の都市景観に彩りを添えたことであろう。

以上、平安中期以降の畿内にあって、交通・流通の要衝に国衙や権門所轄の「木屋」「木屋所」「木屋敷」が散見される。長野の「木屋堂」もおそらく法成寺が領有し、本主三善氏によって相伝管理されていたものと思われる。中世におけるその展開は、隣接する大和・紀伊・和泉との広域流通や京都・堺に通じる都鄙間交通の結節点に位置づけられ、都市形成に不可欠の構成要素を提供していたものといえよう。

第三章　中世長野谷の町場形成について

――「大日寺遺跡」と「三日市遺跡」をめぐって――

はじめに

平安後期の院政期、河内国錦部郡の長野谷に成立した法成寺領長野庄には、長承元年（一一三二）の鳥羽院仙幸を契機とする高野参詣の隆盛によって町場（都市的な場）が成立し、それが今日の河内長野の都市的地域形成の原点になったと考えられる。

その拠点となったのが、東西の高野大道が合流する長野の「木屋堂」と「三日市」の宿駅である。三日市は御坂（紀見峠）越えの紀伊道と大沢越えの大和道の分岐点であり、木屋堂・三日市間の烏帽子形山麓で天野越えの和泉道が分岐するなど、紀伊・大和・和泉との国境領域にあって、交通・物流の要衝であることは容易に推察されよう。

長野の木屋堂については、南北約二五〇メートル、東西五〇～七〇メートルにもおよぶ「木屋垣内」の小字群と鎌倉末以降の豊富な文献史料によって、広大な材木市場の存在が確認されている〈拙稿「河内国木屋堂考」『河内長野市郷土研究会誌』第四二号〉。一方、三日市については、現在地において近世の宿場跡が発掘調査や文献史料によって確認されているが、中世の遺構・遺物はほとんど確認されていない。

小論の目的は、第一に長野の木屋堂との関連で東条川との合流点近く、西条川右岸の段丘面に存在する「大日寺遺跡」とこれに隣接する「善福寺」について、その性格や役割を地域史のなかに位置づけること、第二に現三日市の東南部、片添地区で確認された「三日市遺跡」の歴史的な位置づけを「祇園堂」との関連で検討することである。

第一節　木屋堂と大日寺遺跡の「屋敷墓」

一九九九年の年末、本市喜多町の大日寺《だいにちじ》遺跡で中世墓六基が検出された。そのうち三基は木棺墓、他の三基は土壙墓と推定される。注目されるのは、三基から地場産の土師質皿や瓦器埦とともに、豊かな貿易（輸入）磁器が出土したことである〈河内長野市遺跡調査報告書XXV『大日寺遺跡』〉。瓦器埦は和泉型と呼ばれて堺市の平井遺跡で焼かれたものであるが、二号墓と三号墓に副葬されていた白磁碗は中国福建省直門島の直門碗窯で、四(1)号墓出土の青磁碗は浙江省の龍泉窯でそれぞれ焼成され、市舶司の置かれた宋代の明州（元代の慶元・明代の寧波）から日本に向けて輸出されたものである。日本に入ってからは博多津経由で淀川下流の渡辺（窪）津や神崎（三国）川口の川湊（大物・神崎・賀島）で陸揚げされ、小型の川船に積みかえられて山崎や鳥羽を経由して京都に搬送されたものと考えられる。したがって、大日寺遺跡から出土した輸入磁器は京都との関係で購入されたものであり、京都の摂関家や法成寺のような権門との間に緊密な関係を取り結んでいた勢力によって購入され、やがて副葬されたものと推測される。大日寺遺跡の発掘を報じた当時の新聞は、識者の意見として堺との関係を説いていたが、堺が港津都市として発展をとげるのは南北朝内乱以降であり、明らかな誤認である。市内の中世遺跡で、他に輸入磁器が出土したのは後述の三日市遺跡と金剛寺だけである。大日寺遺跡の輸入磁器は質量とも圧倒的な富豪を象徴するものといえよう。

さらに注目されるのは、中世墓六基のうち三号墓と四(1)(2)(3)号墓の四基は少なくとも、墓地の南側一帯で検出された柱穴群〈建物跡や集落跡は確認されず〉との位置関係から、鎌倉期の領主屋敷に付属する「屋敷墓」と推定されることである〈藤田徹也「中世土壙墓について――いわゆる「屋敷墓を中心に・河内長野市遺跡調査報告『大日寺遺跡』。なお、三日市《みっかいち》遺跡や高向《たこう》遺跡で検出された中世墓も同時期の屋敷墓と考えられている〉。

藤田徹也氏は三号墓について、この屋敷地や墓域の開発にかかわる平安後期の記念すべき開発（根本）領主の墓であり、四号墓の三基は鎌倉前中期の一三世紀初頭以降三代の墓であると推定している。したがって、近接する四基の屋敷墓は一二世紀中葉から約一世紀にわたる一族直系の墓であろう。なお、中世における一定領域の開発や領主権の正当性を示す根拠に、このような屋敷地および相伝の墓域囲い込みがあることは、よく知られている。四代一世紀にわたる屋敷墓は、長野谷における開発や長野庄の在地領主権の正当性を象徴する遺跡といえよう。

この墓域は西条川の右岸高位段丘面にあって、対岸の中位段丘面に位置する木屋堂宮〈現長野神社〉や木屋堂跡を見下ろし、向かい合う位置関係にある。すなわち、中世の都市的な場である木屋堂との一体性から、大日寺遺跡の屋敷墓は木屋堂の管理・経営にかかわる一族の政治拠点と推測される。平安末期の天野杣の経営と材木の搬出に河内目代から手腕を期待された「長野武者三善貞弘」〈養和二年か四月十二日「河内目代僧書状」『金剛寺文書』〉、南北朝内乱から室町初頭にかけて木屋堂の運営を主導した「三善朝臣侍従律師幸慶」〈応永年間・日野観音寺大般若経奥書〉などの存在を背景におくならば、この屋敷墓に葬られた一族は長野庄の開発領主として下司職を相伝した三善氏であり、三号墓の被葬者は三善貞弘の直系尊属と推定される。

なお、木屋堂とこの屋敷墓の一体性については、高野大道で直結される関係からも明らかである。木屋垣内から木屋堂宮をぬけて西条川を越えた大道は別区坂にかかるが、中世の大道は坂下と国道三七一号線のほぼ中間点を左折して大日寺境内にとりつき、同門前を右折、さらに左折して現街道に合流する経路をとっていたようである。三善氏は大道を屋敷地に取り込むことで交通や物流の統制にかかわり、屋敷地一帯を木屋堂と一体の町場に位置づけていたのであろう。いずれにしても、木屋堂と木屋堂宮と大日寺遺跡の屋敷墓とを一体の遺跡群として把握することが重要である。それによって、在地領主と中世町場の有機的関連、それぞれの遺跡の歴史的位置づけが一層明確になることは明らかであろう。

第二節　「善福寺」と「善福寺三ヵ村」をめぐって

大日寺遺跡の東側に隣接して「善福寺脇」の地字が残り、現大日寺所蔵の半鐘銘に「善福寺什物」、同境内には「従善福寺」の境界石がみられる。すなわち、大日寺遺跡に隣接して「善福寺」が近世以前に存在していたことは明らかであり、その周辺には「北ノボ」「キクノボ」「角ノボ」の地字も点在している。「ボ」は漢字で「坊」があてられ、善福寺の坊舎と推定される。その他、周辺には「寺ノ前」「堂田」「念仏田」「宮ノ下」「門サキ」「東ノ門」「真福寺」「堀ハタ」「堀ノ下」等、寺院群やその付属遺構を彷彿させる地字も散在しており、その領域の北限は西条川、東限は東条川である。両川は領域の東北端で合流し、長野川となって北上している。左は、善福寺の存在を徴する唯一の一次史料である〈「善福寺三箇村定書」『金剛寺文書』、読み下し〉。

（前欠）

質物無き方へ越米の事は、衆中として時々□（談）合有る可き者也、集め来る枡ハ宮マスタルヘク候、

右條々、定める所件の如し、

　　　　善福寺　同三ヵ村衆

享禄四年卯辛拾月三日

　　　　角坊　圓賢（花押）

　　　　下坊　乗任（花押）

小塩辻　神主（略押）

前欠文書で全容は不明であるが、戦国期の享禄四年（一五三一）十月、善福寺と善福寺村三ヵ村の沙汰人によって定書（村掟・置文）が制定された。定書の内容は、質物等利害関係のない方へ三ヵ村の米を出荷する場合、その都度三ヵ村で話し合うこと、出荷の際は当方の宮（烏帽子形八幡宮か）枡を用いることが定められている。先ず第一に、この「善福寺」が大日寺遺跡に隣接する善福寺かどうかということであるが、三ヵ村沙汰人に先の字「角ボ」に符合する「角坊圓賢」、「小塩辻神主」が加署していることからも同一寺院とみなされよう。第二に、この定書の正文が金剛寺に伝来していることから、善福寺は金剛寺の末寺である可能性が高い。第三に注目されるのは、三ヵ村の具体的な名称は不明ながら、三ヵ村は「善福寺村」と総称されていた可能性が高いことである。天見川対岸の甲斐庄《かいのしょう》谷に「河合寺村」、石見川沿いの観心寺門前に東西の「寺元村」、錦部郡の東部一帯に「観心寺庄七ヵ村（郷）」、和泉との国境近くに金剛寺（天野寺）直轄の「天野谷」等が散在し、そのいずれもが一山寺院の門前集落および寺辺領である。ということは、「善福寺三ヵ村」は善福寺の門前および寺辺領に位置づけられよう。第四に、三ヵ村の具体的な名称なり地域であるが、この三ヵ村はどうやら烏帽子形八幡の氏子たる「喜多（北）村・上田村・小塩《おしお》村」に相当するようである〈本市教育委員会文化財担当・小林氏の教示による。元禄五年（一六九二）「寺社帳」〉。小塩村は「小塩辻神主」、喜多・上田両村は「角坊」「下坊」のいずれかの沙汰人によって管理されていたのであろう。

文明十二年庚子二月十六日
大工　藤原末次　春秋六十二
奉行下坊・角坊・口坊・北坊

八幡社一宇　石川八郎左衛門尉ロロ

右は、室町期の文明十二年（一四八〇）二月、河内源氏の石川八郎左衛門尉を施主として建立（再建か）された烏帽子形八幡本殿の棟札の墨書銘である〈同八幡宮所蔵〉。注目されるのは、普請奉行の四坊のうち下坊と角坊は定書に、北坊は小字にみえることから、普請奉行を担う善福寺四坊が寺辺領三ヵ村をひきいて勧進に功をなしたのであろう。

最後に気がかりな点は、やはり善福寺の性格なり歴史的な位置づけである。高野大道の要衝にあって木屋堂と一体の町場的機能をもち、少なくとも四つの坊舎と三ヵ村の寺辺領を所有すること、何よりも先の大日寺遺跡の屋敷墓に隣接する位置関係から、長野庄の根本領主・三善一族の菩提所ではなかったか。善福寺三ヵ村が喜多・上田・小塩とすると、寺辺領は旧長野庄の中心領域を占めることになろう。寺号からの類推や印象論は慎むべきであるが、三善一族には沙弥号（善佛・善覚・善蓮・善心・善祐・善俊等）に「善」が多用されていることから〈金剛寺所蔵「金剛寺結縁過去帳」〉、「善福寺」は三善一族の菩提寺に相応しい寺号といえよう。したがって、大日寺遺跡の屋敷墓と善福寺に近接して三善一族の屋敷が存在し、大日寺は善福寺に抱摂される仏閣のひとつではなかったか。ただ、大日寺遺跡の中世墓は、現時点で室町前期の一五世紀前半で途切れている。すなわち、善福寺の存在を示す文字史料との間に時間的な隔絶がみられることから、今後の発掘調査によって空白部分が埋まるのを期待せざるを得ないのが現状である。

第三節　三日市遺跡と河内源氏・石川氏

近世以降の三日市宿に中世の遺構が確認されないとなると、中世の三日市はいったいどこに存在したのか。以前、河内長野市教育委員会の尾谷雅彦氏から「片添地区で確認された三日市遺跡こそ中世の三日市では」の教示を得たことがあり、それ以来、筆者は三日市遺跡とその周辺の遺跡・文化財の総合的な検討をとおして、三日市遺跡を中世地域史のなかに位置づけようとしてきた。その報告のひとつが、『歴史と地域』第四号（二〇〇八年一二月）収載の「河内源氏・石川氏の長野進出―錦部氏の動向をめぐって――」である。

三日市遺跡と石川氏との関係に関する要点の第一は、河内源氏の石川義基《よしもと》は三善貞弘の本拠たる法成寺領長野庄の「庄辺」に住し〈『山槐記』治承五年正月六日条〉、その嫡男義兼《よしかね》は木曽勢に追われて「三日市八幡山」「甲山城」から高野山に逃れたてきたことから〈『高野春秋編年輯録』〉、おそくとも一二世紀後半の段階で、石川氏の嫡流は古市郡壺井および石川郡北部から錦部郡長野庄辺に本拠地を南進させていたことは確かである。なお、保元三年（一一五八）九月に高野に参詣した藤原忠雅・忠親兄弟が復路長野に投宿した際、源義範（為義三男）が警固の兵を献じたとする記事があり〈『山槐記』同年月三十日条〉、石川義基（その父義時か）の長野進出を前提に、その縁で義範が長野居住を図ったものと推測される。第二に、石川氏が居住する長野の「庄辺」や「三日市八幡山」「甲山城」の具体的な地域について、天見川左岸の「甲山」「判官屋敷」の伝承をもつ「坊垣内（現三日市小学校）」が長野城（戦国期の烏帽子形城）域の南端に位置することから石川氏の居館跡と推定され、石見川が天見川に合流する直前の両岸、片添地区の段丘面で検出された三日市遺跡はおそらく、石川氏の経済基盤の根幹をなす地域と想定される。

三日市遺跡の発掘調査は五区域で実施されたが、とくに石見川右岸の第五区からは桁行五間半（一三ｍ）×梁行三間（七ｍ）と桁行六間（一五ｍ）×梁行三間半（九ｍ）の長大な掘立柱建物二棟、第一区からは持仏堂（二間×三間）と推定される建物を付設した桁行五間（一二ｍ）×梁行三間半（九ｍ）を中心に、周辺からは二間×三間を基本とする掘立柱建物一六棟以上が検出された。第五区の長大な掘立柱建物二棟は順次建て替えられた公のものとおもわれるが、木屋堂・木屋敷を彷彿させる遺構である。さらに注目すべきは、第五区の一二世紀末から一三世紀前半の中世墓三基は屋敷墓と推定され、厦門碗窯系白磁碗や同安窯系青磁が副葬されていた〈三日市遺跡調査会『三日市遺跡調査報告書』一九八八〉。第五区は平安後期、第一区は平安末期から鎌倉初頭の遺構と考えられ、先の石川義基・義兼の時代に符合する。大日寺遺跡には劣るものの、屋敷墓から出土した青白磁はその権勢を象徴するに余りあろう。何よりも、長野庄の北辺・木屋堂地区に拠点をすえる三善一族に対応して、同庄の南辺・三日市地区に居館と経済基盤を構える石川氏の勢力圏は長野「庄辺」に相応しいものといえる。また、「三日市八幡山」の八幡山は、三日市遺跡背後の片添山々頂近くの興禅寺（元禄期以降の曹洞禅で鎮守神は赤坂上之山八幡）の山号として伝承しており、「三日市八幡山」の別称を「甲山」とするのはおそらく、石川氏の政治拠点たる甲山城と経済基盤をなす八幡山麓・三日市とを一体の勢力圏とみる認識によるものであろう。

かくして、中世前期の三日市を三日市遺跡の一画に想定することに無理はないと考える。したがって、少なくとも中世前期、高野大道はこの三日市遺跡を縦貫していたことになろう。その経営に、石川氏が主導的役割を果たしていたことは言うまでもない。これこそ、石川氏が開発領主・三善氏との軋轢や対立をも辞さず、石川郡から錦部郡長野庄に南進してきた最大の要因である。治承五年（一一八一）正月、三善貞弘はこの間の抑圧的競合関係を打破すべく石川義基を分捕ったが〈『山槐記』治承六年正月録条〉、その後の中世四〇〇年間、両者は競合しつつ、権益豊かな長野庄の南北で共存関係を維持していたものと推測される。

第四節　中世の三日市と「祇園堂」

次に、三日市遺跡を中世三日市と位置づける上で、新たな傍証を得たので紹介したい。それが、三日市遺跡に向き合う位置に鎮座していた祇園堂である。推定される中世高野大道が片添地区で大和道と分岐する地点に、「祇園堂」「平田祇園堂」と称する長大な地字が大道の両側にみられる。その背後の山地を「祇園山」と称し、近世以降、山頂近くに「祇園さん」と愛称される祠が存在していた。「祇園さん」は一九八四年に三日市・鬼住間（片添谷）の中間点に遷座し、清見台五丁目下の道路脇（片添大橋の北側）に八坂神社として祀られ、祇園講奉賛会によって管理されている。その祭神は素戔嗚命（牛頭天王＝薬師如来の垂迹）と櫛稲田姫命、八柱御子神（八王子）であり、京都の祇園感神院（明治初年の神仏分離により八坂神社に改称）や長野木屋堂宮、各地に勧請された祇園（八坂）神社とも共通する祭神である。注目されるのは、平安初期の祇園社には三六〇人にも及ぶ根本神人が隷属し、その大半が堀川流域の材木商人であったことである。長野の木屋堂宮と木屋堂、三日市祇園堂と三日市遺跡の想定木屋敷との関係を彷彿させるものがあろう。

祇園山に遷座する以前の祇園堂はおそらく、三日市遺跡第五区に向き合う中片添の小字地点、祇園山の南麓に鎮座し、中世三日市の防疫・除災を祈念する御霊信仰の中核施設として機能していたのであろう。近世の三日市宿が西側の下位段丘面に移ったことで、祇園堂も三日市宿の街なみを見下ろす祇園山々頂に遷座したと考えられる。かくして、祇園堂は時代の要請に応えて、中世は三日市遺跡に向き合う祇園山南麓に鎮座し、近世は三日市の移転に対応して祇園山々頂に遷座、近年に至って片添谷の奥に遷されたことになろう。

なお、三日市遺跡を石川氏の拠点のひとつに位置づけるうえで注目されるのが、遺跡背後の片添山頂近く、八幡山興禅寺《こうぜんじ》（元禄以降曹洞禅）の阿弥陀如来座像（像高一四四・六cm・彫眼・漆箔）である。市内に現存する中世造立の阿弥陀如来像は六点であるが、興禅寺像は優美な定朝様式によって唯一重文に指定され、「仁平四年（一一五四）霜月三日」の紀年銘をもつ日野観音寺旧蔵の像（現在は広島市三滝寺蔵、彫眼、八六・八cm、下司以下道俗二六名の寄進者銘）や河合寺《かわいでら》護摩堂の像（彫眼、一四三・五cm、道俗一三〇名の結縁者銘）よりもやや古い様式をみせることから、一二世紀中葉の平安後期作と推定されている〈『河内長野市史』第十巻・美術工芸編〉。仏像は時代によって移動することもあるが、おそらくは中世三日市の経営を主導する石川氏を施主（願主）に造立され、赤坂上之山八幡を鎮守神とする興禅寺の前身寺院（寺号不明）に安置されていたものと思われる。

推測の域をでるものではないが、三善氏の善福寺に対応する石川氏の菩提所本尊ではなかったか。

以上、一次史料にくわえて伝承すら乏しいなかで、推測に推測を重ねた論旨に不安を覚える。遺跡・遺構を古文書や古記録の記事と対応させることの危険性を感じつつ、錦部郡天野谷の都市的展開を大道筋の遺跡群の分析を通して検討し、開発領主の三善氏とこれと競合する石川氏の役割を概論的にまとめた次第である。大方のご批判をお願いしたい。

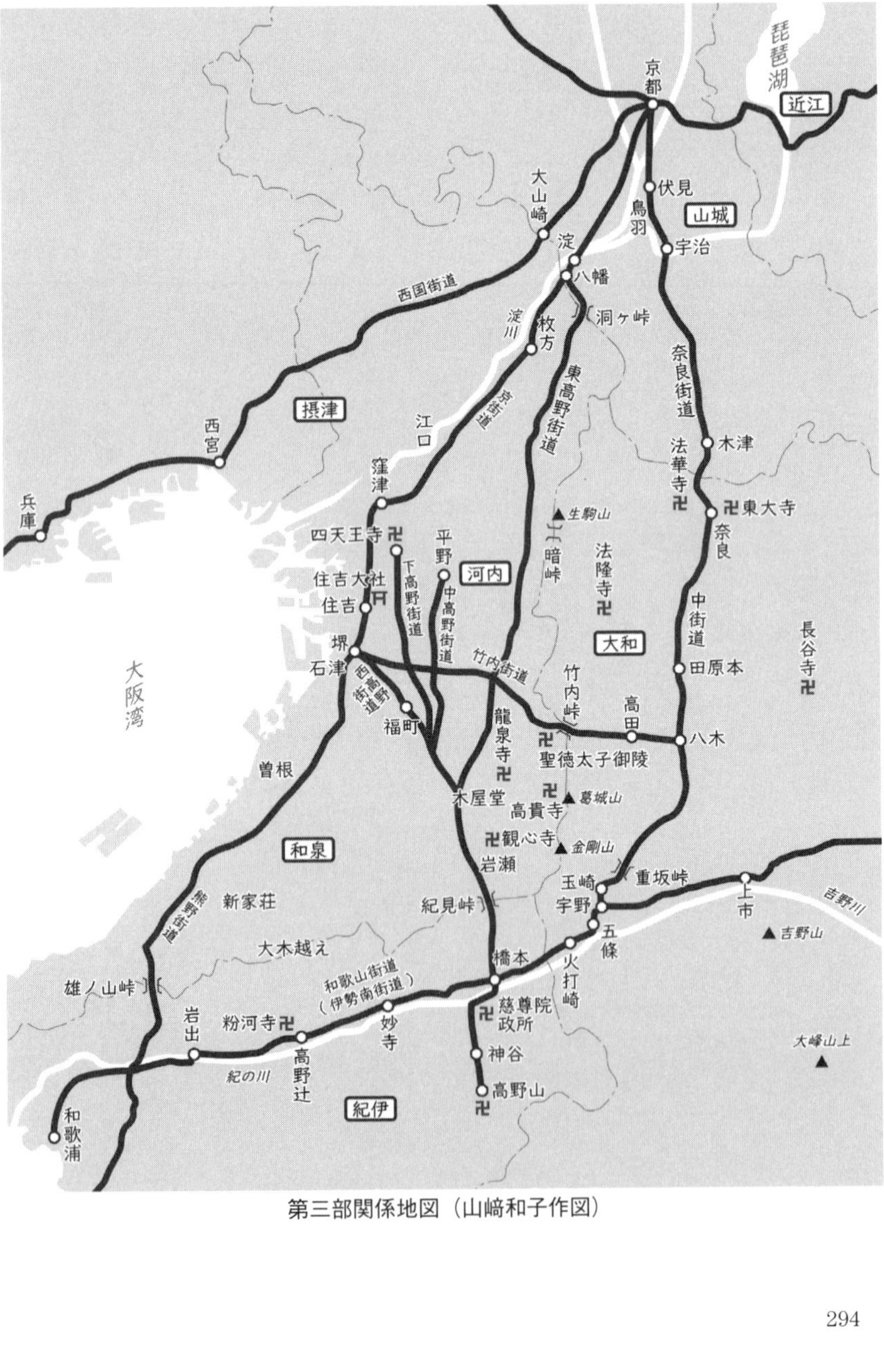

第三部関係地図（山﨑和子作図）

論評　悪党と地域を読み解く史眼――堀内和明の歴史学――

廣田浩治

堀内和明氏には先に『河内金剛寺の中世的世界』（和泉書院、二〇一二年）という論文集があり、本書に収録された論文の他に河内・和泉の中世史についての論文が多数ある。それは悪党・楠木氏・金剛寺・南河内を中心に、河内・和泉の中世前期地域史を一貫して追究したものである。その本領は河内・和泉というフィールドに深く沈潜して歴史の過程と構造を洞察し、彫りの深い歴史叙述を行ったことにある。そこには後進である我々が継承すべき豊饒な遺産がある。間違いなく中世前期の大阪南部さらには畿内の歴史研究を牽引した一人であった。

「悪党の系譜」と楠木正成

年譜のように堀内氏は高校教職のかたわら河内・和泉の中世前期についての論文を発表し、現在なお大阪府下で高い水準を誇る『高石市史』のなかで大鳥庄悪党の本格的な歴史叙述を行っている。この時点での堀内氏の悪党研究の集成となった論文が、一九九一・九二年の「悪党の系譜――和泉国大鳥庄の場合――」（上）（下）である。それ以前には注目されていなかった大鳥庄悪党が、鎌倉末期から南北朝期にかけて長期間にわたり悪党蜂起を繰り返した畿内でも屈指の悪党であることを明らかにした論文であった。「悪党の系譜」という語は二〇一〇年の論文「楠木合戦と摂河泉の在地動向――悪党の系譜をめぐって――」や本書第一部第一章論文でも登場する。「悪党の系譜」とは、悪党にもなり得る在地領主勢力が世代を紡いで継承され、また地域のなかで横断的に連携している姿を象徴的に表す堀内史学にとってのキーワードである。

大鳥庄悪党の研究が楠木正成研究につながる画期となったのは、一九九五年の論文「楠木一党と大鳥庄悪党をめぐって」である。正成が討幕挙兵の直前に乱入した和泉国若松庄が大鳥庄悪党の与同勢力若松氏の本拠であったことから、大鳥荘悪党の蜂起と正成の挙兵の接点を見出した論文であった。ここに和泉と河内の悪党勢力が連携していたことが明らかになった。国を超えた広域的な悪党の結集が楠木正成を支えていたという新たな観点が提起されたのであった。

こうした悪党の広域ネットワークが摂河泉三か国に及び、楠木合戦（楠木正成の挙兵と籠城戦）の基盤を成していたことを論じたのが、先述の「楠木合戦と摂河泉の在地動向――悪党の系譜をめぐって――」である。さらに同論文では護良親王と正成の連携により和泉松尾寺などの寺院勢力も正成を支援したことを論じた。さらに一九九五年の論文「和泉の国地頭について」をふまえて、籠城戦および討幕戦の最終局面では和泉の国御家人たちが正成の千早籠城勢に加担したことを論じている。

以上のような論点提起は、史料を丹念に読み込み悪党や在地領主勢力の動向を跡づけていく堀内氏の透徹した洞察によって初めて可能になった。本書第一部第一章論文は堀内氏の悪党楠木正成研究の集大成となる歴史叙述であるが、それはこれまでにみたように、本書には収録できなかった論文でなされた様々な発見と提起の積み重ねの上に打ち立てられたものであったことを理解しなくてはならない。

堀内氏の楠木正成論で特筆される見解に、楠木氏駿河出身説を否定した点がある。駿河国入江荘楠木村を正成の父祖の地とする説であるが、堀内氏は第一部第一章論文（第一節）でこの説が根拠薄弱であることを明快に論じている。同様の批判は生駒孝臣氏や評者も行っており、駿河出身説はもはや成り立たない。

しかしそれよりも重要なことは堀内氏が第一部第一章（第六節）・第二章論文や先述の「楠木一党と大鳥庄悪党をめぐって」で、正成段階で楠木一族が多数の家に分かれて南河内に勢力を扶植したことを明らかにした点である。鎌倉後期に駿河から移住したならば、短期間でこのような諸家の分立と形成などあり得ない。楠木氏は元々の出自はともあれ、長期間にわたって南河内を拠点に勢力を築いたことは明らかである。また第一章では楠木一族や正成に味方した在地勢力が実に丁寧に紹介されている。正成しか論じない大方の研究者が追随できない深みのある叙述がここにある。地域に即して史料を深く洞察した堀内氏の研究にはそのことを実証した重要な意義があり、楠木正成を北条氏被官とする説を乗り越えていく方向性が示されている。

さらに堀内氏には楠木一族の名字の地の追究という、あまり知られていないが重要な成果がある。第一部第一章（第一一節）・第二章論文で現太子町太子の小字「楠木」を楠木氏の名字の地として注目している。小字「楠木」の石切場跡を楠木氏と結びつけて論じ、河内石川東条での合戦や二上山城の攻防戦と関わらせて、小字「楠木」石切場の意義を考察している。地域を知悉する堀内氏ならではの洞察といえよう。

地域と史料に即して楠木一族を考える堀内氏にとって、正成を関東御家人楠木四郎の子孫とする説や、後世の編纂史料にみえる幕府執権北条氏の命令に従う正成による摂津渡辺党・紀伊湯浅党・大和越智氏討伐の記述も首肯できるものではなく、第一部第一章論文（第一節）ではこれらの説には史料実証の立場から批判的な見解を示している。これについては評者も同感で、渡辺・湯浅・越智といった有力な畿内在地領主を幕府が討伐したとすれば一次史料が残るはずであり、またその討伐軍は正成単独ではなく六波羅を中心に編成されたはずで、そのような一次史料がない以上はこうした畿内在地領主の正成単独での討伐を直ちに信用すべきではないと考える。

堀内氏の楠木合戦論は、二年以上にわたる正成の軍事行動を赤坂・千早籠城戦だけで語ることなく、河内・和泉・摂津・各地での広域的な展開を論じることに特色がある。また正成だけでなく畿内の在地領主や悪党・野伏の多彩な動向が詳細に叙述される。特に護良親王や河内の平野将監入道の動向を通じて正成と播磨の赤松円心の連携の可能性が指摘される。また元来は楠木氏よりも家格が高い石川源氏や坂戸源氏も楠木氏を主力とする討幕軍に組織されていることが論じられる（第一部第三章論文）。

正成の最期（湊川合戦）や人物像についても第一部第一章の第一〇節と第一三節で、忠臣正成史観とは無縁の実証的な叙述がなされる。特に建武政権下で和泉の武士和田助家を応援するため認めた和漢混淆の正成書状に注目した第一三章の考察が重要と思う。正成の教養や見識はすでに多くの論者が語っているが、この正成書状を論じている研究者はほぼいない。和田氏を助けようとする正成の姿勢にこそ、河内・和泉守護としての正成の姿がよく現れている。また第一〇節では正成の討死（湊川合戦）後の楠木一族が戦った京都周辺の合戦を論じている。このように堀内氏は大方の正成研究者がふれようとしない一族や配下の動きを丹念に描いており、ここにも地域史家としての真骨頂がある。

第一部第一章論文ではそれまでの河内・和泉の楠木合戦の世界を越えて、畿内の悪党蜂起・討幕戦・内乱についての新たな叙述がみられる。第七回では大鳥荘から追放された悪党上村氏による山城国の乙訓・西岡での「山賊」（悪党）行動が論じられ、宗親が京都攻めの討幕軍（護良親王・赤松円心の軍）に合流していた可能性が示唆されている。第九・一二・一三節では正成を支援した勢力として紀伊湯浅氏（護良親王配下）、大和三輪氏、和泉の和田助家の動向を論じている。第八節では大鳥荘悪党が室町幕府の下でも観応擾乱期に幕府奉行人と結びつく動きや、悪党行動の多角的な戦略戦術が描かれる。

とりわけ堀内氏が大鳥荘悪党の長期的で広域的な悪党活動や、楠木合戦や南朝を支援した畿内在地領主の広域的な動向に注目していた点は重要である。河内・和泉を越えて畿内一円を視野において悪党と内乱研究の新たな地平を切り開こうとした構想と可能性が、第一部第一章論文の後半では示唆されている。これからの畿内悪党研究は堀内氏の構想した悪党ネットワーク論を踏まえていかなくてはならない。

「一山寺院」の世界、交通と町場の地域

堀内氏にとっての河内金剛寺の研究は、一九九七年の論文「南北朝内乱と河内金剛寺の政治的様態」以来、悪

党・楠木正成と並ぶライフワークであり、年譜にもあるようにその史跡整備にも尽力を惜しまなかった。本書の第二部は前著『河内金剛寺の中世的世界』の続編というべき論考である。前著は評者による書評（『日本歴史』七八四号、二〇一三年）でも述べているように、戦前の南朝中心史観の金剛寺像に対する反省と批判から出発して戦後歴史学の金剛寺研究を継承し、河内・和泉の地域史と内乱史のなかで金剛寺の歴史的展開を追究し、その「一山寺院」としての組織と構造を論じたものであった。

前著が金剛寺やその学頭の政治的動向、寺院経営の展開、内乱や地域支配と金剛寺の関係を中心にしたのに対して、続編にあたる第二部の論文は金剛寺の性格や存在実態により密着し、院主職・寺領・坊舎・湯屋・住山・血脈などを追究し、寺院としての姿を解剖的に叙述している。前著の最終章論文「中世一山寺院の空間構成と地域権力」で金剛寺の内部構造を描いた視点を発展させた内容である。前著が「金剛寺の政治史」とすれば第二部の論文は「金剛寺の社会史」と言えよう。

第二部のなかで地域社会に開かれた金剛寺の性格を象徴するものが第三章で論じられる湯屋・温室・風呂である。堀内氏は金剛寺文書のなかの関係史料をもとにその運営を明らかにしており、「雑人」つまり寺僧以外の民衆も利用できる施設であったとしている。また湯屋坊に関わる寺僧が湯屋に欠かせない釜（鋳物）の産地である河内国金太郷の出身であることを明らかにしており、湯屋と地域社会の関係を具体的な地域史料から描き出している。地域に通暁する堀内氏の面目躍如というべき叙述である。

「一山寺院」の研究ではその境内構造の把握が欠かせない。前著の最終章論文および第二部第二章では絵図にもとづいた境内空間や坊舎の配置が論じられる。坊舎間の格差が拡大し序列化が進行していたとする指摘は、「一山寺院」といえども予定調和的に「一味」の団結を誇っていたわけでない証左である。堀内氏は金剛寺の規模の地域寺院であっても中世社会に特有の深刻な階層分化が貫徹していたことを冷徹にとらえている。

中世寺院は僧侶だけの生活空間ではなく多様な身分の人々が住む場であることは、今や共通認識になっている。第二章・第四章では金剛寺における俗人の混住や目的・日数を限った女人住山が考察される。堀内氏は特に「女人高野」としての金剛寺の女人住山に注目している。こうした女性の観点は寺院史ではさほど問題にされておらず、寺院史のジェンダーとしても重要である。さらには「山臥・異類僧」の住山に対する規制にも目を向けている。「山臥・異類僧」は寺院秩序からすれば排除すべき存在としても、楠木氏ら悪党勢力に結びつく存在ではないだろうか。しばしば「異類異形」とよばれた悪党の性格からみても無視できない指摘である。

鎌倉後期の金剛寺をめぐる「悪党状況」を論じたものが、金剛寺領白炭免や院主職をめぐる第五章の論文である。白炭は鋳物生産の燃料であり金剛寺のある天野谷の特産であった。その白炭の生産のための免田が白炭免である。こうした地域の特産業に注目する点も堀内史学ならではの着眼と言えよう。ここでは白炭免や院主職をめぐる院主・寺僧・寺辺領主の抗争や悪党の「招入」といった混乱状況が叙述される。この第五章は川合康・市沢哲の金剛寺政治史を継承してその後の諸勢力の動向や抗争を詳細に洞察したものであるが、それを堀内氏は「悪党状況」と評価している。金剛寺を統括すべき院主の代官が引き入れた「悪党」はどのような者たちであったのか興味は尽きない。ここにも悪党・楠木氏研究と金剛寺研究を架橋する観点が提示されていると考えたい。

第六章は鎌倉・南北朝期の金剛寺学頭として名高い禅恵の足跡をたどったもので、地域寺院の「有徳」の学頭僧の生涯を扱った研究のモデルケースというべき成果である。堀内氏は前著でも禅恵について研究しており、金剛寺が南朝天皇の行宮になったにもかかわらず、禅恵が南朝から距離を置いた立場をとったことを明らかにしている。第六章でも金剛寺に連行された北朝の光厳法皇と禅恵の仏教上の繋がりを描いている。ここにも堀内氏の南朝史観に対する批判が貫かれている。

前著および第二部の論文は、一山で完結した寺院境内と権力構造をもつ山間部の地域寺院のあり方を解剖したモノグラフである。金剛寺文書を丹念に読み込むことは無論のこと、その他の多様な史料を渉猟して歴史像を構成する堀内氏の本領はここにも現れている。金剛寺のような地域寺院は畿内の各地に存在するが、金剛寺は質量ともに史料に恵まれた好個の素材である。金剛寺を舞台にした堀内氏の研究は、これからの一山寺院研究の導きの糸となる良質の遺産と言えるだろう。

金剛寺論が一山寺院という完結的な世界を描いたのに対して、第三部は南河内の交通・流通・町場を軸に地域の内と外を追究した論考である。堀内氏は歴史の道の調査のための一九八八年の論文「文献・記録から見た中世前期の高野街道」以来、高野街道や河内長野の町場についても研究していた。第三部第三章論文が掲載された「河内長野の歴史と地域を語る会」の会報「歴史と地域」には堀内氏の論文が多数あり、そのなかでも高野街道と長野の町場は地域の中核であり、堀内氏も強い関心を寄せていた。

第三章第一節は一九八八年の論文を発展させて摂関期から院政期の高野参詣の展開と「河内路」参詣の成立を論じたものである。公家の参詣記をもとに詳細な参詣順路の変遷が復元されている。こうした手法は各地の歴史の道の調査や古道研究でも定着しているが、堀内氏の研究はそうした研究のさきがけと言えるものであり、その方法論には今なお学ぶべきものがある。

第三部第二章・第三章論文は高野参詣が河内長野市の都市的地域形成の原点になったとする観点から、高野街道ぞいの景観を復元した成果である。第二章は参詣行列や軍勢の結集する施設である河内木屋堂、材木集積地と思しき小字「木屋垣外」、小字「市場」「市場筋」から、高野街道ぞいの都市的な空間と交通流通の要衝の存在を復元したものである。また第三章は木屋堂とそのすぐ南の大日寺遺跡（領主の屋敷と墓）を領主屋敷と町場が一体となった空間とし、その南の三日市遺跡を領主の屋敷と墓と一体になった中世三日市町場と推定する。このような「都市的な場」（網野善彦）は畿内の主要街道ぞいに多数存在したが、今なおその実態はよく分かっていない。街道とともに領主の屋敷や墓から町場を考える手法は各地の中世町場研究でも成果があるとはいえ、乏しい地域史料を活かす堀内氏の姿勢は今後も引き継いでいくべきものである。

評者は一九九九年ごろから二〇〇四年にかけて堀内氏とともに『泉大津市史』本文編の執筆で研究を共にし

た。『泉大津市史』は堀内氏の和泉中世史の集大成とも言える成果であった。評者はこれを機縁に堀内氏の謦咳に接してきたが、河内長野市で市民とともに地域史を考えてきたその研究は、中世地域社会の多様な姿を地域の史料に即して実証的に描き出すものであった。独特の文体が紡ぎ出す生き生きとした歴史叙述はまるで万華鏡を見るようであった。

評者は和泉の中世史において堀内氏の恩師であり和泉や畿内の中世史をリードしてきた三浦圭一氏の地域史を範として研究をしてきたが、堀内氏は三浦氏の地域史研究の良き継承者であったと思う。これからも堀内氏の研究に学び続けていきたいし、そこから豊かなものが得られるであろうと確信している。

（静岡市歴史博物館学芸課長）

〔専門委員就任履歴〕

一九八二年～一九八八年　高石市史編纂執筆委員（中世前期担当）
一九八六年～一九八八年　大阪府教育委員会・歴史の道調査員（高野街道担当）
一九九二年～一九九三年　国立歴史民俗博物館資料調査委員（荘園史料・摂河泉担当）
一九九八年～一九九九年　河内長野市城館分布調査委員会専門委員（文献史料担当）
二〇〇〇年～二〇〇五年　泉大津市史執筆委員（中世前期担当）
二〇〇七年～二〇〇八年　史跡観心寺・金剛寺境内保存管理策定委員会委員（文献担当）
二〇〇九年～二〇一〇年　河内長野市指定烏帽子形城跡保存管理計画策定会専門委員（文献担当）
二〇〇九年～二〇一四年　重要文化財金剛寺金堂等修理専門委員会委員（文献担当）
二〇一〇年～二〇一五年　高石市郷土史研究委員会委員（文献担当）
二〇一一年～二〇一三年　千早赤阪村文化財保護審議委員会委員（文献担当）

〔著作目録（一九七〇年～二〇一九年）〕

単著

『河内金剛寺の中世的世界』（和泉書院・上方文庫）　二〇一二年八月
『続・河内金剛寺の中世的展開』（私製・私家版）　二〇一五年五月

共著

『日本歴史地名大系・第二八巻・大阪』（和泉国・堺市・高石市中世分担執筆）平凡社　一九八六年二月
『高石市史』第二巻（中世史料編）一九八六年二月
『日本荘園資料』（摂津・河内・和泉担当）吉川弘文館　一九九八年七月
『高石市史』第一巻（中世前期・本文編）一九八九年三月
『泉大津市史』第一巻上（中世前期・本文編）　二〇〇四年三月

論文

「中世初期武力の特質（上）―土豪層の武力の蓄積と編成をめぐって――」『立命館文学』三〇六号　一九七〇年一二月

「中世初期武力の特質（下）一土豪層の武力の蓄積と編成をめぐって――」『立命館文学』三〇七号　一九七一年一月
「平安中期検非違使の武力について」日本史論叢会編『論究日本古代史』学生社　一九七九年六月
「松原市域の中世城館と国人層――丹下城とその周辺――」大阪府高等学校社会科研究会『社会科研究』二三号　一九八〇年四月
「中世初期の分水相論について」『日本歴史』三八六号　一九八〇年七月
「治承・寿永内乱期における大鳥郷の位置」『高石市史紀要』一号　一九八四年三月
「鎌倉前期村落上層の存在形態について一和泉国大鳥郷村刀禰友貞をめぐって――」『北山茂夫追悼日本史論集――歴史における政治と民衆』日本史論叢会編　一九八六年一月
「泉国大鳥社流記帳について」「歴史地名通信」七号　一九八六年一月
「文献・記録から見た中世前期の高野街道」『歴史街道調査報告集　第二集・高野街道』大阪府教育委員会編　一九八八年三月
「悪党の系譜（上）――和泉国大鳥庄の場合――」三浦圭一追悼記念論集『立命館文学』五二一号一九九一年六月
「井山城と和泉の国人」『泉佐野の歴史と今を知る会会報』四八号　一九九二年二月
「悪党の系譜（下）――和泉国大鳥庄の場合――」『立命館文学』五二三号　一九九二年三月
「楠木一党と大鳥庄悪党をめぐって」『ヒストリア』一四六号　一九九五年三月
「和泉の国地頭について」『日本歴史』五七一号　一九九五年一二月
「熊野大道の人宿について」『泉佐野の歴史と今を知る会会報』一〇三号　一九九六年九月
「南北朝内乱と河内国金剛寺の政治的様態」『ヒストリア』一五五号　一九九七年六月
「中世前期の高野参詣とその巡路」『日本歴史』六一九号　一九九九年一二月
「河内国木屋堂考」『河内長野市郷土研究会会誌』四二号　二〇〇〇年四月
「天野合戦と金剛寺々辺の中世城郭」河内長野市文化財調査報告書第三四輯『河内長野市城館分布調査報告書』二〇〇一年三月
「河内長野庄本主三善氏の地域的展開」『河内長野市郷土研究会会誌』四三号　二〇〇一年四月
「楠木一族の名字をめぐって」『河内長野市郷土研究会会誌』四四号　二〇〇二年四月
「大中臣系図と佐山氏の系譜」『河内長野市郷土研究会会誌』四五号　二〇〇三年五月
「和泉国助松海藏寺と南北朝内乱――高石大雄寺との対比で――」『ヒストリア』一九六号　二〇〇五年九月
「高橋判官の系譜と治承寿永内乱」『日本歴史』七一六号　二〇〇八年一月

「南北朝内乱における岸和田氏とその周辺」『岸和田古城から城下町へ』仁木宏・大邦研一編　和泉書院　二〇〇八年八月
「河内源氏・石川氏の長野進出」『歴史と地域』四号　二〇〇八年一二月
「中世一山寺院の成立要件について」『史跡観心寺境内・金剛寺境内保存管理計画書』河内長野市教育委員会　二〇〇九年三月
「応安六年長野合戦と年号問題」『歴史と地域』九号　二〇一〇年二月
「河内国丹下氏の系譜と動向」「歴史と地域」一〇号　二〇一〇年四月
「楠木合戦と摂河泉の在地動向――悪党の系譜をめぐって――（上）」『立命館文学』第六一七号　二〇一〇年六月
「楠木合戦と摂河泉の在地動向――悪党の系譜をめぐって――（下）」『立命館文学』第六一八号　二〇一〇年一〇月
「河内三善氏の和泉へのまなざし」『泉佐野の歴史と今を知る会会報』二七六号　二〇一〇年一二月
「分捕りに関する一考察」『歴史と地域』一五号　二〇一一年一月
「河内国長野庄における中世町場の展開」『歴史と地域』　二〇一一年三月
『河内長野市指定史跡・烏帽子形城跡総合調査報告書』河内長野市教育委員会　二〇一一年三月
「金剛寺の上乗房禅恵、越中砺波へ？」『歴史と地域』一九号　二〇一一年九月
「湊川合戦と楠木正成の首のゆくえ」『歴史と地域』二〇号　二〇一二年三月
「中世城郭の塗塀について」『歴史と地域』二一号　二〇一二年四月
「治承・寿永内乱の周縁と深層」『泉佐野の歴史と今を知る会会報』二九三号　二〇一二年五月
「金剛寺の湯屋坊をめぐって」『歴史と地域』二三号　二〇一二年七月
「八条院祈願所金剛寺の性格と位置」『歴史と地域』二五号　二〇一二年一二月
「元徳二年九月二十五日、摂津尼崎の悪党蜂起と公卿三人と六波羅　奉行人」『歴史と地域』二六号　二〇一三年二月
「悪党張本の親類縁者と下人百姓」『歴史と地域』二七号　二〇一三年三月
「文化財指定の意味と陥穽」『歴史と地域』二八号　二〇一三年四月
「三輪合戦と三輪（開住）西阿」『歴史と地域』二九号　二〇一三年五月
「南北朝内乱を彩る天野山金剛寺」『大阪春秋』一五一号　二〇一三年五月
「下岩瀬の薬師堂について」『歴史と地域』三〇号　二〇一三年七月
「楠木合戦と石川源氏・坂戸源氏」『歴史と地域』三〇号　二〇一三年七月

「岩瀬郷と薬師寺の歴史について」『平成の修復完成記念　岩瀬薬師寺――その歴史と仏像――』下岩瀬薬師寺保存会　二〇一三年八月
「上乗房禅恵の血脈と人脈（上）」『歴史と地域』三一号　二〇一三年九月
「上乗房禅恵の血脈と人脈（下）」『歴史と地域』三二号　二〇一三年一〇月
「金剛寺の白炭免と天野谷下司職（上）」『歴史と地域』三三号　二〇一三年一一月
「金剛寺の白炭免と天野谷下司職（中）」『歴史と地域』三四号　二〇一四年一月
「金扇寺の白炭免と天野谷下司職（下）」『歴史と地域』三五号　二〇一四年一月
「金剛寺坊舎の役割と展開」『歴史と地域』三六号　二〇一四年三月
「金剛山千早城は中世最大の山城」『歴史と地域』三七号　二〇一四年五月
「八木弥太郎法達の系譜と位置（上）」『泉佐野の歴史と今を知る会会報』三一七号　二〇一四年五月
「八木弥太郎法達の系譜と位置（下）」『泉佐野の歴史と今を知る会会報』三一八号　二〇一四年六月
「元弘・建武動乱と錦御旗」『歴史と地域』三八号　二〇一四年六月
「見坂峠・東条西条・仁王寺の発見――河州錦部郡絵図より――」『歴史と地域』三九号　二〇一四年七月
「楠木一族の残影をもとめて」『歴史と地域』四〇号　二〇一四年九月
「金剛寺の常住規制と女人住山」『歴史と地域』四一号　二〇一四年一〇月
「醍醐三宝院の藤戸石と慰霊のかたち」『歴史と地域』四一号　二〇一四年一〇月
「河内国加賀田郷と毛利（大江）時親」『歴史と地域』四二号　二〇一四年一一月
「蕨別所と金剛寺と和田庄」『歴史と地域』四三号　二〇一五年一月
「熊野大道の湯屋と湯屋坊」『泉佐野の歴史と今を知る会会報』三二六号　二〇一五年二月
「元弘三年の京都合戦と悪党精力」『歴史と地域』四四号　二〇一五年二月
「中世和泉・高石浦の都市的展開」『歴史と地域』四五号　二〇一五年四月
「和泉大鳥郷莊田代氏の系図を読み解く」『歴史と地域』四六号　二〇一五年六月
「滝畑の中世史料を読み解く」『歴史と地域』四七号　二〇一五年七月
「和泉草部郷下条「綾井城」と方形居館」『歴史と地域』四八号　二〇一五年八月

「在地領主の名字（苗字）をめぐって」『歴史と地域』四九号　二〇一五年九月
「河内三善氏の和泉へのまなざし」（以下4編）『地域論集v・南北朝内乱と和泉』泉佐野の歴史と今を知る会編　二〇一五年九月
「観心寺の湯屋・風呂について」『歴史と地域』五〇号　二〇一五年一〇月
「楠木合戦と悪党の系譜①楠木正成の出自をめぐって――関東御家人・得宗被官から悪党へ――」『大阪春秋』一六二号　二〇一六年四月
「楠木合戦と悪党の系譜②楠木合戦と元弘の動乱――第一次楠木合戦の展開――」『大阪春秋』一六三号　二〇一六年七月
「国御家人はなぜ悪党になったか？（上）」『泉佐野の歴史と今を知る会会報』三四三号　二〇一六年七月
「国御家人はなぜ悪党になったか？（下）」『泉佐野の歴史と今を知る会会報』三四四号　二〇一六年八月
「楠木合戦と悪党の系譜③河内合戦から天王寺合戦へ――第二次楠木合戦序盤の展開――」『大阪春秋』一六四号
「信貴山縁起とふもとの下司徳人」『歴史と地域』五五号　二〇一六年一二月
「楠木合戦と悪党の系譜④赤坂合戦と平野将監入道・キレ一族――悪党から楠木一党へ――」『大阪春秋』一六五号　二〇一七年一月
「楠木合戦と悪党の系譜⑤金剛山千早合戦の実相をめぐって――寄手の攻城と籠城・後詰・兵粮――」『大阪春秋』一六六号　二〇一七年四月
「石合戦と中世合戦の礫」『歴史と地域』五六号　二〇一七年四月
「大塔宮とその近臣・家人の影を追って」『歴史と地域』五七号　二〇一七年四月
「楠木合戦と悪党の系譜⑥楠木一族和田氏と和泉の和田氏――楠木一族の指標と展開――」『大阪春秋』一六七号　二〇一七年七月
「楠木合戦と悪党の系譜⑦元弘三年の京都合戦と悪党勢力――六波羅討滅の原動力をめぐって――」『大阪春秋』一六八号　二〇一七年一〇月
「楠木合戦と悪党の系譜⑧悪党戦術の諸相をめぐって――主従関係と築城・戦法――」『大阪春秋』一六九号　二〇一八年一月
「楠木合戦と悪党の系譜⑨大塔宮護良親王の躍動から失脚へ――建武政権の混迷と短命の要因――」『大阪春秋』一七〇号　二〇一八年四月
「楠木合戦と悪党の系譜⑩摂津湊川合戦と正成の首のゆくえ――史実と物語のはざまで――」『大阪春秋』一七一号　二〇一八年

七月
「談義所　金剛寺に関する素描」『歴史と地域』六〇号　二〇一八年一〇月
「楠木合戦と悪党の系譜⑪楠木一党のもうひとつの本拠地――二上山城と楠木石切場――」『大阪春秋』一七二号　二〇一八年一〇月
「山城寺戸郷の山賊基宗法師」『乙訓文化』八九号　二〇一八年一〇月
「楠木合戦と悪党の系譜⑫大和三輪合戦と三輪西阿の動向――楠木一党との関連で――」『大阪春秋』一七三号　二〇一九年二月
「楠木正成は大名か?」『歴史と地域』六一号　二〇一九年四月
「分捕られた首級はだれのものか?」『歴史と地域』六一号　二〇一九年四月
「楠木合戦と悪党の系譜⑩楠木正成のひととなり――時代の制約と合理精神――」『大阪春秋』一七四号　二〇一九年五月

[略年譜]

一九四六年十一月　京都市左京区松ヶ崎で父和一、母カヨ子の長男として生まれる。
一九五〇年　父の仕事の関係で大阪市に転居する。
一九五三年四月　大阪市立聖和小学校に入学。
一九五九年四月　大阪市立天王寺中学校に入学。
歴史が好きで中学時代は自宅から自転車で百舌鳥・古市古墳群をめぐり、歴史への道を歩み始める。
一九六二年四月　私立上宮高等学校に入学。
高校の先輩、司馬遼太郎や寺内大吉に影響を受け歴史作家を目指し、同人誌に投稿する。
一九六五年三月　私立上宮高等学校を卒業。
一九六六年四月　立命館大学文学部史学科入学。
学生時代後半は大学紛争。
卒論指導を受けた三浦圭一氏と出会い、その指導のもとに中世地域史研究に邁進する。
一九七〇年三月　立命館大学文学部史学科日本史専攻卒業。
一九七〇年四月　大阪府立生野高等学校教諭として着任。
一九七三年三月　きさ枝と結婚。
一九七五年四月　長男誕生。
一九八一年七月　長男他界。
一九八二年一一月　次男誕生。
一九八四年二月　河内長野市に住居を定める。
毎年、父の実家であった京都市左京区松ヶ崎の大文字送り火「法」の火床を担当。
二〇〇六年　難病の一つ脊髄小脳変性症を発症。
二〇〇七年三月　大阪府立堺西高等学校で定年退職。
二〇一〇年三月　再任用で着任した大阪府立泉陽高等学校を退職。
二〇二〇年四月三十日　七十三歳にて永眠。

家族との思い出

夫が亡くなって早く四年の歳月が過ぎました。最近になって、やっと、書斎に入って本棚に数多く並べられた資料・書物・メモ等に目を通すことができるようになりました。

書き残された「歴史との出会い」を読んで、小学生の頃からの思い出から教職に就いてからの四〇年間と、その後について書いてあり、読み終えてみると、今になって家族として感慨深いものがあります。また、研究資料はむろん自分で作成した冊子など、それ以外のものも本棚にぎっしりと年代ごとに静止整理してあり、こんな几帳面なところもあったのかと再認識しました。

中学生の頃から歴史に興味を持ち始め、高校生の頃は、自由奔放に各地の遺跡や寺院を訪ねてのひとり旅を楽しんでいたようです。また山登りも大好きで、何回か危険な時もあったみたいですが、思ったことはやり通す性格なので親も何も言わなかったようです。

結婚してからも家族でよく旅行したり、北アルプスに登りました。その時、山と自然の深さに感激して、登り切った達成感を家族で味わったのも忘れることなく、最高の思い出です。

今回尾谷雅彦氏のご好意により『悪党の系譜――地域史研究からの楠木正成――堀内和明遺稿集』として刊行され、全面的にお世話になり、感謝の念に堪えません。また廣田浩治氏には玉稿を賜りお世話になりました。

お二人には厚く御礼申し上げます。

最後に夫の死後三ヶ月後の七月に誕生した二人の孫と対面することは叶いませんでしたが、今では仏壇に向かって小さな手を合わせて「おじいちゃん」と言って話しかけてくれます。きっと喜んでいることでしょう。

二〇二四年九月

堀内きさ枝

編集後記

堀内氏とは、小生が、河内長野市に奉職して間もない一九八〇年代中頃に、当時あった河内長野市立郷土資料館で『高野街道』に関する特別展を開催した時に初めてお会いした。小生が氏の了解を得ず、高野街道に関する論考を引用し、叱責を受けたのがきっかけである。それがご縁で、長くご厚誼をいただき、私の地域の中世史の不見識なところをご指導いただくとともに、企画した河内長野市内の中世城館調査や天野山金剛寺の文化財修理の委員などでご助力を賜った。難病にかかられ、病魔の進行とともに会話もままならない状態でも、ＦＡＸでのやりとりで氏へ原稿依頼やコメントをいただくなど、無理なお願いをしても快く引き受けていただいた。氏の私的なことは何も知らずいたが、一番印象に残っているのは、お元気な頃に、毎年『大文字の送り火』には、火床の一つを担当し、薪を担いであがっていると言うことをお聴きしたことである。京都出身と言うことも初めて知ったし、あの有名な「大文字の送り火」に関係する人が、河内長野におられたというのが印象深かった。さらに、私の母校、上宮高校の先輩であることも後で知り驚いたしだいである。

堀内氏が亡くなられる前に、小生が関係する団体で楠木正成に関する本を出版する計画があがり、その執筆者を探す話が出たときに、まず一番に氏の名前をあげた。その前から氏にお願いし季刊『大阪秋春』に連載した「悪党の系譜、楠木正成」を出版したいとの願いもあったからである。しかし、他の出版社に打診しているとのことであきらめたが、結局出版には至らなかった。奥様から訃報のハガキを頂き、ご生前にもう少しお会いして出版の話をプッシュしなかったことを悔やんでいた。

亡くなられて一年ほど経ったときに、ご仏前にお参りをさせていただき、奥様に遺稿集出版をご提案し、快く承諾いただいた。しかし、小生の怠慢からなかなか編集が進まず、廣田浩治氏からも玉稿を賜りながらも遅延してしまったことは、奥様、廣田氏に謝らなければならない。

なお、本書に収録した論文は廣田氏の御協力のもとに選定した。また、論文は原稿のとおり掲載したが、図表は論文の趣旨を損なわない範囲で編集した。

最後に、出版に際しては摂河泉地域文化研究所小林義隆氏・元大阪春秋編集長長山公一氏・鎌田和栄氏・山﨑和子氏・天野山金剛寺・観心寺には原稿、図版等に多大な協力を賜り記してお礼申し上げる。また批評社佐藤英之氏には出版・編集に関しご尽力を賜り、記してお礼申し上げる。

二〇二四年九月

尾谷雅彦

著者略歴

堀内和明（ほりうち・かずあき）

1946年京都市生まれ。1970年立命館大学文学部史学科日本史専攻卒業。卒業後、2010年まで大阪府立高校の教諭。文化財関係の各種委員を歴任。卒業後、一貫として日本中世史、特に和泉・河内の中世地域史の研究を2020年鬼籍に入られるまで続ける。

主な著書に単著『河内金剛寺の中世的世界』（和泉書院）、共著『高石市史』（高石市）、共著『泉大津史』（泉大津市）など

編者略歴

尾谷雅彦（雅比古）（おたに・まさひこ）

1953年大阪府生れ、桃山学院大学経済学部卒業、関西大学大学院博士課程後期修了

（財）大阪文化財センター・河内長野市教育委員会、2013年退職

現在、立命館大学非常勤講師・桃山学院大学エクステンションセンター講師

専攻は日本考古学及び文化遺産学、文化財行政史

論文「百舌鳥古墳群における近代の史蹟指定――塚廻古墳・収塚古墳・長塚古墳の仮指定――」『考古学研究』57-4　考古学研究会　2011年ほか

著書『近代古墳保存行政の研究』思文閣出版　2014年ほか

論評者略歴

廣田浩治（ひろた・こうじ）

1967年　熊本県生まれ　熊本大学大学院修了、大阪市立大学大学院単位取得退学、

歴史館いずみさの学芸員を経て、現在、静岡市歴史博物館学芸課長

日本中世史とくに荘園・村落・地域社会史を専攻

論文「南北朝内乱期の畿内在地領主と地域」（「日本史研究」658号　2017年）

　　「楠木一族と南北朝内乱」（悪党研究会『南北朝「内乱』高志書院　2018年）

悪党の系譜
——地域史研究からの楠木正成——堀内和明遺稿集
2025年2月25日　初版第1刷発行

著　者……堀内和明

編　者……尾谷雅彦（雅比古）

装　幀……臼井新太郎

発行所……批評社
〒113-0033　東京都文京区本郷1-28-36　鳳明ビル201
電話……03-3813-6344／FAX……03-3813-8990
郵便振替……00180-2-84363
e-mail:book@hihyosya.co.jp／http://hihyosya.co.jp

組版……閏月社
印刷・製本……モリモト印刷（株）

乱丁本・落丁本は小社宛お送り下さい。
送料小社負担にて、至急お取り替えいたします。

ISBN978-4-8265-0748-6 C3021